Lothar Ruehl

Israels letzter Krieg

Hoffmann und Campe

Kartenzeichnungen: Theodor Schmuhlke

1. bis 15. Tausend 1974

Gesetzt aus der Borgis Garamond-Antiqua
Satz: A. Utesch, Hamburg
Druck und Bindung: Ebner, Ulm
ISBN 3-455-06357-8 · Printed in Germany

»Ich bete, daß dieser Krieg unser letzter sein möge.«

Golda Meir in ihrer Ansprache an das israelische Volk zum jüdischen Laubhüttenfest des Jahres 5734, am 10. Oktober 1973

Inhalt

Erstes Kapitel

Yom Kippur – Überraschung am Bußtag

Seit den sechs Tagen der wilden Jagd im Juni 1967 hielt Israel die arabische Welt im Bann seiner Waffen. Die Macht des jüdischen Staates in Palästina beherrschte die Lage im Nahen Osten. Zwar wollten die besiegten Araber sich mit der Niederlage nicht abfinden, die sie als Demütigung empfanden, aber die israelische Politik der vollendeten Tatsachen in den neuen Sicherheitsgrenzen der Eroberungen schien diese Niederlage von Tag zu Tag vollkommener zu machen. Niemand konnte Israel zum Rückzug zwingen. Die Eröffnung jeder Verhandlung über einen Friedensschluß mußte deshalb unter Bedingungen angenommen werden, die Israel begünstigen würden. Im Besitz seiner territorialen Faustpfänder und einer überlegenen Armee konnte Israel sich Zeit lassen — so schien es jedenfalls. Das Schwert Israels schreckte die Feinde ab, und Israel verließ sich wie selten ein Staat auf diese Abschreckung. Zwar suchte es einen Frieden, aber eben zu seinen Konditionen, denen des Stärkeren.

Die Annahme, daß die militärische Ohnmacht der arabischen Länder gegenüber Israel noch für unabsehbare Zeit andauern würde, wurde gestärkt von der zweiten Annahme, daß die arabischen Nahostländer nicht fähig wären, gemeinsam gegen Israel zu handeln und ihre Kräfte wirksam zu verbinden.

Zwanzig Tage im Oktober 1973 haben eine Welt verändert. Noch immer erscheint die israelische Armee allen anderen Armeen im Nahen Osten überlegen. Noch immer gilt, daß die Waffen Israels, ergänzt und erneuert von Amerika, jeden Gegner schlagen und jede militärische Bedrohung abwenden können. Aber die Geltung dieser Regel ist inzwischen drastisch eingeschränkt: Die Bedingungen dafür sind schwerer geworden, die Überlegenheit ist für die Zukunft keine feste Größe mehr. Eine neue historische Perspektive hat sich der Betrachtung geöffnet. Ein Sieg der Araber über Israel in einem Krieg oder in einer Folge von Kriegen ist nicht mehr unvorstellbar. Damit wirkt die Abschreckung nicht mehr wie vorher. Die Einschätzung der Chancen, der Risiken, der Machtmittel, der Reserven und der Alliierten beider Lager ist verändert. In diesem Sinne hat der Krieg vom Oktober 1973 ein unsicheres

Gleichgewicht im Nahen Osten geschaffen, eine instabile Balance der Kräfte und der Möglichkeiten zwischen beiden Seiten. Aus demselben Grunde ist ein Zwang zur Verhandlung entstanden, soll die Fortsetzung des Krieges in der Zukunft verhindert werden, obwohl nicht sicher ist, daß irgendein Friedensschluß von Dauer sein kann. Was die internationale Diplomatie in den sechs Jahren seit dem Krieg vom Juni 1967 trotz aller Mühen nicht zuwege brachte, haben dieser Krieg von 1973 und das politische Engagement der beiden Weltmächte USA und UdSSR bewirkt: die erste offizielle und direkte Verhandlung zwischen den Gegnern nach einem Vierteljahrhundert, seit dem Waffenstillstand von 1949, der die De-facto-Grenzen Israels auf den Demarkationslinien der Feuereinstellung zog.

Der ägyptisch-syrische Überfall am jüdischen Bußtagsfest erschien den Israelis als besonders frevelhaft und hinterhältig. An diesem Tage ruht in Israel nach den Vorschriften der jüdischen Religion jeder Verkehr. Die Flugplätze und Bahnhöfe sind geschlossen. Die Behörden sind nicht besetzt, die Arbeitsruhe ist allgemein. Auch die Fernmeldedienste, der Rundfunk und das Fernsehen liegen still. Der Yom-Kippur-Tag fällt in den muselmanischen Fastenmonat Ramadan, und zwar auf einen Freitag, der auch ein islamischer Feiertag ist, von Sonnenuntergang (zu dieser Jahreszeit fünf Uhr nachmittags) bis zum nächsten Sonnenuntergang am Sonnabend, dem heiligen Sabbat, an dem ohnehin in jeder Woche für 24 Stunden das öffentliche Leben zum Stillstand kommt. Die gläubigen Juden versammeln sich am Yom-Kippur-Abend für drei Stunden zum Gebet in den Synagogen und fasten. Am Sabbatmorgen werden die Gebete für fünf Stunden fortgesetzt. Yom Kippur ist der Tag der Buße, der Vergebung und der Versöhnung, der heiligste aller jüdischen Feiertage.

Der Staat Israel überläßt an diesem Tag seine Bürger der Religion. Der auf den Yom-Kippur-Tag folgende Sabbat verlängert die Zeit der Ruhe um 24 Stunden bis zum Sonnenuntergang am Sonntag. So ist die staatliche Organisation für 48 Stunden so gut wie suspendiert, ein Umstand, der eine plötzliche Mobilmachung, aber auch die Alarmbereitschaft der Armee erschwert.

Regierung und Oberkommando hatten trotz der schon einige Tage vor dem 5. Oktober 1973 sich mehrenden Anzeichen für arabische Angriffsvorbereitungen nicht damit gerechnet, daß die Gegner in ihrem eigenen heiligen Fastenmonat Ramadan einen Krieg eröffnen würden. Deshalb hatten sie die Soldaten nicht vom Festtagsurlaub zurückgehalten und auch am 5. Oktober erst spät in die beginnende Yom-Kippur-Ruhe eingegriffen, um die Truppen kriegsbereit zu machen. Für diese Passivität angesichts der sich sichtbar zusammenballenden Angriffsdrohung hatten allerdings auch politische Gründe und eine unsichere Lagebeurteilung gewirkt, die im weiteren noch zu untersuchen sein werden.

Krieg ist Täuschung, Hinterhalt, Überfall und Gewalt. Der Bußtags-Angriff an den beiden bis dahin stillen Fronten bestätigte die klassische Kriegsregel, daß das Unwahrscheinliche ebensooft Wirklichkeit wird wie die wohlüberlegten und allgemein gehegten Erwartungen. Daß am Suezkanal der Angriff gelang, daß die israelischen Uferbefestigungen im Sturm genommen, die ersten israelischen Gegenangriffe zurückgeschlagen und 70 000 bis 80 000 Mann ägyptischer Truppen trotz der Schläge der israelischen Luftwaffe über den »besten Panzergraben der Welt« gesetzt werden konnten — dies alles erschütterte nicht nur in Israel selbst die bis dahin fast allenthalben zu verzeichnende Annahme von Israels militärischer Überlegenheit.

Der »Bußtagskrieg« hat seinen Namen deshalb verdient, weil für diejenigen, die ihn geplant, vorbereitet und eröffnet hatten, die Entscheidung nicht am Ende einer großen Schlacht als Krönung einer offensiven Strategie der Niederwerfung an den Grenzen Israels oder gar in Tel-Aviv fallen sollte, sondern mit der möglichst schnellen Inbesitznahme des 1967 verlorenen Ostufers am Rande der Sinaihalbinsel. Der ägyptische Präsident Sadat und sein Generalstab hatten alles auf eine Karte gesetzt: auf den Erfolg eines großangelegten Überraschungsangriffs auf breiter Front, aber mit begrenztem Ziel. In ihrem Plan hatten sie von Anfang an nur einen Sprung auf das Ostufer vorgesehen, in der Erwartung, daß es ihren Truppen gelingen würde, dort festen Fuß zu fassen und die Stellung gegen die israelische Armee zu halten, bis von außen ein Ende der Kämpfe und eine Verhandlung über die Räumung der Sinaihalbinsel durch Israel erzwungen würde.

Sollte es zu einem massiven und andauernden Gegenangriff der Israelis kommen, mit dem man ja rechnen mußte, so hofften die Ägypter, daß sie eine Materialschlacht im Stellungskampf kraft ihrer Überzahl und der Masse ihrer schweren Waffen im Schutze ihrer Luftabwehr und begünstigt von den kurzen Nachschubwegen länger aushalten würden als der Gegner. Sie bereiteten sich auf eine Abnutzungsschlacht am Kanal vor, für die sie sich als Prellbock aufstellen wollten.

Später, im Verlauf des Krieges, schwankten sie dann zwischen dieser vorgefaßten Absicht, eine Abwehraufstellung zu halten, und der Versuchung, zum Angriff nach Osten auf die Bergpässe überzugehen. Aber auch mit dieser Variante zielte ihr Kriegsplan offensichtlich auf eine in der Kriegsgeschichte seit dem Altertum klassische Position: die Einnahme einer vorteilhaften Stellung im Feld, angelehnt an ihren grenznahen Rückhalt und gedeckt von Feldbefestigungen. Was die Syrer sich versprachen, bleibt unklar. Wahrscheinlich wollten sie mit einem Schlag die Golanhöhen wiedererobern, das Tal beherrschen und darüber hinaus vielleicht auch einen Vorstoß nach Israel hinein, zumindest bis nach Tiberia am See Genezaret, machen, wenn ihnen dies nach der Lageentwicklung möglich werden sollte.

Präsident Sadat führte keinen Befreiungskrieg mit totaler Zielsetzung und der Ambition einer militärischen Entscheidung im Felde, sondern einen klassischen Manöverkrieg als Mittel der Diplomatie mit gleichfalls begrenzten Zielen. Ein »Kabinettskrieg« sollte eine Verhandlung aus einer Position der Stärke eröffnen und den überlegenen Gegner ohne einen langen Kampf zum Rückzug bewegen. Ein kurzer und begrenzter Krieg sollte in eine internationale Situation überleiten, in der nicht mehr das militärische Kräfteverhältnis, die strategische Reichweite oder die Kriegskunst den Ausschlag geben würden, sondern die politischen Koalitionen.

Eine neue politische Koalition und eine den arabischen Staaten günstige internationale Konstellation waren aber nur herbeizuführen, wenn der Zwang zur Verhandlung für alle interessierten Parteien unausweichlich würde. Dies ließ sich angesichts der israelischen Machtposition in den 1967 eroberten Gebieten, die als Sicherheitsglacis dienten, und angesichts der anhaltenden Passivität der Mächte gegenüber dem fortdauernden, aber erstarrten Krieg nur durch eine militärische Auseinandersetzung erzielen.

Ein Krieg konnte für die arabischen Staaten jedoch nur dann einen Sinn haben, wenn nicht Israel die Initiative zur Eröffnung der Feindseligkeiten ergreifen, seine Strategie des begrenzten Krieges entfalten und das taktische Überraschungsmoment des Angriffs für sich nutzen würde. Die Lehren der beiden verlorenen Kriege von 1956 und 1967 waren in diesem Punkt eindeutig: Jedesmal hatten die arabischen Staaten, Ägypten allen voran, mit demonstrativen Akten der Kriegsbereitschaft, großen Truppenbewegungen und kriegerischen Erklärungen Israel eine Vorwarnzeit von mehreren Wochen gegeben, eine internationale Spannung erzeugt und sich militärisch exponiert, noch bevor sie zum Angriff nahe den Grenzen aufmarschiert waren oder sich auch nur für einen israelischen Angriff auf ihre eigenen Stellungen und Flugplätze gewappnet hätten. Die ägyptische Armee war 1956 und 1967 auf ihrem Aufmarschgebiet, ihrem Glacis gegen Israel, der Sinaihalbinsel, weniger abwehrbereit und hilfloser gewesen, als wenn sie in Ägypten geblieben wäre.

Für den Krieg von 1956 — Dayans Krieg — ist allerdings zu bemerken, daß es sich damals um einen von langer Hand vorbereiteten israelischen Präventivschlag im heimlichen Bündnis mit Frankreich und Großbritannien handelte, der Ägypten auf der Sinaihalbinsel schwach und unvorbereitet fand. Nasser hatte die schwerere Bedrohung richtig im Norden gegen Port-Said und Port-Fuad mit dem Ziel der britisch-französischen Invasion gesehen, den Suezkanal zu besetzen. Aus diesem Grunde hatte er dem Oberkommandierenden, Marschall Hakim Amer, befohlen, seine Truppen zur Abwehr der britisch-französischen Landung Front nach Norden machen zu lassen und alle Mittel auf diese Abwehr zu konzentrieren. Amer mußte die schon nach Osten auf den Sinai in Marsch gesetzten Verbände zurückrufen, und Dayan hatte bis zum Kanalufer nahezu freie Bahn. Ägypten war in die Zange genommen worden. Auch war die ägyptische Armee 1956 noch recht schwach; die sowjetischen Waffenlieferungen hatten erst etwa ein Jahr zuvor begonnen, und die Ausbildung an diesen Waffen steckte noch in den Anfängen.

1967 hatte die ägyptische Feldarmee zwar im Osten der Sinaihalbinsel starke Aufmarschpositionen bezogen, um den Syrern zu Hilfe zu kommen. Aber der Aufmarsch war nicht beendet, als Israel wiederum präventiv losschlug, um die Drohung rechtzeitig abzuweisen.

Die ägyptische Luftwaffe war 1967 am Morgen des ersten Kriegstages auf ihren Plätzen am Boden zerstört oder außer Gefecht gesetzt worden. Gleich zu Anfang hatten die Israelis Ägyptens Nachschub auf den Berg- und Wüstenstraßen der Sinaihalbinsel unterbrochen und die heranrückenden Truppenreserven zerschlagen. Die Panzerverbände waren vor ihrer Entfaltung gefaßt und dezimiert worden.

Syrien hatte Israel beide Male durch gesteigerte Aggressivität und sichtbare Angriffsvorbereitungen ohne Effekt provoziert und 1967 auch die Initialzündung zum Krieg gegeben, ohne dann den Ägyptern zu Hilfe zu kommen, die Syrien hatten Beistand leisten und einen israelischen Vergeltungsangriff verhindern wollen.

Jordanien hatte sich 1956 aus dem Krieg herausgehalten und 1967 die härtesten Kämpfe (in Jerusalem) zu bestehen gehabt, die schwersten Verluste erlitten und schließlich den empfindlichsten Gebietsverlust — das gesamte Land westlich des Jordans und die arabische Altstadt von Jerusalem — hinnehmen müssen.

Das Fazit aus dem Krieg von 1967 lautete für Ägypten wie für Syrien: Nur ein Angriff mit massiven Mitteln an beiden Fronten zugleich und mit einem Überraschungseffekt konnte einen greifbaren und dauerhaften militärischen Vorteil bringen. Die im Juni 1967 entstandene strategische Situation bot zwar Israel drei Vorfelder für eine vorgeschobene Landesverteidigung in hinreichender Sicherheitsdistanz vom eigenen Land, jedenfalls im Süden, gegenüber Ägypten. Auch war der Suezkanal selbst ein Hindernis, das der ägyptischen Armee eine äußerst schwierige Aufgabe stellen mußte, wenn die Israelis auf einen Angriff vorbereitet wären. Aber der Aufmarsch zum Angriff konnte in Ägypten selbst in einem nach Osten weithin durch Baumwuchs und Dünen abgeschirmten und nur spärlich besiedelten Gebiet ostwärts des Niltals geschehen, in dem seit 1967 ohnehin das Gros der aktiven Truppen des ägyptischen Heeres in Garnison lag. Dort war das Hin und Her der Truppenbewegungen für die feindliche Aufklärung schwer zu entwirren und ein verdeckter Aufmarsch für die ägyptische Kriegsplanung relativ leicht zu bewerkstelligen. Das ägyptische Heer hatte während Nassers

»Zermürbungskrieg« am Suezkanal zeitweilig etwa 100 000 Mann zwischen Nil und Suezfront zusammengezogen. Die Zivilbevölkerung in der Kanalzone hatte man ab 1967 durch Evakuierung stark vermindert, und die Städte waren vom Militär besetzt worden. Vom Ostufer des Kanals konnten die Israelis das mit Palmen, Büschen und hohen Pflanzen bewachsene Gelände nur am Rande einsehen. Die Luftaufklärung über dem Landesinnern setzte für die israelische Luftwaffe das Überfliegen des ägyptischen Luftraumes, mithin einen Bruch der Waffenruhe und eine Gefährdung der Flugzeuge in der Reichweite der ägyptischen Boden-Luft-Raketen-Abwehr voraus. Seit dem Ende des Stellungskrieges am Kanal — mit Beginn der ersten vereinbarten Waffenruhe vom 7. August 1970, die zunächst verlängert, dann von Präsident Sadat im Februar 1971 aufgekündigt, aber weiter eingehalten worden war — hatte Israel an der stillgelegten Front Zurückhaltung geübt. Gelegentliche Verstöße auf beiden Seiten hatten an diesem Zustand konsolidierter Waffenruhe wenig geändert. Eine regelmäßige israelische Luftaufklärung über Ägypten, wegen des dichten Netzes sowjetischer Flugabwehrraketen — der dichtesten sowjetischen Luftabwehrkonzentration außerhalb der UdSSR — militärisch gefährlich, war auch politisch zu riskant, hätte doch die israelische Regierung dadurch eine möglicherweise fatale Verstimmung der Vereinigten Staaten heraufbeschworen, die eine Verhandlung zu vermitteln suchten, und auch die Vereinten Nationen, die ohnehin die fortdauernde Besetzung der 1967 eroberten arabischen Gebiete mit zunehmender Ungeduld verurteilten und der arabischen Seite zuneigten, zusätzlich gegen sich aufgebracht.
So würde es möglich sein, Israel vor nahezu vollendete Tatsachen zu stellen, wenn es gelänge, den Angriffsplan geheimzuhalten, den Aufmarsch unauffällig einzuleiten und die Truppenbewegungen so zu verdecken, daß ein Bereitstellungsmuster für einen Großangriff nicht von außen erkennbar würde. Da die ägyptischen Verbände in diesem Gebiet ohnehin ständig in einer kriegsmäßigen Bereitschaft lagen, Manöver durchführten, abgelöst, mit Ersatz und Nachschub versorgt und umgruppiert wurden, war diese Aufgabe zu bewältigen.
Daß dies beinahe vollkommen gelang, war die erste große Überraschung in diesem Krieg der arabischen Koalition gegen Israel. Die Entstehungsgeschichte dieses Krieges ist heute noch nicht in allen Zügen bekannt. Aber sie ist im wesentlichen aufgehellt, selbst wenn wichtige Einzelheiten noch im dunkeln bleiben: Das Mosaik ist hinreichend deutlich, um das Grundmuster des Entwurfs und alle großen Linien erkennen zu lassen.
Der Entschluß zum Krieg fiel in Kairo und in Damaskus allem Anschein nach früh im Jahre 1973. Im Januar wurde der von Präsident Sadat neu bestellte ägyptische Kriegsminister, General Ahmed Ali Ismail, zum Oberbefehlshaber der verbündeten arabischen Streitkräfte er-

nannt. Am 1. Februar empfing man in Kairo eine große sowjetische Militärmission, die erste seit der Ausweisung der sowjetischen Militärberater aus Ägypten im Juli 1972. Im März und im April besuchte General Ismail die übrigen an der neuen arabischen Koalition beteiligten Länder, und Sadat selbst führte mehrere Gespräche mit dem syrischen Staatschef General Assad und König Feisal von Saudi-Arabien. Spätestens im April war auch die Zentrale des amerikanischen Geheimdienstes CIA aus Riad und Amman über ägyptisch-syrische Kriegspläne informiert. In beiden Hauptstädten waren die Repräsentanten der CIA von hohen Militärs gewarnt worden, daß Sadat und Assad diesmal einen Krieg gegen Israel ernsthaft vorbereiteten. Vieles spricht dafür, daß König Feisal diese Warnung nach Washington gelangen ließ, um seinem eigenen Drängen auf eine aktive amerikanische Politik gegenüber Israel Nachdruck zu verleihen. In Gesprächen mit amerikanischen Geschäftspartnern der Erdölgesellschaft Aramco machte der saudiarabische Monarch kein Hehl aus seiner Unzufriedenheit über die amerikanische Diplomatie im Nahostkonflikt und die proisraelische Haltung der Administration Präsident Nixons.
Am 1. März hatten palästinensische Terroristen den saudiarabischen Botschafter in der sudanesischen Hauptstadt Khartum zur Geisel genommen. Der Anschlag war nach Feisals Urteil eine Drohung. Der König fürchtete einen neuen Konflikt mit den revolutionären arabischen Ländern im Bunde mit den palästinensischen Nationalisten. Schon die seinerzeit von Nasser mit ägyptischen Truppen unterstützte Revolution im benachbarten Jemen, der von ihr bewirkte Bürgerkrieg, in den er eingegriffen hatte, um sein Reich abzuschirmen, und der Bürgerkrieg in Jordanien von 1970/1971, also an der Nordgrenze seines Landes, hatten ihm die Gefahr für die innere Ordnung Saudi-Arabiens und für seine religiöse und politische Führerstellung als Bewahrer der arabisch-islamischen Nationaltradition handgreiflich vor Augen geführt. Schließlich war auch Hussein von Jordanien, nach dessen Thron und Leben die Revolutionäre trachteten, ein Abkomme Mohammeds und der Scherifen von Mekka. Feisal sorgte sich um die Zukunft der volkarmen und erdölreichen arabischen Emirate am Persischen Golf, um Kuweit zumal, dessen Verwaltung von Palästinensern geleitet wird und dessen Ölförderung in den Händen palästinensischer Techniker liegt, während seine Unabhängigkeit vom revolutionär-sozialistischen Irak in Gefahr gebracht werden könnte.
Der saudiarabische König sah sich als Freund der USA und als Bollwerk islamischer Orthodoxie von Anschlägen bedroht, wenn Amerika weiter Israel schützte, ohne es zu Zugeständnissen an die arabische Sache zu zwingen. Er hatte Nasser mißtraut und mißtraute den Revolutionären in allen arabischen Ländern. Aber er hatte dem Ägypter die Führerschaft überlassen müssen, weil er ihm weder eine politische

Idee noch Macht entgegensetzen konnte. Der Tod Nassers im September 1970 hatte ihm eine unverhoffte Chance gegeben, seine Stellung in der arabischen Welt über die der revolutionären Militärdiktatoren zu erheben und zu festigen. Saudi-Arabien und der orthodoxe Islam hatten Zeit gewonnen, um sich gegen die Ausbreitung der Revolution zu rüsten, ihre Ziele mit eigenen politischen Entwürfen der Neuordnung vorwegzunehmen und den Einfluß der Sowjetunion im Nahen und im Mittleren Osten einzudämmen. Aber Feisal hatte erkannt, daß eine proamerikanische Politik zu gefährlich geworden war, nachdem die Vereinigten Staaten Israel seit 1967 nicht zum Rückzug aus den eroberten arabischen Gebieten hatten bewegen können. Der König hatte aus der Nähe beobachten können, wie in Kairo Nassers Nachfolger Sadat in steter Gefahr eines Anschlags oder Umsturzes länger als zwei Jahre vergeblich versucht hatte, mit US-amerikanischer Hilfe eine für die arabische Koalition vorteilhafte Verhandlungsposition gegenüber Israel zu schaffen und ohne Krieg die Befreiung der besetzten Gebiete zu erreichen. Er wußte, daß Sadats Zeit in Ägypten ablief, er sah, daß Hussein in Amman auch nach der Niederschlagung der palästinensischen Irredentisten, die 1970 seinen Staat und sein Leben bedroht hatten, nicht mehr sicher war, und er sah voraus, daß das Königreich Jordanien in Palästina den Kampf nicht überstehen würde, wenn die israelische Besetzung Jahr um Jahr andauern sollte.

»Der Nahe Osten ist ein Pulverfaß, und die Lunte brennt. Die ganze Gegend kann jeden Tag in die Luft fliegen.« Mit diesen warnenden Worten äußerte sich Feisal im April gegenüber Besuchern aus den USA. Der Herr über die größten Erdölquellen im Orient drohte den amerikanischen Partnern schon im Frühjahr mit Boykott, falls ihre Regierung nicht endlich den Arabern gegen Israel Satisfaktion gäbe. Die Konzernleitung der Aramco gab die Warnung an die Nixon-Administration weiter. Feisal drängte. Er sagte den Amerikanern und schrieb auch an Präsident Nixon, daß die Zeit für eine Verhandlung rasch verrinne. Das Jahr 1973 werde die letzte Frist für den Versuch einer friedlichen Lösung setzen.

Zu jener Zeit war Richard Nixon in Amerika schon ein politisch angeschlagener Mann, der seinen Kredit nahezu aufgebraucht hatte und somit auf jede Unterstützung angewiesen war, die er in seinem Lande finden konnte. Die jüdische Gemeinde in den Vereinigten Staaten, mit ihrer Presse, ihrem Einfluß auf die Administration, die Universitäten und die Finanz sowie als Wählerschaft eine politische Macht, stellte ein Schwergewicht auf dieser spezifischen Konfliktachse dar. Nixon mußte auf diese an Geld, Stimmen und Einfluß reiche Klientel Rücksicht nehmen, selbst wenn er nicht von sich aus der Sache Israels zugeneigt hätte; israelische Diplomaten nannten sie in der Zeit vor dem Krieg vom Oktober 1973 schlicht »unsere politische Geheimwaffe«

und verhehlten nicht, daß sie im Kalkül ihrer Regierung dazu diente, Druck auf die Regierung der Vereinigten Staaten auszuüben.

Das Datum der Kriegseröffnung wurde wahrscheinlich im Sommer in Kairo bestimmt, im Juli oder spätestens im August, nachdem die israelische Arbeiterpartei, die größte Regierungspartei — der Golda Meir, Moshe Dayan, Yigal Allon und andere Minister angehören —, ihr Wahlprogramm verabschiedet hatte. In diesem Programm wurde Dayans expansive Siedlungspolitik in Teilen der besetzten arabischen Gebiete zur Parteidoktrin erhoben, wenn auch in abgeschwächter Form.

Am 7. Oktober berief sich in Kairo Präsident Sadat gegenüber den Botschaftern der fünf Mächte, die ständige Mitglieder des UN-Sicherheitsrates sind (USA, UdSSR, Volksrepublik China, Frankreich, Großbritannien), auf diese »Kolonisierungspolitik« zur Rechtfertigung seines Entschlusses zum Krieg. Er sprach von einem »Plan Galili« nach dem Namen des Staatsministers im israelischen Ministerpräsidentenamt.

Im August eröffnete Sadat mehreren Ministern und Ratgebern, daß der Krieg »unmittelbar« bevorstehe. Schon am 25. April hatte er im Ministerrat seiner neuen Regierung erklärt, daß er »fest und unwiderruflich« zum Krieg noch im Jahre 1973 entschlossen sei. Zwar hatte er solche Erklärungen seit dem Herbst 1970 immer wieder abgegeben; aber nun hatte er sich selbst so weit vorgewagt, daß er nur noch um den Preis eines Rücktritts zurückkonnte. Wie so viele Zauderer in der Geschichte hatte er sich selbst in eine offen sichtbare Zwangslage gebracht, um sich den Entschluß abzuringen, zu dem er in freier Wahl nicht fähig gewesen wäre. Sadats Schwäche war allen Regierungen und in Kairo allen Macht-Teilhabern bekannt. Sie war die Hauptursache für die anhaltende Krise des Regimes und die Folge von Entlassungen und Rücktritten von Ministern, Generalen, hohen Parteifunktionären und Regierungsbeamten seit Anfang 1971. Diese Schwäche hatte auch die israelische Staats- und Armeeführung beeindruckt. Nur hatte man in Jerusalem und im Verteidigungsministerium zu Tel-Aviv den Schluß daraus gezogen, daß Sadat trotz seiner Andeutungen von Verhandlungsbereitschaft und seiner Bemühungen um eine amerikanische Vermittlung kein zuverlässiger Verhandlungspartner sei, solange seine Stellung so schwach, seine Haltung so schwankend, seine Unterstützung im eigenen Land so unsicher und seine innere Politik so unberechenbar blieben, wie sie es waren oder zu sein schienen. Außerdem wartete man auf größere Konzessionen.

Am 3. September, so scheint es, gab Präsident Sadat in Kairo die erste Anweisung an den Generalstab für die Vorbereitung des Angriffs nach den seit längerem ausgearbeiteten Plänen aus. Schon etwa ein Jahr zuvor hatte das Oberkommando nahe am Suezkanalufer parallel zur Front zwei Linien von Depots angelegt, einige Kilometer hinter der

Uferstellung, und hohe Sandwälle als Deckung und überhöhte Feuerstellungen für Panzer und Feldgeschütze aufschütten lassen. Diese Sandhaufen hatten die Israelis zwar gesehen, aber ihre künftige Verwendung nicht erkannt.

Die Ägypter ahmten die logistische Methode der Sowjets und der Nordvietnamesen, in größerem Umfang für Offensiven vorwärts Material zu lagern, um die Truppen ohne schwere Lasten heranzuführen und nach dem Beginn der Offensive nicht sofort vom Nachschub über die rückwärtigen Verbindungen aus weiterer Entfernung abhängig zu sein, allerdings nur unvollkommen nach. Im Gegensatz etwa zur nordvietnamesischen Armee General Giaps bei der Vorbereitung der großen Offensive gegen Südvietnam im Mai des Jahres 1972 hatten die Ägypter am Kanal keine gemischten Vorratslager angelegt, aus denen die Truppen zugleich mit Ersatz für alle in den Brigaden benutzten Waffen und Geräte, mit Munition für alle Waffen und mit Treibstoff hätten versorgt werden können. Ihre Depots enthielten jeweils nur einen Artikel: Treibstoff, Munition oder Waffen und Ersatzteile, dann aber auch noch für nur jeweils eine bestimmte Waffe, etwa für Sam-6-Luftabwehrraketen oder Panzerabwehrraketen. Diese Verteilung sollte sich nach dem Beginn der Offensive als ein großes Hemmnis für die Kampfversorgung der ägyptischen Truppen erweisen, deren Nachschubgruppen von Depot zu Depot fahren und sich ihren Ersatz zusammensuchen mußten.

Immerhin boten die vorwärts angelegten Depots einen beträchtlichen Vorteil vor Kriegsbeginn für die Vorbereitung des Angriffs auf breiter Front mit einer Feldarmee von etwa 100 000 Mann und 1000 Kampfpanzern, die allerdings nicht alle auf das östliche Ufer des Suezkanals übersetzten und nicht sämtlich in die Kämpfe eingriffen oder eingreifen konnten. Diese Lager und die mit starken Sandwällen abgedeckten Angriffs-Stützpunkte nahe dem Kanalufer sollten sich in den ersten Tagen des Krieges für die Überquerung des nur 80 bis 135 m breiten Wasserwegs als sehr wertvoll erweisen.

Diese Positionen waren vom Ostufer des Kanals nicht einzusehen, aber sie waren nahe genug, um einen »geduckten Sprung« aus der Deckung über den Kanal möglich zu machen. Damit konnte der Vorteil der taktischen Überraschung durch die geplante Initiative zum Angriff optimal genutzt werden. Für den Aufmarsch genügte es, die Truppen nur mit ihren leichten Waffen vorrücken zu lassen. Dies wiederum erleichterte die Täuschung fremder Beobachter, die nur Mannschaftsersatz für die in den bekannten befestigten Frontstellungen liegenden Einheiten oder Ablösungen Einheit gegen Einheit sahen, wo tatsächlich Truppenverstärkungen in großer Zahl herangeführt wurden.

Zwei Tage nachdem er den Befehl zur Aufnahme der unmittelbaren

Kriegsvorbereitungen nach dem Plan des Generalstabs gegeben hatte, nahm Sadat in Algier an der Konferenz der blockfreien Staaten vom 5. bis zum 8. September teil. Dort verbrachte er seine Zeit in geheimen Gesprächen mit dem syrischen Präsidenten Assad, dessen aktiven Beistand er für das Gelingen seines Kriegsplanes brauchte. Die syrische Armee mußte Israels Siedlungsland von den Golanhöhen her bedrohen, um in der kritischen und nach Sadats Vorstellung politisch entscheidenden Anfangsphase des Krieges so viele israelische Kräfte wie möglich zu binden. Assad, im eigenen Land und in der eigenen Armee schon seit längerem umstritten und unter zunehmenden Druck geraten, hatte die Unterstützung eines energischen ägyptischen Angriffs auf breiter Front im Prinzip schon im April zugesagt. Am 10./11. September hielten Sadat und Assad in Kairo einen geheimen Kriegsrat mit ihren Kriegsministern und Generalstabschefs. Bei dieser Gelegenheit konferierten sie mit Hussein. Da sie dem jordanischen Herrscher jedoch nicht trauten, obwohl sie sich eben mit ihm versöhnt hatten, deckten sie ihre Pläne nicht auf, sondern begnügten sich mit allgemeinen Andeutungen und Beschwörungen der arabischen Solidarität gegen den gemeinsamen Feind. Zu solchen Kundgebungen ohne exakte Bündnisverpflichtung allzeit bereit, stimmte Hussein ihnen zu und flog nach Amman, ohne sich engagiert zu haben. Nach Kriegsausbruch behauptete er in Gesprächen mit Besuchern, er habe in Kairo aus der Vieldeutigkeit dunkler Worte keine klare Absicht heraushören können. Seine eigene Politik der indirekten Kriegführung mit einem kleinen Expeditionskorps in Syrien zeigte alsbald, daß er an diesem Krieg keinen Teil haben wollte, was immer er im Gespräch mit Sadat und Assad gehört und verstanden haben mag. Die beiden Staatschefs scheinen Hussein auch weder als einen willkommenen noch als einen nützlichen Bundesgenossen im Krieg gegen Israel angesehen zu haben, weil sie ihm eine energische Offensive am Jordan nicht zutrauten — wohl aber auch deshalb, weil sein Beistand im Felde sie für die Kriegsziele und für spätere Verhandlungen mit Israel an seine Interessen gebunden haben würde. Es lag ganz in ihrer Politik — soweit die beiden Regierungen überhaupt eine gemeinsame Politik verfolgten —, Hussein zu neutralisieren, um später um so leichter über seinen Thron und sein Land verfügen zu können. Schon die Rücksicht auf die palästinensische Nationalbewegung gebot in der Perspektive von Friedensverhandlungen einen Verzicht auf die seit 1967 so oft verkündete und geforderte »Reaktivierung der Ostfront« gegen Israel, solange Hussein dort das Kommando führte. Die Kriegsverabredung zwischen Sadat, der die treibende und zugleich die lenkende, das heißt in der gegebenen Lage zwischen Russen und Amerikanern auch die zügelnde Kraft in diesem Bündnis war, weist alle Merkmale einer komplizierten Intrige auf. Nicht nur Hussein wurde — sehr zu seinem Wohlgefallen — aus dem neuen Kampfbund heimlich ausgeschlossen, von dem er trotzdem

Kenntnis gehabt haben muß, weil er die CIA darüber informieren ließ. Auch König Feisal von Saudi-Arabien, dessen materielle und politische Unterstützung Sadat für seinen Krieg und die von ihm erhoffte Verhandlung brauchte, wurde in Algier nicht in den eigentlichen Kriegsplan eingeweiht. Der Zeitpunkt des Angriffs wurde auch vor ihm geheimgehalten bis zum letzten Augenblick. Assad und Sadat müssen zumindest unter vier Augen in Kairo einen Tag oder ein Zeichen verabredet und sich vorher in Algerien der Zustimmung Feisals und des algerischen Staatschefs Boumedienne versichert haben, allerdings ohne einen Offensivtermin zu nennen. Sicher ist dagegen, daß sie ihren Triumvir der papierenen Konföderation arabischer Republiken, den Libyer Khadaafi, gänzlich ausschlossen, obwohl sie mit ihm an der Spitze ihres Dreierbundes eigentlich gemeinsam über Krieg und Frieden hätten entscheiden müssen. Auch der Präsident Sudans, mit dem wieder Ägypten besonders verbunden war, und der Iraks wurden nicht unterrichtet.

Der Zeitpunkt des gemeinsamen Angriffs war während des ganzen Sommers umstritten.

Als Tag der Kriegseröffnung hatte der ägyptische Generalstab den 6. Oktober vorgesehen. Präsident Sadat hatte einen Herbsttermin befohlen, um zu Beginn der Vollversammlung der Vereinten Nationen losschlagen zu können. Er versprach sich davon die beste Zeit, weil sich die Erwartung in einen neuen Verhandlungsversuch in diesen Wochen verdichten und einen Angriff gegen Israel psychologisch als unwahrscheinlich erscheinen lassen würden. Diese Rechnung ging auf.

Der 6. Oktober bot mehrere natürliche Vorteile: Früher Mondaufgang und eine anfangs helle Nacht im Lichte des Neumonds, dabei eine langsame Wasserströmung im Kanal, die jahreszeitlich zwischen Mittelmeer und Rotem Meer bedingt ist. Zu diesem Zweck hatte Kriegsminister Ismail die Strömungsdaten der Suezkanalbehörde auswerten lassen. Schließlich ein früher Monduntergang, so daß nach dem gelungenen Brückenschlag die Panzer und die schweren Waffen im Mantel der Nacht über das ruhige Wasser rollen konnten. Präsident Sadat wählte wohl auch deshalb das Kennwort »Badr« für das Unternehmen, denn es bedeutet im Arabischen Neumond. Die psychologischen Vorteile dieses Datums lagen auf der Hand: Der jüdische Bußtag im muselmanischen Fastenmonat Ramadan; schließlich kam in Israel die Wahlkampfzeit hinzu. Sadat hatte den Operationsplan auch deshalb »Badr« genannt, weil im Jahre des Heils 624 der Prophet Mohammed an diesem Tage seine erste Schlacht schlug und nach dem Sieg über seine Feinde in Mekka die Fastenzeit seiner Religion vom jüdischen Yom Kippur abgelöst und den Ramadan begründet haben soll.

Die Angriffsziele zu wählen war schwieriger. General Ismail sagte später, die ägyptische Armee hätte am 6. Oktober abends angreifen

sollen, weil sie bei Beginn des ersten Sturmangriffs die untergehende Sonne im Rücken gehabt hätte.
Aber die Syrer standen im Verhältnis zur Sonne bei ihrem Angriff im Osten und hätten zu dieser Zeit also mit der tief stehenden Sonne im Gesicht nach Westen angreifen müssen. Sie wollten deshalb morgens gegen die Israelis auf dem Golan vorgehen. Die Nachmittagsstunde 14 Uhr war ein Kompromiß zwischen den beiden Verbündeten.
Diese Einigung führte Ismail erst am 2. oder am 3. Oktober in Damaskus herbei. Gewisse Informationen deuten darauf hin, daß die Sowjets am 3. Oktober inoffiziell über den Angriffsbeginn unterrichtet wurden. Daß sie mit einem Krieg schon seit Wochen gerechnet hatten, weist der Abschuß eines sowjetischen Aufklärungssatelliten in eine geeignete Erdumlaufbahn an jenem 3. Oktober aus; die Vorbereitungszeit dafür verlangt mehrere Tage (insgesamt starteten die Sowjets sieben solcher Satelliten).
In Bagdad erfuhr man nach dem Kriegsausbruch von dem großen Ereignis, obwohl Irak seit dem Frühjahr 1973 eine Kampfstaffel unter ägyptisches Kommando an den Suezkanal verlegt hatte. Die irakische Staatsführung setzte in aller Eile nacheinander zwei Divisionen an die syrische Front in Marsch: die 3. Panzerdivision, die bei Bagdad stand und die die 800 km zur syrischen Front über die Straße bis zum 11. Oktober zurücklegte; dann am 12. Oktober, sechs Tage nach Kriegsbeginn, Einheiten der 5. und der 1. Division, die im Süden von Bagdad standen; schließlich am 15. Oktober einen dritten größeren Kampfverband, die 6. Panzerdivision, die Syrien allerdings nie sah, sondern auf dem Wege wieder umkehrte.
Irakische Truppen waren vom 11. bis zum 20. Oktober in Syrien; die zuerst entsandte Panzerdivision vor Damaskus mit zwei Brigaden im Kampf, in dem sie gezählte 106 Panzer in einer einzigen Nacht — vom 11. auf den 12. Oktober — verlor. Der irakische Anteil am Krieg wurde vom syrischen Generalstabschef, General Schakur, nicht hervorgehoben: In Gesprächen während der Operationen setzte er die Bedeutung der irakischen Hilfe herab, wie im übrigen auch die der militärischen Unterstützung durch die jordanischen und die saudiarabischen Truppen. Von den palästinensischen Freikorps in der syrischen Armee — die Partisanenkampfgruppen der in Syrien ansässigen Organisation »Saiqa«, was soviel bedeutet wie »der Blitz«, waren auf die regulären Einheiten der syrischen Armee verteilt — war in Syrien ohnehin nicht viel die Rede, obwohl die Palästinenser in den syrischen Reihen mitkämpften.
Für die Beziehungen zwischen Bagdad und Damaskus ist es charakteristisch, daß die irakischen Bundesgenossen gegen Israel, mit denen die syrische Einheitspartei und die syrische Armee politisch verfeindet sind, einerseits ohne Aufforderung sofort starke Truppenverbände nach

Syrien schickten, daß diese aber nicht den zur Golanfront kürzeren Weg nach Westen durch Nordostjordanien und über die Straßenkreuzung von Mafrak nahmen, um dann nach Norden auf der Deraa-Straße ins Kampfgebiet vorzurücken, sondern über Mossul, Aleppo, Homs und Damaskus sozusagen einen großen Bogen um den Kriegsschauplatz schlugen.

Natürlich hatte dieser Umweg auch andere Gründe, so den politischen Konflikt mit Hussein, gegen den die Iraker im Bürgerkrieg 1970 mit ihrer bei Mafrak als Bündniskontingent gegen Israel stationierten Division eingreifen wollten und der sie danach zum Abzug aus seinem Lande aufgefordert hatte. Dazu kam die Furcht, daß sie sich auf der Deraa-Straße parallel zur Front auf einer Distanz von knapp 40 km Luftlinie während ihres Aufmarsches israelischen Luftangriffen auf ihre Marschkolonnen aussetzen könnten. Aber die politische Animosität zwischen den feindlichen Brüdern der allarabischen sozialistischen Baath-Bewegung war auch im Kampf gegen den gemeinsamen Feind Israel noch groß genug, um eine wirksame Waffenbrüderschaft zu verhindern.

Die Schwierigkeiten aller Allianzen im Krieg, die gegenseitige Beargwöhnung verbündeter, aber nicht befreundeter Armeen im Felde und die Differenzen in der Kriegspolitik der Staaten einer Koalition ohne gemeinsames Ziel wirkten sich zwischen Syrien und Irak zu einer getrennten Kriegführung an derselben Front aus. Zwar waren die irakischen Truppen dem syrischen Oberkommando unterstellt, doch eine Zuordnung für Zusammenwirken fehlte. Schließlich zogen die irakischen Verbündeten noch vor der Waffenruhe vom Kriegsschauplatz ab und hatten Syrien schon hinter sich gelassen, als in Ägypten Sieg und Niederlage auf der Schneide des Schwertes standen.

Die Querelen zwischen Damaskus und Bagdad bestätigten, daß es sich in Wahrheit bei diesem dritten arabischen Koalitionskrieg gegen Israel nicht um einen Existenzkampf handelte, sondern um ein großes politisches Manöver mit Waffengewalt. Ein zweites Beispiel weist darauf hin: die Behandlung der Palästinenser. Während der zwanzig Tage von Kriegsbeginn bis zum Beginn der zweiten Waffenruhe waren die Palästinenser im Hintergrund geblieben. Es schien, als hätten sie jede Bedeutung verloren, obwohl es im Namen der arabischen Sache und des Selbstbestimmungsrechts der Völker doch um ihr Schicksal ging, wenn die Proklamationen der vergangenen Jahre in Kairo und Damaskus ernst gemeint waren.

Yassir Arafat, der Führer der »El Fatah« und Sprecher der nationalen Widerstandsbewegung der Palästinenser, hatte seit 1967 unablässig nach dem Krieg gegen Israel zur »Befreiung Palästinas« gerufen. Seine Losung lautete: »Das Gewehr, nur das Gewehr!« Er hatte die »Palästinensische Befreiungsarmee« begründet, deren Titular-Oberkommandierender er geworden war, und er hatte 1970 den Kampf gegen König Hussein in Jordanien angeführt, um die Eröffnung einer internationalen Verhandlung mit Israel zu verhindern. Seither hatte er oft genug seine eigenen Anhänger und Bundesgenossen im palästinensischen Lager zur Geduld und die arabischen Staaten zum Kampf mahnen müssen.

Unfähig, Krieg zu führen und eine Front am Jordan oder am Berge Hermon gegen Israel aufzubauen, zu schwach, um in den besetzten Gebieten aus dem Untergrund einen bewaffneten Widerstand gegen die israelische Besatzungsmacht aufzurichten, hatten die palästinensischen Nationalisten ihren vorgestellten Partisanenkrieg von der Grenz-Guerilla zu bloßem Terror degradieren müssen. Zwar standen einige ihrer Bataillone in Syrien und Ägypten an den stillgelegten Fronten, zwar operierten ihre Guerilla-Gruppen an Libanons Grenze zu Israel und zogen mit ihren Aktionen regelmäßig israelische Repressalien auf ihr Gastland, aber von ihrem Ideal des revolutionären Krieges war nur eine Fata Morgana geblieben.

Für jeden arabischen Kriegsplan waren die Palästinenser der unkontrollierbare Faktor im eigenen Lager. Also mußten Sadat und Assad sich im Herbst 1973 die Frage stellen, wie sich die palästinensischen Organisationen verhalten würden und ob man sie benutzen solle. Sadat hatte seit langem erkannt, daß die fortgesetzte Frustration des palästinensischen Nationalgefühls und die Irredenta-Neurose in den Flüchtlingslagern nach der Existenz Jordaniens auch die Existenz Libanons gefährdeten. Er hatte im April 1973 über die Terroranschläge gegen den internationalen Luftverkehr gesagt, daß der Zustand der »Verzweiflung« die palästinensischen Patrioten zu Desperados werden lasse und daß Ohnmacht gegen Ungerechtigkeit den gewalttätigen Fanatismus zeuge, der vor nichts mehr haltmache.

Trotzdem scheint es nicht, daß der ägyptische Staatschef diesem militanten Fanatismus mit dem Krieg gegen Israel die Gelegenheit geben wollte, im Kampf den Sieg über den Feind zu suchen. In Kairo wurde vor und nach diesem Krieg wie während des Kampfes viel von den Rechten der Palästinenser auf ihr Land und auf eine Heimat gesprochen, aber nur wenig über ihre Beteiligung am Krieg oder über ihren Anteil am verkündeten Sieg. Vor Kriegsausbruch überließ Sadat dem syrischen Verbündeten die Verbindung zu den Palästinensern, die ihre Hauptquartiere ohnedies in Damaskus und in Beirut haben.

Assad scheint dann auch die Führung der Palästinensischen Befreiungsfront in Damaskus über die Kriegspläne unterrichtet zu haben, denn am 21. September berichtete die Beiruter Zeitung ›*Al Nahar*‹, daß »eine militärische Operation großen Stils, aber zeitlich begrenzt« bevorstehe; die palästinensischen Führer seien davon unterrichtet worden. Fünf Tage später, am 26. September, ging bei der CIA die Nachricht ein, Teile der ägyptischen Armee seien in erhöhte Einsatzbereit-

schaft versetzt worden. Israels Generalstab, aus Washington sofort informiert, tat die Meldungen als Mißverständnisse ab; man habe es wohl mit Vorbereitungen für übliche Manöver der ägyptischen Armee zu tun. Auch als in Ägypten bestimmte Gruppen von Reservisten einberufen wurden, fanden die israelischen Militärs im Verteidigungsministerium dafür die Routineerklärung, daß es sich um Mobilmachungsübungen für Manöver handle. Immerhin hätte es zu denken geben müssen, daß für diese Manöver Divisionen in Bewegung gesetzt wurden und daß die Fernmelde-Vorbereitungen auf ein umfangreicheres Unternehmen als die üblichen Übungen angelegt waren.
Am 1. Oktober verkündete die offiziöse ägyptische Nachrichtenagentur MENA (Middle Eastern News Agency) in Kairo die Alarmbereitschaft der ägyptischen Armee, zog ihre Depesche jedoch wenige Minuten später wieder zurück. Am 4. Oktober wurden die Sowjetbotschafter in Kairo und Damaskus offiziell über die unmittelbar bevorstehende Kriegseröffnung unterrichtet. Die Sowjetregierung entsandte Großraumtransportflugzeuge in die beiden Länder, um die sowjetischen Bürger zu evakuieren, und sagte materielle Unterstützung zu. Die Materialzufuhr begann noch vor Ausbruch der Feindseligkeiten: Die Antonow-Transportflugzeuge flogen nicht leer in den Nahen Osten, nur um Sowjetbürger aufzunehmen. Wie früh und wieweit die Sowjetführung über das Vorhaben wirklich informiert und ob sie an den Vorbereitungen beteiligt war, ist eine noch unbeantwortete Frage. Die Evakuierung der sowjetischen Bürger aus Syrien und Ägypten, wo nach unterschiedlichen Schätzungen deren 4000 bis 6000 verblieben waren, war jedenfalls an Ort und Stelle augenscheinlich nicht vorbereitet worden und vollzog sich in der im Notstand üblichen Unordnung. Aber dies kann Teil einer russischen Alibi-Konstruktion gewesen sein.
Am Abend des 2. Oktober wurde in westlichen Botschaften in Kairo bekannt, daß die ägyptischen Streitkräfte in Alarm versetzt worden waren. Dies allein war allerdings nach den Erfahrungen bis dahin noch kein hinreichendes Indiz für drohende Kriegsgefahr, denn seit Jahren wurde in Ägypten ein derartiger Alarm alle drei bis vier Monate geübt. Außerdem waren die Truppen an der Suezfront trotz der andauernden Waffenruhe stets mehr oder weniger im Zustand der Gefechtsbereitschaft mit zahlreichen Übungen. Im Niltal, auf verschiedenen Armen des Flusses, auf der Insel Fayum, etwa 60 km südwestlich von Kairo und am Süßwasserkanal im Westen des Suezkanals, waren seit 1967 Brückenschlag über Wasserwege und das Übersetzen von Truppen in Booten geübt worden. Kommandomanöver mit Hubschraubern und Sturmbooten, amphibischen Panzern und fahrbaren Pontons unter sowjetischer Anleitung gehörten zum festen Ausbildungsprogramm des ägyptischen Heeres.
Der kritische Moment zwischen Frieden und Krieg war gekommen.

Bis zu diesem Zeitpunkt konnten alle militärischen Vorbereitungen in Ägypten noch recht gut verschleiert und in Tel-Aviv wie in Washington oder in Moskau als Einleitung von Manövern oder als Anzeichen für eine herannahende innenpolitische Krise gedeutet werden. Der ägyptische Generalstabschef Schasli sagte später, während der letzten drei Tage vor Kriegsbeginn hätte er die Aufdeckung des Aufmarsches seiner Armee gefürchtet. Es sei ihm bei diesem Gedanken »heiß und kalt« geworden.

Aber am Morgen des 3. Oktober war für die militärischen Beobachter in Kairo klargeworden, daß in Ägypten etwas Außergewöhnliches im Gange war. Die gesteigerte militärische Aktivität im Lande ließ sich nicht länger verbergen. Spätestens zu diesem Zeitpunkt, zu dem die westlichen Militärattachés erste Vorwarnungen für das Entstehen einer noch nicht näher bestimmbaren Krise in ihre Hauptstädte funkten, mußte die sowjetische Botschaft in Kairo wissen, daß die ägyptische Armee in einem Aufmarsch zur Kanalfront begriffen war. Die Sowjetunion hatte noch genügend Militärpersonal im Lande — etwa 5000 bis 6000 Truppeninstrukteure und Waffentechniker in allen drei Teilstreitkräften, die über ihre eigenen Transportmittel und Nachrichtenverbindungen verfügten —, um von den anwesenden sowjetischen Offizieren über alle ägyptischen Truppenbewegungen und Angriffsvorbereitungen zu erfahren. Dagegen scheint Präsident Sadat bis zum 4. Oktober die Sowjetregierung nicht um verstärkte Munitionszufuhr und Waffenersatz ersucht zu haben, wie sich in der ersten Kriegswoche nach dem gewaltigen Munitionsverbrauch an der Kanalfront zum Nachteil der ägyptischen Truppen erweisen sollte, die nach etwa fünf Kampftagen in ernste Versorgungsschwierigkeiten kamen.

Jedenfalls wurde der Sowjetbotschafter Dobrynin in Washington 48 Stunden vor Kriegsausbruch, also zwischen dem Abend des 3. und dem Mittag des 4. Oktober, über den bevorstehenden Angriff informiert. Schon am 3. Oktober hatten in Moskau auf einem Empfang für eine ägyptische Regierungsdelegation hohe sowjetische Offiziere in Gesprächen militärische Ratschläge für eine Offensive auf der Sinaihalbinsel erteilt. Anfang Oktober war also der Angriff zwischen Ägyptern und Sowjets ein Konversationsthema geworden, wenngleich dies nicht bedeuten muß, daß man in Moskau über Zeitpunkt, Ausmaß und Ziel eines Angriffs vor dem 3. Oktober genau Bescheid wußte.

Die ersten sechs Tage im Oktober 1973 bieten ein Musterbeispiel für die Fragwürdigkeit der Beurteilung einer Kriegsgefahr allein oder vorwiegend nach den Absichten eines Gegners. Es handelt sich dabei zumeist um die Absichten, die ihm zugeschrieben werden, nicht um die Absichten, die er insgeheim hegt. Niemand hatte bis zum 3. Oktober 1973 einen ägyptischen, geschweige denn einen ägyptisch-syrischen Großangriff gegen die israelischen Positionen auf der Sinaihalbinsel und auf dem Golan für in absehbarer Zukunft wahrscheinlich gehalten. Die Behauptung, daß Israels Regierung und Generalstab seit Tagen, wenn nicht sogar seit mehreren Wochen einen solchen Angriff erwartet, die Angriffsvorbereitungen in der ersten Oktoberwoche klar erkannt und richtig beurteilt hätten (siehe als Beispiel den Kriegsbericht von Heinrich Zador, Tel-Aviv, in ›*Wehrkunde*‹ 12/1973, S. 624 ff., »Der Krieg im Nahen Osten: Folgen und Lehren«), muß angesichts der Vorgeschichte dieses Krieges als zumindest zweifelhaft erscheinen. Sie widerspricht den qualifizierten Informationen westlicher Militärattachés in Tel-Aviv und den Kenntnissen in Washington über die israelischen Reaktionen vor dem 5. Oktober 1973 auf alle offiziösen amerikanischen Warnungen, daß mit der Möglichkeit eines ägyptisch-syrischen Angriffs noch im Herbst 1973 gerechnet werden müsse.

Tatsächlich lag die Evidenz einer Kriegsvorbereitung in Ägypten in den ersten Oktobertagen bruchstückhaft im Zwielicht zutage. Aber sie war eben weder eindeutig noch vollkommen. In dieser Ungewißheit beurteilte die israelische Führung die Lage nach den Absichten und Fähigkeiten, die sie den Ägyptern zuschrieb, statt nach den objektiv erfaßbaren, berechenbaren, wägbaren militärischen Angriffskapazitäten der ägyptischen Streitkräfte und der ihnen zu Gebote stehenden Waffen. Der subjektive Faktor wurde im Kalkül zum Koeffizienten der strategischen Gleichung genommen, nicht der objektive. Die Israelis ließen sich von ihrem Feindbild leiten, nicht von der Wirklichkeit: Sie sahen die Ägypter und die Syrer so, wie sie sich dies in langen Jahren angewöhnt hatten — als unentschlossen, großsprecherisch, furchtsam, ungeschickt und zu wirksamem Handeln unfähig. Sadat erschien ihnen als bramarbasierender Dilettant, der vom Krieg redete, um von seinen inneren Schwierigkeiten abzulenken und um Zeit zu kaufen, mit der er aber nichts anzufangen wüßte. Daß auch ein schwacher Mann eine Flucht nach vorn, in den Krieg, wagen könnte, um Schlimmerem zu entgehen, war allerdings so unerhört nicht. Doch in Israel traute man den Arabern einfach nicht das zu, was man beständig von ihnen behauptete, nämlich daß sie Israel eines Tages überfallen würden, um es zu vernichten.

Alle israelischen Militärs wußten seit 1967, daß ihre Armee das Suezkanalufer gegen einen ägyptischen Großangriff mit schweren Waffen nicht würde halten können. Die gesamte Verteidigungsplanung war auf eine gestaffelte Abwehr und auf Gegenangriffe aus dem Innern der Sinaihalbinsel gegründet. Eine permanente Kriegsbereitschaft mit starken Kräften war Israel volkswirtschaftlich nicht möglich. Auf diesen schwachen Punkt hatte Nassers »Zermürbungskrieg« mit dem Trommelfeuer auf die israelischen Uferstellungen 1969/1970 bis zur Waffenruhe sogar empfindlich gewirkt, obwohl er im übrigen an den Gegenschlägen der israelischen Luftwaffe auf Ägypten gescheitert war. Aber die israelische Schwäche war geblieben: Das Land konnte und kann sich einen Mobilmachungszustand auf unbegrenzte Zeit ebensowenig leisten wie ein europäisches Land. Eine abwehrstarke Besetzung von Grenzen ist mangels Truppenmasse auf Dauer nicht möglich. Israels Armee muß Soldaten sparen.

Die Wirksamkeit der israelischen Defensive beruht also auf drei Faktoren: schneller Mobilmachung der Reserven; Bereitschaft zum Präventivschlag auf einen Angriff, bevor dieser sich entfalten könnte; Fähigkeit zum schnellen und entscheidenden Gegenschlag mit der Niederwerfung des Gegners auf dem Schlachtfeld. Zu diesem Zweck mußte eine konkrete Angriffsdrohung rechtzeitig erkannt, das heißt vom allgemeinen und diffusen Bedrohungszustand unterschieden werden, damit die politische Führung den Entschluß zur Mobilmachung wenigstens zwei Tage vor dem angenommenen Kriegsbeginn würde fassen können.

Gerade diese Unterscheidung zwischen der allgemeinen, fortdauernden Bedrohung und der präzisen Angriffsdrohung, die sich von Tag zu Tag deutlicher abzuzeichnen begann, gelang Israels militärischer Führung und Verteidigungsminister Dayan allem Anschein nach nicht vor dem 5. Oktober; und selbst dann zögerte man noch, die Konsequenzen aus dem Lagebild zu ziehen, das sich nun bot. Aber Dayan und sein Generalstabschef Elazar waren in guter Gesellschaft. In dieser ersten Oktoberwoche ließ in Washington Außenminister Henry Kissinger sich von seinem Stab des Nationalen Sicherheitsrats dreimal eine Lagebeurteilung über die Evolution der bedrohlichen Vorgänge in Ägypten geben, und dreimal kamen er und seine Berater trotz des Lagebildes der CIA zu dem Schluß, daß keine unmittelbare Kriegsgefahr drohe.

In Kairo nahmen am Vormittag des 3. Oktober die Diplomaten in den westlichen Botschaften, die über die militärischen Bewegungen ein mehr oder weniger deutliches Bild hatten, an, daß sich ein innenpolitisches Manöver der Armee, entweder ein Präventivschlag Sadats gegen eine neue konspirative Opposition in der Staatsführung oder ein Militärputsch des Generalstabschefs Schasli gegen den Staatschef, anbahnen könnte. In diesem Sinne berichteten mehrere Missionen nach Europa. Diese falsche Lagebeurteilung änderte sich in den folgenden Tagen bis zum 6. Oktober nicht mehr: Die Militärattachés schlossen einen Angriff am Suezkanal für die Zukunft nicht aus, wohl aber für die nächsten Tage.

Die Israelis sahen noch einen besonderen Grund für die harmlose Deutung der undurchsichtigen Vorgänge in Ägypten, die sie tatsächlich nur sehr unvollkommen wahrnahmen. Sie hatten früher im Jahr in einem Kommandounternehmen auf libanesischem Gebiet einen syrischen Obersten gefangengenommen, und die Syrer hatten Verhandlungen über seine Freigabe eingeleitet. Dieser Umstand beruhigte das

Verteidigungsministerium in Tel-Aviv. Hinzu kam eine Erfahrung mit den Syrern: Seit 1967 hatten die Syrer jedesmal nach einem Angriff mehrere Monate stillgehalten, bevor sie sich mit neuen militärischen Initiativen vorwagten. Der letzte größere Zusammenstoß war der Luftkampf am 13. September gewesen, in dem die syrische Luftwaffe 13 Mig-21 verloren hatte. Die Erfahrungsregel, auf die man sich verließ, suggerierte die Schlußfolgerung, daß die Syrer jedenfalls für den Rest des Jahres 1973 Ruhe geben würden, zumal man allgemein mit neuen diplomatischen Ouvertüren im Nahen Osten rechnete. Die syrische Armee hatte ihre Übungen bis zu Brigade-Bewegungen gesteigert, die alljährlich Höhepunkt und Abschluß der Manöver setzen. Truppenkolonnen zwischen Damaskus und dem Golan waren nichts Besonderes; sie zählten wie die in Ägypten zwischen Nil und Suezkanal zum militärischen Alltag. Zudem hatte die syrische Armee seit 1967 nicht viel gezeigt. Große Angriffsmanöver waren zumindest niemals sichtbar geworden. Das kleine syrische Heer von etwa 120 000 Mann befand sich offensichtlich noch immer in einer Phase der Ausbildung an den neueren sowjetischen Waffen. Die Ausstattung mit neuen T-62-Panzern hatte eben erst (im Herbst 1972) begonnen, und so hatten die Syrer noch wenig operative Erfahrung damit. Dies sollte sich im Krieg auch bestätigen.
In diesem Zusammenhang war der 13. September 1973 von großer Bedeutung für die Lageeinschätzung im israelischen Generalstab. An jenem Tag hatte die syrische Boden-Luft-Abwehr nicht in den Luftkampf zwischen Mig-21 und Phantom eingegriffen. Die Gründe dafür standen in den Kondensstreifen am Himmel geschrieben: Entweder ließ die von den Sowjets aufgebaute Sam-Raketen-Luftabwehr keine Freund-Feind-Kennung zu und machte deshalb den Raketenschuß unter Luftkampfbedingungen über einem Gefechtsfeld für die eigenen Flugzeuge zu riskant, oder aber die Syrer waren zu einer Koordinierung zwischen Boden-Luft-Abwehr und fliegenden Verbänden nicht fähig. Die Israelis schlossen aus dieser Passivität durchaus richtig, daß die syrische Luftverteidigung noch unbeholfen und unsicher war. Sie sahen darin aber auch einen Grund mehr für die Annahme, daß Syrien zur Zeit an einem Krieg gegen Israel nicht interessiert wäre, weil es ihn militärisch nicht wirksam führen könnte.
Manche Militärs in Europa haben nach dem Yom-Kippur-Krieg die Frage gestellt, ob die Syrer nicht auf sowjetischen Rat hin am 13. September ein Täuschungsmanöver am Himmel vorgespielt hätten, um die israelische Luftwaffe in die Irre zu führen. Das Beispiel des sowjetischen Winterkrieges gegen Finnland 1939/1940 wurde herangezogen, um diese Frage zu begründen: Damals hatten die sowjetischen Truppen gegen die kleine finnische Armee nur wenig Kampfkraft gezeigt, und diese schwache Darbietung hatte die europäischen Generalstäbe —

insbesondere den britischen und den französischen — zu der Annahme verleitet, daß die Rote Armee (wie die Sowjetarmee damals noch hieß) nicht fähig wäre, der deutschen Wehrmacht lange Widerstand zu leisten.

Für die syrische Luftverteidigung sind so extravagante Deutungen nicht nötig, um Schwächen und Niederlagen zu erklären: Der 13. September fand Syrien auf einen Krieg noch nicht vorbereitet und die sowjetischen Instrukteure entsprechend vorsichtig. Beide, Syrer und Sowjets, überraschten dann drei Wochen später mit einer sehr viel wirksameren Boden-Luft-Abwehr, die nicht mehr allein auf den Sam-2- und den Sam-3-Raketen beruhte, die bis dahin im Inventar mit 12 Batterien ausgewiesen waren, sondern auch eine beträchtliche Zahl Sam-6 mit sowjetischen Bedienungsmannschaften und Instrukteuren in den syrischen Einheiten zur Verfügung hatte.

Die Schlußfolgerung, die sich aus alledem anbietet, lautet: Die Sowjetunion war seit 1972 dabei, Syrien mit modernen Waffen in schneller Kadenz aufzurüsten und in Syrien eine Boden-Luft-Verteidigung nach dem Vorbild des Luftabwehrraketen-Schirms aufzuziehen, den sie seit 1970 in Ägypten entfaltet hatte. Aber ein Eingriff der Sam-6 in Luftkampflagen ist für die eigene Seite gefährlich. Warum sollten die Sowjets die Präsenz der Sam-6 in Syrien um den Preis des Abschusses von nahezu einer Staffel Mig-21-Abfangjägern verbergen, wenn sie diese Verluste durch Einsatz ihrer Raketen hätten vermeiden oder verringern können?

Der israelische Generalstab zog den Schluß aus dem Luftgefecht vom 13. September 1973, daß Syrien nicht kriegsbereit wäre, auch deshalb, weil die Regierung in Damaskus ihre Kriegsabsicht durch falsche Berichte und falsche Zeichen verschleierte. Am 26. September hatte sie die Falschmeldung verbreiten lassen, die sowjetischen Berater in Syrien dürften sich nicht mehr frei im Lande bewegen (zu jener Zeit wurden mehrere hundert sowjetische Luftabwehrraketen-Techniker und Flaksoldaten in Aleppo stationiert).

Präsident Assad bediente sich der Presse, um den Eindruck einer schweren Verärgerung über die Sowjets wegen der peinlichen und empfindlichen Luftkampfniederlage zu erwecken. Seine Umgebung machte Andeutungen, die einen Bruch zwischen Damaskus und Moskau nach dem Vorbild des Bruchs zwischen Kairo und Moskau im Jahr zuvor als möglich vorspiegelten. Obwohl im Juli 1972 Assad, aus Moskau kommend, Sadat in Kairo die Ausweisung der sowjetischen Militärberater in heftigen Worten vorgeworfen hatte, war nun auf einmal in Damaskus und in Beirut aus Damaskus zu hören, daß Syriens Präsident nach dem Desaster vom 13. September ähnlich reagieren könnte wie der ägyptische Staatschef. Wieder ging es um die Unterlegenheit der Mig-21.

Nachrichtendienste suchen stets Details und setzen Informationen wie ein Mosaik zusammen, aus dessen Bild sie die Lage abzulesen suchen. Auswärtige Ämter und Generalstäbe denken im Punkt Information und Analyse nicht anders. Sadat und Assad ließen die Fragmente für ein konventionelles Mosaik von Informationen aufblitzen, um von ihren Plänen abzulenken. So brachte Syrien zum erstenmal seit 1967 den bei Damaskus eingerichteten Rundfunksender der Palästinenser zum Schweigen und gab die für Israel bestimmte Parole aus, daß den palästinensischen Guerillas in Syrien künftig keine freie Hand mehr für Angriffe über die Grenze gelassen würde und daß die syrischen Behörden die palästinensischen Organisationen unter eine straffere Kontrolle nehmen würden.

Für sich allein wären solche Meldungen nicht glaubhaft gewesen. Aber sie fügten sich in einen größeren Zusammenhang. Die israelische Luftwaffe hatte Dörfer und Flüchtlingslager in Libanon sowie Positionen auf der syrischen Seite der Demarkationslinie von 1967 angegriffen. Zweifellos spielten israelische Generale wie vor dem Krieg von 1967 mit dem Gedanken einer militärischen Strafexpedition nach Syrien (im Frühjahr 1967 hatte sogar die Regierung Israels solche Aktionen in aller Form angedroht). Eine dauernde Besetzung des südlibanesischen Grenzgebietes war nach den israelischen Inkursionen und nach den Kommandoaktionen bis nach Beirut hinein nicht mehr auszuschließen. So konnte eine vorgetäuschte Furcht Präsident Assads vor Israels künftiger Reaktion auf fortgesetzte Provokation im Grenzgebiet durchaus glaubwürdig sein.

Immerhin hatte General Shalev, der Chef der Stabsabteilung Auswertung und Aufklärung im Generalstab zu Tel-Aviv, spätestens am Vormittag des 5. Oktober genügend Indizien, um zumindest auf die Möglichkeit eines drohenden Angriffs, also auf unmittelbare Kriegsgefahr, zu schließen. Es ist erstaunlich, daß er an diesem kritischen Tag bis 11 Uhr Ortszeit keine Nachrichtenauswertung für eine neue Feindlage vorlegte. Man verließ sich noch immer auf die eigene Beurteilung der allgemeinen Situation, der sogenannten politischen Großwetterlage, und auf die merkwürdige Annahme, daß die Araber mitten im Fastenmonat Ramadan nicht angreifen würden.

Erst am Abend desselben Tages, um 18 Uhr Ortszeit, also eine Stunde nach Beginn der Yom-Kippur-Festruhe, entschloß sich der Generalstab, die in den Urlaub entlassenen aktiven Soldaten zurückzurufen und 24 Stunden später, am Abend nach dem Ende des Yom-Kippur-Tages, die erste Gruppe der Bereitschaftsreservisten aufzurufen, falls die Lage dies dann angezeigt erscheinen lassen würde. Diese erste Gruppe umfaßt nur diejenigen Reservisten, die im Mobilmachungsplan für die Benachrichtigung der Verfügungsreserve eingeteilt sind, die also selbst die Organisationszellen für das Aufgebot der Reserve-

brigaden des israelischen Milizsystems bilden.
Als General Shalev in Tel-Aviv endlich zu seiner neuen Lagebewertung kam — in den Mittagsstunden des 5. Oktober —, war das Generalsekretariat der Vereinten Nationen in New York schon durch die ersten Meldungen der UN-Beobachter am Suezkanal vorgewarnt, daß ein Bruch der Waffenruhe unmittelbar bevorstehe. Die Offiziere der UN-Beobachter-Gruppe hatten die ägyptischen Angriffsvorbereitungen am frühen Morgen des 5. Oktober, also etwa 30 Stunden vor Beginn des Angriffs, genau erkannt und richtig beurteilt.
Am frühen Abend des 5. Oktober flogen auch die ersten sowjetischen Antonow-Großraumtransportflugzeuge nach Ägypten und Syrien ein, um die Familien des sowjetischen Militär- und Zivilpersonals, später auch osteuropäischer Berater und Helfer in den beiden Ländern in Sicherheit zu bringen. Die Evakuierung begann am Abend des 5. Oktober und dauerte in beiden Hauptstädten die ganze Nacht an. Im Gegensatz zum ersten Eindruck, den die Presseberichte in den folgenden Tagen vermittelten, wurden nur Familienangehörige, aber kein Militärpersonal ausgeflogen. In Syrien wurden sogar im Norden des Landes, in Aleppo, stationierte sowjetische Soldaten der Luftabwehrraketen-Gruppen nach Süden in die Sam-Stellungen um Damaskus verlegt.
In der Nacht zum 6. Oktober erfuhr General Shalev in Tel-Aviv, daß in Kairo und in Damaskus der Auszug der sowjetischen Familien begonnen hatte. Das war für den Generalstab das Alarmzeichen. Über den Zeitpunkt des vermutlichen Angriffsbeginns wurden die israelischen Generalstabsoffiziere sich erst am 6. Oktober etwa um 6 Uhr klar, nachdem sie die ersten Luftbilder seit Sonnenaufgang gesehen hatten, auf denen das in der Nacht bereitgelegte Material zur Überquerung des Wassers deutlich zu erkennen war. Die israelische Luftwaffe flog nun Aufklärung mit größerem Erfolg, aber sie mußte sich aus der Reichweite der ägyptischen Luftabwehrraketen halten, die auf dem Westufer des Suezkanals in großer Dichte aufgestellt waren. Aus dem Stand der ägyptischen Vorbereitungen schloß der Generalstab in Tel-Aviv richtig, daß der Angriff am frühen Nachmittag beginnen würde.
So hatte man sich etwa sechs Stunden effektive Vorwarnzeit für die Mobilmachung der Reserveverbände und die Umgruppierung der sofort verfügbaren Truppen gelassen. Jetzt mußte die ganze Armee für das Zuwarten am 5. Oktober bezahlen. Am besten löste die Luftwaffe ihr Problem. Sie besteht aus etwa 15 000 aktiven Soldaten, darunter nur ungefähr 1000 Wehrpflichtige, und zählt rund 5000 Bereitschaftsreservisten.
Die Regierung befahl die Mobilmachung zwischen 6 und 7 Uhr morgens nach dem Lagevortrag von Verteidigungsminister Dayan und Generalstabschef Elazar. Um 10.30 Uhr stand die gesamte israelische Luftwaffe gefechtsbereit mit rund 350 Einsatz-Kampfflugzeugen der verschiede-

nen Modelle der Phantom, Skyhawk, Mirage-III und Super-Mystère, dazu den Transportflugzeugen und Hubschraubern. Die Besatzungen der Kampf-, Jagd- und Aufklärungsflugzeuge vom Typ Phantom (101 am Morgen des 6. Oktober 1973) sind Berufssoldaten und jederzeit für einen Drei-Stunden-Alarm verfügbar wie das technische Personal dieser Staffeln. Die 160 leichten Jagdbomber vom Typ Skyhawk werden teils von Reservisten geflogen, die zur ersten Mobilmachungsbereitschaft zählen.

Um 11.50 Uhr empfahl Generalmajor Peled, der Chef der Luftwaffe, gemeinsam mit Generalstabschef Elazar einen »präemptiven« Schlag auf die feindlichen Bereitstellungen am Suezkanal. Das israelische Kabinett lehnte die Kriegseröffnung ab. Alle Minister sprachen sich dagegen aus, die Initiative zum Krieg zu ergreifen und so das Odium des Angriffs auf Israel zu laden. Unter den Kabinettsmitgliedern befanden sich drei ehemalige Generale der Armee: Allon, der Vizeministerpräsident, Dayan, der Verteidigungsminister, und Bar Lew, der Industrie- und Handelsminister, die beiden letzteren ehemalige Generalstabschefs.

Zu dieser späten Stunde hätte ein israelischer Angriff gegen das Westufer des Suezkanals und die Flugplätze Ägyptens, wie sich in den folgenden Tagen erweisen sollte, nicht mehr viel genutzt. Die Ägypter waren mit Sicherheit auf ihn vorbereitet, erwarteten ihn vielleicht sogar. Die Luftwaffe würde nicht wie mit ihrem Präventivschlag am 4. Juni 1967 die ägyptischen Flugzeuge am Boden zerstören, und sie würde diesmal durch den Sam-Luftabwehrraketen-Riegel am Kanal und um die Küste oder im Süden vom Roten Meer her in Richtung Kairo fliegen müssen, wo andere Luftabwehrraketen-Sperren sie erwarteten. Die Flugplätze selbst, auf denen die Ägypter ihre Flugzeuge verteilt hatten — etwa 30 —, waren sämtlich durch Sam-Raketen und radargesteuerte Schnellfeuerrohr-Flak geschützt. Seit dem August 1970 hatte die israelische Luftwaffe keine weiträumigen Aufklärungsflüge mehr über das Innere Ägyptens machen dürfen und wegen der sowjetischen Luftabwehr auch ohne hohes Risiko nicht mehr unternehmen können.

Da die sowjetische Flotte noch immer den Kriegshafen von Alexandria und den Anlageplatz von Marsa-Matruk benutzte, auch Material dort lagerte und sowjetisches Militärpersonal in Ägypten geblieben war, konnte man am Morgen des 6. Oktober nicht ausschließen, daß sowjetische Raketenbedienungen und Flugzeugbesatzungen in Ägypten bereitstanden, um einzugreifen, falls Israel angreifen sollte.

Die Sowjetunion war die dominierende unbekannte Größe der Kriegsrechnung. Sowjetische Luftwaffenverbände standen in Mitteleuropa und auf dem Balkan, also nicht weit entfernt. Sowjetische Luftlandetruppen mochten bereitstehen, und wer konnte wissen, ob nicht sowjetische Marineinfanterie an Bord von Schiffen schon auf See war, um in Ägypten einzugreifen, falls Israel den Vorwand mit einem Angriff böte? Die Sowjets hatten bis zum August 1972 ein Geschwader mit etwa 80 bis 100 Mig-23-Jägern in Ägypten stationiert, um ihre Flottenbasis zu decken und die israelische Luftwaffe abzuschrecken. Seit 1970 waren die sowjetischen Luftwaffen- und Luftabwehr-Einheiten in Ägypten auch als passive Abschreckungsmittel dienstbar gewesen. Ein Angriff auf sie müßte die Sowjetunion treffen, so wie in Europa oder wie ein Angriff auf amerikanische Truppen oder Stützpunkte in Übersee. Diese Pfandhaftgeiseln für das sowjetische Engagement in Ägypten anzurühren war zumindest gefährlich, denn die Reaktion der sowjetischen Führung in einer akuten Krise und angesichts einer physischen Provokation war nicht mit Sicherheit abzuschätzen. Im August 1972 waren sie auf Sadats Ausweisungsorder abgezogen worden — aber eben nicht alle. Seither mochten mehr von ihnen zurückgekehrt sein, als nach außen sichtbar war.

Jetzt fand Israels Regierung sich unter dem psychologischen Zwang ihrer eigenen Beurteilung der sowjetischen Politik: Nachdem man die Sowjetunion für alles verantwortlich gemacht hatte, was seit 1967 geschehen oder unterblieben war, nachdem man in ihr einen Feind gesehen hatte und überall ihre Macht, ihren Einfluß, ihren Druck, ihre Aggressivität und Drohung zu spüren glaubte, mußte man in dieser bedrohlichen, aber ungewissen Lage zwischen Frieden und Krieg konsequenterweise auf das Schlimmste aus Moskau gefaßt sein. Hatten die Sowjets am Suezkanal nicht vielleicht eine Falle aufgestellt?

Aber auch die amerikanische Politik und die bittere Erfahrung seit 1967 waren zu bedenken: Im Juni 1967 hatte Israel sich auf amerikanische Duldung und Unterstützung verlassen können, wenn auch nicht auf Beistand. Aber würden die USA im Oktober 1973 Israel auch nach einem »präemptiven« Angriff gegen Ägyptens Truppen am Suezkanal noch unterstützen? Kissinger hatte es nicht an deutlichen Warnungen vor Präventivaktionen im Krisenfall fehlen lassen, zugleich aber die materielle und politische Unterstützung im Konflikt zugesagt, falls die Araber den Krieg wieder eröffnen sollten. Am Morgen des 6. Oktober hatte der US-Botschafter in Tel-Aviv, Kenneth Karting, der Ministerpräsidentin einen Besuch abgestattet und dabei ausdrücklich vor einem Präventivschlag gegen Ägypten oder Syrien gewarnt. Golda Meir hatte am Tage zuvor Kissinger noch einmal auf diplomatischem Wege versichern lassen, daß Israel keinen Angriff gegen einen seiner arabischen Nachbarn vorhätte.

Schließlich blieb die strategische Lage: Israel hatte auf der Sinaihalbinsel 400 km Sicherheitsdistanz vor sich und also auch im Falle eines erfolgreichen Angriffs der Ägypter zunächst einmal Zeit. Auch mußte man abwarten, wie stark ein solcher Angriff sein, wie lange er dauern würde. Voreiliges Losschlagen gegen Ägypten könnte eine Situation schaffen, in der Israel an anderen Fronten angreifbar würde. Für die israelische Landesverteidigung war die Nordgrenze gegen Syrien die empfindlichste Stelle, weil dort das Siedlungsland unmittelbar bedroht werden konnte, wenn die Syrer wieder über den Golan kämen.

Aber alle diese Überlegungen und alle Antworten, die man auf die aus ihnen entspringenden Fragen geben konnte, änderten nichts an einer Tatsache, mit der Israel fürs erste rechnen mußte: An diesem 6. Oktober 1973 standen etwa 6000 bis 7000 israelische Soldaten an der 170 km langen Suezfront und nur 2000 Mann im gesamten Südabschnitt. (Hohe israelische Offiziere sagten später, es seien nur 500 Mann, Reservisten aus Jerusalem, gewesen.)

Die Armee Israels war für den Bewegungskrieg gerüstet und ausgebildet, nicht für einen Stellungskrieg. Auf der Sinaihalbinsel hatte sie sich ein Glacis für bewegliche Verteidigung mit Gegenangriffen hergerichtet, das sie vollkommen beherrschte. Außerhalb der Reichweite der ägyptischen Luftabwehrraketen (Seitenreichweite 40 km) jenseits des Kanals konnte die eigene Luftwaffe die Truppen und die angelegten Straßen, Stützpunkte und Versorgungslager abschirmen.

Was immer die Ägypter vorhätten oder versuchten: Die Lage konnte für Israel auf der Sinaihalbinsel nicht bedrohlich werden, solange die Ägypter allein bleiben und die Sowjets ihnen keine weit reichenden Waffen samt der Bedienung dazu geben würden. Viel gefährlicher war die Lage im Norden, an der Golanfront, wenn die Syrer angreifen würden, denn dort standen an diesem Morgen nur etwa 1200 israelische Soldaten bereit. Für diesen Fall müßten alle Kräfte auf den Norden konzentriert und insbesondere die Luftwaffe gegen Norden, nicht im Süden gegen den starken ägyptischen Raketenriegel am Suezkanal eingesetzt werden. Ägypten hatte etwa 70 Flugabwehrraketen-Batterien an der Kanalfront eingesetzt, davon nach westlicher Beobachtung nur ein Fünftel Sam-6. Die Netzdichte war ungefähr eine Batterie auf 100 qkm. Wenn man annimmt, daß 15 Sam-6-Batterien mit Drillingsschleudern auf Panzerlafetten aufgefahren waren, dann würde dies 180 schnell geländebewegliche Raketengestelle bedeuten. Es wären dann noch etwa 55 Batterien Sam-2 und Sam-3 mit je 4 Schleudern geblieben, also 220, was nach westlichem Luftabwehr-Standard eine starke Dichte für ein Gebiet von etwa 200 km Breite und 50 km Tiefe mit einer Fläche von 10 000 qkm wäre, wenn die 180 beweglichen Schleudern dazugerechnet werden. Dazu kamen noch etwa 100 Rohrflak-Batterien mit je 4 Zwillingsgeschützen, also 800 Rohren. Jedes Kampfflugzeug war für Israel kostbar, jeder Flugzeugverlust im Süden würde die Verteidigung im Norden schwächen. Also blieb nichts anderes übrig, als abzuwarten, ob und wie die Ägypter angreifen und was dann die Syrer tun würden.

Um 14 Uhr Ortszeit traten am Suezkanal 8000 ägyptische Infanteristen

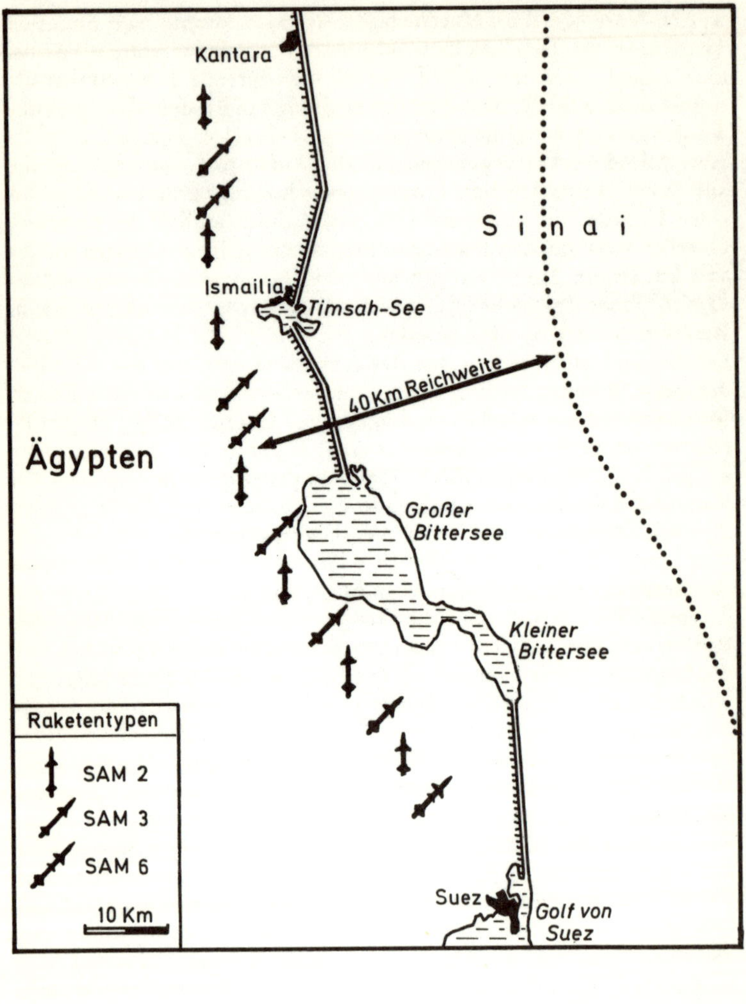

Ägyptens Sam-Batterien westlich des Suezkanals zu Beginn der Waffenruhe vom 22. Oktober 1973

auf Booten und Flößen als erste Sturmwelle zum Angriff an, von einem konzentrierten Sperrfeuer der schweren ägyptischen Artillerie hinter dem Kanal abgedeckt. 1000 Kanonen und Haubitzen, dazu ungefähr 1000 Mörser legten einen Feuervorhang über die israelischen Uferstellungen. Hohe israelische Offiziere bezeichneten dieses Trommelfeuer später als ein »Inferno«. Inzwischen fuhren ägyptische Panzer auf überhöhte Feuerplattformen auf den aufgeschütteten Sandwällen des afrikanischen Kanalufers, um die israelischen Bunker und Gefechtsstände unter direktes Feuer zu nehmen. Das Artilleriefeuer dauerte etwa eine Stunde entlang der ganzen Front, wurde dann hinter die Uferstellungen verlegt und deckte die rückwärtigen Verbindungen zu den Eingreifreserven ab. Die ägyptische Luftwaffe flog eine Stunde lang rund 200 Kampfeinsätze gegen die israelischen Stellungen und Verbindungslinien einschließlich der Befehlsstände, Flugplätze und Panzerbereitstellungen, versuchte aber keine weiter gespannten Luftangriffe außerhalb des weiteren Gefechtfeldes von rund 100 km Tiefe nach Osten.

Ägyptische Pioniere sollen in der Nacht zum 6. Oktober nach Angaben des Kriegsministers Ismail und des Generalstabschefs Schasli die Ausstoßdüsen der israelischen Flammenwerfer am Kanalufer im Wasser mit Zement versiegelt haben. Aus diesem Grunde hätte das System des »griechischen Feuers«, mit dem die Israelis die Wasseroberfläche des zwischen 80 und 135 m breiten Kanals durch brennendes Öl aus vergrabenen Tanks hätten in Brand setzen wollen, nicht funktioniert.

Nachdem die ersten Wellen der ägyptischen Infanterie mit leichten Waffen und Panzerabwehrraketen auf dem Ostufer gelandet waren und zusammen mit den Panzern auf dem Westufer den Kampf gegen die israelischen Stellungen aufgenommen hatten, begann der Brückenschlag nach dem sowjetischen System der selbsttragenden Legeschwimmer, von denen je ein Bauelement ein anderes vor sich zu Wasser läßt, um dem nächsten die Plattform für die Verlängerung der Kette zu bieten. Die ersten Brücken wurden in etwa sechs Stunden über das Wasser gelegt, im Mondschein und im hell lodernden Feuerschein des Gefechts. Am Abend konnten die ersten ägyptischen Panzer übersetzen. Das Gros folgte in der Nacht und in den nächsten Tagen. Die israelische Führung war von der schnellen Überquerung des Kanals mit schweren Waffen noch in den ersten 12 Stunden des Krieges vollkommen überrascht, hatte sie nach bisherigen Erfahrungen doch wenigstens 24 Stunden Zeit dafür veranschlagt.

Der schnelle Ablauf dieser Operation war auch, abgesehen von der Brückenschlagtechnik — es handelte sich genaugenommen um Schwimmbehälterketten und später um Pontonbrücken —, nur dank der ingeniösen Idee möglich gewesen, mit deren Hilfe die ägyptischen Pioniere die hohen Uferböschungen niederlegten: Sie bliesen aus starken Pumpen

Wasserstrahlen unter Hochdruck in die Sandaufschüttungen und brachten sie so von außen zum Absacken bis auf ein niedriges Niveau, auf dem die später übergesetzten Planierraupen dann Auffahrtrampen für die Fahrzeuge walzen konnten. General Schasli bezifferte die Zahl der nötigen Rampen auf etwa 60. Für jede Bresche in der Böschung mußten wenigstens 1200 bis 1500 cbm Sand beseitigt werden, damit die Panzer und Gefechtsfahrzeuge sie durchfahren konnten. Auf der ägyptischen Seite des Kanals waren die Breschen in den aufgeschütteten Sandwällen des Ufers von innen schon seit Tagen vorbereitet worden. Auf der anderen Seite hatte General Scharon, als er noch Befehlshaber am Suezkanal gewesen war, zwischen dem Großen Bittersee und dem Timsah-See an zwei Stellen nahe den von der Nord–Süd-Rollbahn zum Kanal in Ost–West-Richtung abzweigenden Pisten der Uferwälle unterminieren und diese Stellen mit Ziegelsteinen bezeichnen lassen, um so eine Kanalüberquerung auf das Westufer so weit wie möglich vorzubereiten — die Ägypter waren dies ebensowenig gewahr geworden wie auf der anderen Seite die Israelis die ägyptischen Vorbereitungen.
Am 6. Oktober wurden die israelischen Truppen in der Uferstellung überrascht — aus Gründen, die bisher noch nicht deutlich geworden sind. Die lapidaren Erklärungen Dayans, Bar Lews und Elazars über die unzulängliche Befehlsübermittlung an die Front erklären nichts. In einem Land, das zwischen den Gefechtsständen am Suezkanal und den Städten Israels Fernsprechverbindungen unterhielt, um den Soldaten Anrufe zu Hause möglich zu machen, sind technische Störungen über längere Zeit hinweg auszuschließen.
Gleichgültig, ob nun nur 500 oder 800 Mann in der »Bar-Lew-Linie« am Kanalufer lagen, die Besatzung dieser Stellung war in jedem Fall unfähig, einen größeren Angriff aufzuhalten. Die Uferstellung war zur Beobachtung des Gegners und zur Abwehr von Stoßtruppunternehmen angelegt worden, nicht zur Verteidigung. In den einzelnen Stützpunkten waren nicht mehr als 100 Mann, und so konnten die spärlich besetzten Positionen nichts gegen den Angreifer ausrichten. Alle etwa 100 Einzelgefechtsstände am Ufer wurden von den Ägyptern in den ersten drei Tagen genommen, teils nachdem sie von den israelischen Besatzungen geräumt, teils nachdem sie vollkommen zerstört und die Besatzungen getötet worden waren. Die einzige Kampfgruppe, die während der ersten Kriegswoche aushielt, begab sich schließlich auf Befehl in Gefangenschaft. Jedes Kampfflugzeug war kostbar, und jeder Flugzeugverlust im Süden würde die Verteidigung im Norden schwächen. Also blieb nichts anderes, als abzuwarten, ob und wie die Ägypter angreifen und was dann die Syrer tun würden.
Die ägyptische Armee hatte an der Suezfront zwei Korps — im Krieg dann »Armeen« genannt — in Stellung, die beide auf breiter Front angriffen: im Nordteil das 2. mit einer Panzerdivision und drei Infan-

teriedivisionen, im Süden das 3. mit der anderen Panzerdivision und zwei Infanteriedivisionen. Eine unabhängige Panzerbrigade mit neuen T-62-Kampfpanzern blieb als operative Entscheidungsreserve auf dem afrikanischen Ufer — sie setzte während des ganzen Feldzugs nicht auf die Sinaihalbinsel über.

Der Rest des ägyptischen Heeres war im Landesinnern verteilt mit einer Konzentration des 1. Korps zwischen Kairo und der Suezfront. Das Heer zählte außer den beiden Armeekorps am Kanal noch drei Infanteriedivisionen, eine weitere Panzerbrigade, zwei unabhängige Infanteriebrigaden, zwei Luftlandebrigaden und sechs Artilleriebrigaden nach sowjetischem Vorbild.

Das Gros der Feldartillerie lag in Feuerstellung hinter der Kanalfront, wo 1000 Feldgeschütze aller Art aufgefahren waren. Die ägyptischen Truppen an der Suezfront zählten am 6. Oktober 1973 rund 100 000 Mann mit 1000 Panzern — die Hälfte der Panzer, die das ägyptische Heer an jenem Tag besaß. Die gesamte Heeresstärke war etwa 260 000 Mann, die der mehr oder weniger ausgebildeten Reserven 500 000. Die ägyptische Luftwaffe verfügte über etwa 450 Einsatzflugzeuge ohne die in Depots eingelagerten 200 älteren Kampfflugzeuge der zweiten Linie, aber nur über 550 ausgebildete Flugzeugführer.

In der Ausgangslage des Krieges hatten also die Ägypter fünf Divisionen gegen fünf israelische Brigaden und 1000 Kampfpanzer gegen 500 israelische auf der Sinaihalbinsel, bevor die Verstärkungen herangeführt wurden. Nach drei Tagen hatten die ägyptischen Divisionen etwa 60 000 Mann in ihren Brückenköpfen auf der Sinaihalbinsel. In den ersten Gefechten nach dem Angriff über den Kanal hatten sie etwa 2000 Mann und 200 Panzerfahrzeuge verloren, sehr viel weniger, als Sadat erwartet hatte. Der ägyptische Präsident war nach seinen eigenen Worten bereit gewesen, die Hälfte der Angriffstruppen und der Panzer als Preis für eine feste Stellung auf dem Westufer zu zahlen.

Man kann darüber streiten, ob militärisch die erste Schlacht für Israel am Kanal oder nur das erste Gefecht gegen eine vielfache Übermacht verloren wurde.

Die Ägypter griffen mit fünf Divisionen an, von denen jede eine Hauptlandestelle auf dem Ostufer des Kanals bildete. Insgesamt wurden vom 6. bis zum 9. Oktober elf Brücken verschiedener Art geschlagen, aber nur drei Brückenköpfe im operativen Sinn gebildet: der nördlichste südlich von El Kantara dort, wo einer der wenigen schweren israelischen Bunker genommen worden war, der mittlere knapp im Norden von Ismailia, ebenfalls nach Erstürmung eines größeren Bunkergefechtsstandes, und der dritte im Süden gegenüber Suez. Die beiden Brückenköpfe gegenüber Ismailia und Suez konnten bis zu einem Umkreis von etwa 10 km vom Ufer ausgeweitet und gehalten werden, der bei El Kantara war etwas flacher. Über diese Positionen hinaus suchten die

ägyptischen Truppen nach Osten Boden zu gewinnen. Aber ihre Vorstöße blieben ohne festen Zusammenhang und konnten die drei Brückenköpfe nicht weiter vortreiben.
Einzelne ägyptische Angriffsspitzen und von Hubschraubern gelandete Kommandos stießen weiter landeinwärts vor und erreichten zeitweilig Positionen zwischen 15 und 20 km östlich des Kanals. Aber sie konnten sich dort nicht halten. Zwischen ihnen konnte kein Terrain gewonnen werden.
Die drei Brückenköpfe waren auch nicht einmal am Kanalufer in einer durchgehenden festen Stellung miteinander verbunden. Der bei El Kantara war von dem gegenüber Ismailia etwa 25, der bei Ismailia zu dem gegenüber von Suez sogar rund 50 km entfernt. Dazwischen zog sich eine dünne und keineswegs geschlossene Hauptkampflinie in einer Tiefe von nur 4 bis 5 km landeinwärts hin, durch die israelische Stoßtrupps durchdringen konnten. Die Ägypter hatten nach Beginn ihres Angriffs etwa 24 Stunden Zeit, ihre Panzer überzusetzen und ihre Truppen zu verstärken, bevor ernstliche israelische Gegenangriffe begannen. Israels Luftwaffe ließ sie bis zum 7. Oktober nachmittags in Ruhe.
Die ägyptische Armee hatte schnell und leicht gesiegt, wenn man die Erstürmung der schwachen israelischen Uferstellung und die Überquerung des Kanals mit starken Panzerverbänden schon einen Sieg nennen will. Ein militärischer Erfolg von strategischer und politischer Bedeutung war dieser Initialangriff jedenfalls gewesen. Er hatte das taktische Überraschungsmoment optimal genutzt. Aber er war unvollkommen und gefährdet, denn die israelische Armee war noch nicht in Reichweite gekommen. Hatte man in Kairo die israelische Defensivstrategie und mit ihr die Funktion und die Stärke der leichten Uferstellung am Kanal falsch eingesetzt? Hatte man also den großen Sturm zur eigenen Befriedigung gegen ein Vorwerk auf der Peripherie des israelischen Glacis anrennen lassen, während die Wälle der Festung Zion in der Ferne unerreicht und unerreichbar blieben?
»Wir wurden Zeugen des Zusammenbruchs derer, die sich als Übermenschen sahen!« rief der ägyptische General Hassan Abu Saada später in seinem Gefechtsstand auf der Sinaihalbinsel vor fremden Besuchern aus Kairo triumphierend aus. Aber hatte er wirklich Grund zum Triumph, oder wurde in seinen Worten nur die naive Freude eines unbedarften lokalen Siegers laut?
Der Krieg ist wie die Politik eine Handlung in der Perspektive der Zeit. Sein Kräftespiel läßt sich nicht willkürlich unterbrechen. Die Entscheidungen im Felde sind meist flüchtig, aber sie fügen sich im weiteren Verlauf zu einer Kette zusammen, an deren Ende Sieg oder Niederlage stehen. Der militärische Erfolg oder Mißerfolg ist immer die Sanktion der eigenen Absicht und der eigenen Aktion wie der Absicht

und der Aktion des Gegners. Es lag zweifellos weder in der Absicht noch im Interesse Israels, eine militärische Situation entstehen zu lassen, in der die ägyptische Armee der israelischen die Uferstellung am Suezkanal an einem schönen Wochenende entreißen könnte. Auch die eilends und unvorbereitet geführten ersten Gegenstöße der israelischen Eingreifreserven von Bir Gifgafa begnügten sich damit, etwa 15 km vom Ufer entfernt, entlang der etwa parallel zum Kanal gebauten Auffahrtstraße für Panzer und Artillerie, eine neue Hauptkampflinie in der Wüste zu schaffen, waren sie dem Angreifer doch an Zahl 1 zu 2 unterlegen und an Reichweite und Feuerkraft nicht wirklich überlegen. Auch nicht der raffinierteste Plan konnte eine derart selbstquälerische Falle vorsehen, um die Ägypter aus ihren befestigten Positionen jenseits des Wassers hervorzulocken und sie auf der Sinaihalbinsel zu vernichten. Der verzweifelte Kampf und die von den Ägyptern erzwungene Räumung der viel zu schwach besetzten Uferstellungen zeugen nicht von einer meisterhaften Vorbereitung.

Wie dem auch sei, die anfangs zu schwachen Speerspitzen der israelischen Armee, die fünf nicht in Kriegsstärke bereitgestellten aktiven Panzerbrigaden, konnten weder die ägyptischen Brückenköpfe eindrücken noch die ägyptische Front zerteilen und wieder an das Ufer vorstoßen. Sie hatten nicht die Kraft zum frontalen Durchbruch und auch nicht den Manöverraum zur Umfassung und Einschließung. So blieb nur die Eindämmung der Brückenköpfe des Angreifers als hinhaltende Operation bis zum Eintreffen der schweren Panzerverbände, die fürs erste auf dem Golan beschäftigt waren.

Trotzdem war der Ruf der israelischen Kriegskunst stärker als ihre Wirkung auf dem Sinai-Schlachtfeld: Kaum jemand wagte zu glauben, daß die ägyptische Armee heil aus ihrem Kriegsabenteuer heimkehren würde. Von Tag zu Tag wartete die Außenwelt auf das tödliche Klick der zuschnappenden Panzerfalle. »Wir werden ihnen alle Knochen im Leibe brechen, jeden einzeln«, hatte Israels Generalstabschef Elazar gleich zu Anfang des Krieges verheißen. Aber in Wahrheit hatte er dazu die Mittel noch nicht bei der Hand. Was er zusammenraffen konnte, mußte er nach Norden werfen, um den syrischen Angriff aufzuhalten und Galiläa zu schützen. Erst wenn die Syrer vom Golan zurückgeschlagen und in ihren Kräften geschwächt wären, hätte die israelische Armee im Süden gegen die Ägypter freie Hand. Israel befand sich in der Lage des Zweifrontenkrieges aus der Defensive. Es konnte nicht an beiden Fronten über 500 km hinweg gleichzeitig zwei Gegner schlagen. Zu zwei strategischen Offensiven reichten die Kräfte nicht aus. Diese Lage von der ersten Stunde an zu schaffen hatte der ägyptisch-syrische Kriegsplan vorgesehen. Aber darüber hinaus hatten die beiden Alliierten keine gemeinsame Strategie. Sie führten, wie sich alsbald zeigen sollte, im Grunde zwei Kriege und waren deshalb auch unfähig,

einander wirksam zu unterstützen und zu entlasten. Allein der Kriegsbeginn mit den beiden Angriffen zur selben Zeit war das Werk der Koalitionspolitik. Zwar hatte Präsident Sadat seinen Kriegsminister Ismail zum Alliierten Oberkommandierenden berufen lassen, aber dieser Oberbefehlshaber führte kein Bündniskommando, hatte kein alliiertes Hauptquartier und nicht einmal einen Verbindungs-Stab.
Die syrische Armee wurde von Damaskus aus geführt und operierte nach eigenen Plänen. Nicht einmal mit den ihr zu Hilfe geeilten irakischen, saudiarabischen und jordanischen Truppen im eigenen Land schloß sie sich später zu einer Koalitionsarmee unter einem Befehl zusammen. Die Israelis fanden in Syrien zu keiner Zeit eine einigermaßen geschlossene arabische Front vor sich. Dies erleichterte ihre Aktionen ungemein und wog den Vorteil des Zweifrontenkrieges auf der arabischen Seite wieder auf.
Dieser Mangel an konsequenter arabischer Kriegsplanung und an einem gemeinsamen Oberkommando machte es auch König Hussein von Jordanien leicht, sein Land und das Gros seiner Armee aus diesem Krieg herauszuhalten. Aber Hussein war allem Anschein nach ohne Rücksicht auf die Strategie und die militärischen Arrangements von vornherein entschlossen gewesen, seine Truppen nicht noch einmal, wie 1967, fremdem Befehl zu unterstellen und Ägypten mit jordanischen Soldaten in Jordanien Krieg führen zu lassen. Im übrigen hatte der König andere politische Pläne und andere Rücksichten zu nehmen als Sadat in Kairo und Assad in Damaskus. So blieb Israel im Oktober 1973 ein kräfteraubender Dreifrontenkrieg erspart.
Wie gefährlich scharf Israels Armeeführung zu Beginn des Krieges mit ihren Mitteln kalkulieren, wie geizig sie mit Flugzeugen und Panzern haushalten mußte, weist der erste Einsatzbefehl für die Luftwaffe aus. Er wurde sofort nach Beginn der beiden feindlichen Angriffe gegeben. Sein Inhalt: Alle verfügbaren Flugzeuge an die Nordfront!
Die israelische Luftwaffe flog vom Beginn des ägyptischen Angriffs am Suezkanal um 14 Uhr Ortszeit des 6. Oktober bis zum Nachmittag des folgenden Tages keinen einzigen Kampfeinsatz gegen die ägyptischen Angriffsverbände oder gegen Ägypten selbst. Dies gab der ägyptischen Armee mehr als 24 Stunden Zeit für eine nahezu ungestörte Kanalüberquerung, die am Abend des 6. Oktober mit Panzern über die ersten fünf Brücken begann.
Erst als die Israelis das Ausmaß der Offensive und die massive Stärke der Panzertruppen erkannt hatten, warfen sie ihre Pläne vom Vortag wieder um und schickten die Kampfflugzeuge zur Panzerbekämpfung an den Suezkanal, während sie einen ersten Gegenangriff mit ihren Panzerverbänden führten, um die Entfaltung der ägyptischen Operation einzudämmen. Beide Aktionen, die der Luftwaffe und die der Panzerwaffe, sollten sie bis zum 9./10. Oktober empfindliche Verluste

kosten und den israelischen Soldaten dabei gleich mehrere schmerzliche Überraschungen bereiten.
Für das ägyptische Oberkommando hatte sich die Frage gestellt, welches Ziel das »Unternehmen Badr« haben sollte und wie weit die Truppen vorrücken sollten. Präsident Sadat wollte von vornherein nur eine begrenzte Aktion.
Im Jahr zuvor, nach dem Bruch mit Moskau, hatte er seinen damaligen Kriegsminister, General Sadek, angewiesen, ein großes Kommandounternehmen vorzubereiten: Eine starke Kampfgruppe, etwa eine verstärkte Brigade, sollte über den Suezkanal setzen, eine der größeren israelischen Uferpositionen nehmen und sich dort im Schutz des Sperrfeuers der schweren ägyptischen Artillerie wenigstens eine Woche behaupten. Dies würde genügen, hatte Sadat dem Generalstab erklärt, um den erstarrten Konflikt wieder in den Brennpunkt der Weltpolitik zu verwandeln und die beiden Weltmächte zu einer Vermittlung zu zwingen.
Für die Araber würde ein solches begrenztes Unternehmen ein loderndes Fanal der Kampfkraft Ägyptens sein, für die ägyptische Armee die Selbstreinigung von der Schande der Niederlage, für Israels militärisches Ansehen ein schwerer Schlag und für die übrige Welt eine Warnung, daß der Krieg sich wieder entzünden könnte. Andererseits würde ein solcher räumlich und zeitlich eng eingegrenzter Angriff Ägyptens Mittel nicht überfordern und außerdem die Initiative zu einem allgemeinen Krieg Israel aufzwingen.
Da Israel aber von amerikanischer Unterstützung und Abschirmung abhängig war, würde die US-Regierung es vom Krieg zurückhalten und versuchen, so schnell wie möglich eine Waffenruhe zustande zu bringen. Die Sowjetregierung hatte seit 1967 gezeigt, daß sie keinen neuen großen Krieg im Nahen Osten wollte und daß sie Ägyptens Armee nicht für fähig hielt, einen Krieg gegen Israel mit Aussicht auf Erfolg zu führen. Deshalb hatte sie schließlich den Kriegseifer der ägyptischen Militärs immer wieder gedämpft und zur Geduld geraten. Also würden die Sowjets eine Verständigung mit den Amerikanern suchen und Israel für den Fall einer großen Offensive gegen Ägypten drohen.
Das Risiko der Aktion wäre deshalb gering, die Chance jedoch groß, mit ihr die Eröffnung einer internationalen Verhandlung unter den Auspizien der Vereinten Nationen und mit Beteiligung der beiden Weltmächte zu erzwingen. Auf diese Weise würde Ägypten imstande sein, mit zunehmendem Druck auf Israel politische Dynamik in Gang zu setzen, die schließlich den Rückzug der Israelis zumindest vom Ufer des Suezkanals, vielleicht sogar von der Sinaihalbinsel bewirken könnte.
Diese Idee Sadats verdeutlicht die Überlegungen des ägyptischen Staats-

chefs: Er wollte keinen großen Krieg, hoffte nicht auf einen großen Sieg, sondern hatte einen in seiner Ambition bescheidenen, dafür aber ausgeklügelten und politisch subtilen Plan, Waffengewalt als Hebel im Angelpunkt des Konfliktes einzusetzen, um der Diplomatie einen Zugriff zu erzwingen. Der Staatspräsident hatte einen klassischen Plan für einen begrenzten Krieg gefaßt.

General Sadek lehnte diesen Plan als wirklichkeitsfremd und für die ägyptische Armee gefährlich ab. Er forderte einen wirklichen Krieg oder die Fortsetzung der Waffenruhe, bis ein neuer Feldzug mit Erfolg geführt werden könne. Sadat beschied sich mit der Absage des obersten Militärs, und die Debatte im Oberkommando blieb ohne Beschluß. Aber der Präsident resignierte nur für kurze Zeit. Im Dezember 1972 entließ er General Sadek, der ihm 1971 geholfen hatte, sich gegen die Fronde seiner Feinde in der Armee und in der Staatsführung um den damaligen Vizepräsidenten Ali Sabri und den Kriegsminister General Fausi zu behaupten.

Die Entlassung General Sadeks aus dem Kabinett und aus dem aktiven Dienst führte prompt zu einem Streit mit dem libyschen Staatschef Khadaafi, der auf die Wiedereröffnung des Krieges gegen Israel mit dem Ziel der Befreiung Palästinas drängte. Nach Khadaafis Urteil hätte Sadat seinen Kriegsminister und Oberkommandierenden nicht ohne Zustimmung Libyens entlassen dürfen, wenn er es mit der staatlichen Vereinigung der beiden Länder ernst meinte. Aber mehr noch als diese Nichtachtung hatte die in der Affäre Sadek deutlich gewordene Strategie Sadats für eine Lösung des Konfliktes auf dem Wege von Verhandlungen mit Hilfe einer Art bewaffneter Diplomatie den libyschen Revolutionär erbost. Khadaafi hatte erkannt, daß Sadat, wenn er von Krieg und Angriff sprach, nicht Krieg, sondern Frieden, nicht Kampf, sondern nur Druck, nicht Eroberung, sondern Verhandlung meinte.

Der gescheiterte Versuch von 1972, mit einer militärischen Demonstration eine Verhandlung in Gang zu bringen, zog den Kriegsplan für 1973 nach sich. Sadat gab dem abgelösten General Sadek insofern nachträglich recht, als er das Ausmaß der militärischen Aktion in die Dimension eines regelrechten Angriffskriegs mit begrenzter Zielsetzung ausweitete und statt einer Brigade fünf Divisionen dafür freigab. Andererseits hielt er sich an den Kern seines Plans: keine Großoffensive über die Sinaihalbinsel hinweg, sondern massiver Angriff entlang der Uferlinie mit anschließendem Halt auf einer ufernahen Position. Auch diese Idee entsprach den Regeln der klassischen europäischen Kriegskunst, die sich der Armeen als Degen der Diplomatie bediente und mit vorsichtigen Zügen, ohne das Ganze zu gefährden, vorteilhafte Positionen zu beziehen und Faustpfänder für Verhandlungen zu erwerben suchte, ohne die Entscheidung in einer großen Schlacht zu suchen. In diesem politischen Sinn handelte es sich um einen »Manöverkrieg«, nicht

um einen totalen Krieg, um eine Strategie mit begrenzten Zielen und Mitteln, nicht um eine Strategie der Niederwerfung, unabhängig von der Frage, ob der Krieg taktisch mit großen Bewegungen oder im Gegenteil als Stellungskampf geführt würde.
Sadat hatte erwogen, Ägyptens Sprung auf die Sinaihalbinsel Ende 1972 oder Anfang 1973 zu wagen. Aber schließlich entschied er sich, abzuwarten, weil Vietnam das Interesse der Weltmächte zu sehr in Anspruch nahm. Er fürchtete, daß eine zweite Krise der Friedensverhandlung über Südvietnam und Kambodscha untergeordnet werden könnte. Oberster Leitsatz der Generalstabsplanung für das »Unternehmen Badr« war die Anweisung, die Israelis keinesfalls auf ihrem eigenen Territorium, sondern lediglich in den von ihnen besetzten Gebieten im Norden und im Süden anzugreifen. Dieser Beschränkung stimmte schließlich auch der syrische Staatschef Assad zu, obwohl ein Anfangserfolg Syrien im Gegensatz zu Ägypten in die Lage versetzen würde, Israel selbst anzugreifen. Diese Lage sollte am Wochenende vom 6./7. Oktober auf den Golanhöhen auch tatsächlich eintreten, als die syrischen Panzerspitzen am Südrand des Plateaus vor ihren Frontstellungen im Krieg von 1967 standen und auf die israelischen Grenzdörfer im Tal am See Genezaret feuern konnten.
Die Gründe für diese Selbstbeschränkung sind offensichtlich, und sie waren für beide Verbündete zwingend. Die Aussicht, daß die ägyptische Armee 1973 fähig wäre, Panzerkeile bis an die israelische Grenze voranzutreiben, 400 km über die Sinaihalbinsel hinweg, war gleich Null. Auch General Sadek hatte eine solche Offensive niemals vorgehabt. Zwar mangelte es Ägypten hierfür nicht an Truppen, Panzern, Geschützen, Kampfflugzeugen, Nachschubmitteln und Materialreserven, wohl aber an der Armee, die einen solchen Angriffskrieg führen könnte. Im Felde mochte sie den Israelis in Stellungen standhalten und auch begrenzte Angriffe zum Erfolg führen, nicht jedoch längere und zusammenhängende Operationen über größere Entfernungen hinweg. Dies war die Meinung der sowjetischen Instrukteure, die diese Armee seit 1967 ausgebildet hatten. Es war auch die Meinung der ägyptischen und der israelischen Generale.
Aus diesem Grunde hatten die Israelis seit 1967 auf der Sinaihalbinsel eine bewegliche Verteidigung vorbereitet und ihre Uferstellung nur als eine erste Linie angesehen. Es handelte sich dabei nicht einmal um ein System von Stützpunkten, wie es die Syrer zur Überraschung der Israelis zwischen dem Golan und Damaskus angelegt hatten, sondern um etwa 100 Einzelstellungen auf 170 km Frontbreite. Davon waren nur 25 größere Anlagen mit Bunkern und Gefechtsständen für Infanteriemörser und Panzerabwehrwaffen, in denen jeweils etwa eine Kompanie Platz finden konnte. Eine vollkommene Abdeckung des Ufergeländes durch einander überschneidende Sperrfeuerkreise war

nicht gegeben. Der Schwerpunkt dieser Feldbefestigungen lag auf den schützenden Unterständen. In ihnen sollten die Soldaten auch unter schwerem Artilleriefeuer wie 1970 während des »Zermürbungskrieges« ohne Schaden überleben können. General Dayans Parole eine Woche vor Kriegsausbruch, die »Bar-Lew-Linie« sei für die Ägypter »uneinnehmbar«, war eine leere Prahlerei, die Ägypten abschrecken sollte. In Wahrheit war diese Uferstellung in der israelischen Armee heftig umstritten, weil sie entweder mehrere tausend Mann ohne Ausbildungseffekt unbeweglich festhielt oder aber nur unzureichend bemannt werden könnte. In jedem Fall war die Truppe einem Angriff mit starken Kräften ausgesetzt. Die »Bar-Lew-Linie« reichte allerdings, wie auf der ägyptischen Seite General Sadek erkannt hatte, aus, um Angriffe begrenzten Ausmaßes abzuwehren. Im israelischen Heer war schon seit 1970 der Gedanke, daß man das Kanalufer auch aus militärischen Gründen sehr wohl aufgeben und sich auf Stellungen im Innern der Sinaihalbinsel zurückziehen könnte, um dort auf den natürlichen Hindernissen der Berghöhen eine das Vorfeld beherrschende Position einzunehmen, diskutiert worden. General Dayan selbst hatte die Vorteile eines solchen Rückzugs als israelischen Beitrag zur Festigung der Waffenruhe und als Eröffnungszug für eine Rückkehr beider Länder in den Friedenszustand sehr wohl erkannt. Deshalb hatte er öffentlich, wie in seiner Rede in Haifa im November 1970 vor Reserveoffizieren, argumentiert, militärische Sicherheit könne auch in einigem Abstand vom Suezkanal gefunden werden. Es komme nur auf die politischen Konditionen an.

Die israelische Armee scheute den Stellungskrieg, weil er die lang anhaltende Materialschlacht und damit den an Waffen, Munition und Truppen stärkeren Kontrahenten begünstigt. Für sie war Nassers Zermürbungskrieg der »aktiven Defensive« am Suezkanal in befestigten Feuerstellungen ein empfindlicher Aderlaß und eine Abnutzung von Energie und Mitteln gewesen. Sie hatte diese stationäre Kriegführung mit den Gegenschlägen ihrer taktisch überlegenen Luftwaffe beendet und den Ägyptern dabei schwere Verluste zugefügt, von denen Kairo später 2000 Todesopfer, unter ihnen der damalige Generalstabschef Sadek (ein Namensvetter des späteren), zugab. Die Israelis schätzten die Zahl der Toten und Schwerverletzten auf ägyptischer Seite für jene Zeit auf rund 10 000 Mann.

Die israelische Führung hatte für den unwahrscheinlichen Fall eines größeren ägyptischen Angriffs über den Kanal mehrere Abwehrpunkte mit Flugplätzen und Panzerbereitstellungen im Innern der Sinaihalbinsel gebildet, von denen der größte, Bir Gifgafa, etwa 65 km Luftlinie vom Ostufer des Großen Bittersees entfernt ist. Die Stützpunkte schirmen die vier Straßen ab, die vom Kanal nach Osten führen und von denen die beiden nördlichen (die Küstenstraße von El Kantara über

El Arisch nach Gaza bis nach Tel-Aviv und die von Ismailia durch die nördlichen Ausläufer der inneren Höhenzüge nach Beerscheba) die strategischen Achsen sind. Das eigentliche Sinaigebirge im Süden ist militärisch schwer zu durchdringen; zudem stoßen alle Wege aus dem Süden nach Israel auf den Negev, Israels eigene Wüste, die im Osten an die Sinaihalbinsel grenzt. Die Geographie reduziert den Operationsraum für Offensiven mit Panzern und motorisierten Truppen auf den Nordteil der Halbinsel. Die Verteidigung des Zugangs ist deshalb in beiden Richtungen relativ einfach, wenn die militärischen Kräfte dafür verfügbar sind. Die israelischen Panzer waren zweimal, 1956 und 1967, von Osten nach Westen entlang der beiden strategischen Achsen vorgestoßen und hatten am Kanal den Kulminationspunkt des vollkommenen Sieges erreicht. Aber beidesmal hatten die mangelhafte Ausbildung und die unfähige Führung der an Zahl überlegenen Ägypter ihnen den Sieg leichtgemacht; allerdings waren schon beim Sechs-Tage-Krieg vom Juni 1967 erste Ansätze zu härterem Widerstand auf ägyptischer Seite, insbesondere an den Straßenpässen, zu erkennen gewesen.

Das »Unternehmen Badr« schloß also eine Großoffensive in Richtung El Arisch–Gaza–Tel-Aviv und Beerscheba von vornherein aus, weil diese möglichen Ziele angesichts der Stärke der israelischen Panzerverbände, der Zahl und Lage der israelischen Stützpunkte auf dem Wege dahin, der Entfernung und der Offenheit des Wüstengeländes, das der israelischen Luftwaffe den Schlag auf die ägyptischen Panzer möglich machte, für die ägyptische Armee nicht erreichbar waren. Es schloß sie auch deshalb aus, weil ein Erfolg nur dann ausgenutzt werden konnte, wenn Israel selbst bedroht werden sollte. Dies aber untersagte sich Sadat auch aus politischen Gründen.

Eine unmittelbare Bedrohung Israels hätte dem Krieg einen totalen Charakter und eine weltweite Dimension gegeben. Die Sowjetregierung hatte ihren arabischen Klienten gerade diese Konsequenz seit 1967 immer wieder vor Augen geführt: Ein Vorstoß bis an Israels Grenzen würde die USA auf den Plan rufen und zur militärischen Intervention mit ihrer überlegenen Luftwaffe veranlassen. Desgleichen würden Bomben- und Raketenangriffe auf israelische Städte diese Folge haben können. (Am 4. Oktober wiederholten die Sowjetbotschafter in Kairo und Damaskus die Warnung.)

Damit stellte sich für die Ägypter in ihrer Planung von vornherein die Frage, wie tief der Vorstoß über das Ostufer des Kanals in die Sinaihalbinsel hineinführen sollte. Die sowjetischen Militärs hatten einer ägyptischen Delegation noch am 2. Oktober in Moskau erklärt, daß ein Angriff auch bei begrenzter Zielsetzung zumindest die drei Straßenpässe in den westlichen Ausläufern der Höhenzüge und die Küstenstraße im Norden zum Ziel haben müßte, damit die ägyptische Armee die

strategischen Achsen und die Höhen für ihre Abwehrschlacht gegen einen israelischen Gegenangriff kontrollieren könnte.
Dies hätte eine Offensive mit vier massiven Stoßkeilen über eine Entfernung zwischen etwa 35 km im Süden, zum Mitla-Paß, und etwa 65 km weiter nördlich, zum Giddi-Paß und auf die Höhe von Bir Gifgafa, bedeutet, mit anderen Worten: einen Angriff auf Israels ersten Hauptstützpunkt im Innern und einen Vorstoß auf der Küstenstraße bis zu deren Biegung nach Osten, etwa 35 km Luftlinie vom Kanal entfernt, auf dem 31. Breitengrad. Ein solcher Auftrag wiederum würde die ägyptische Armee überfordert haben, denn sie hätte ihren festen Luftabwehrschirm und ihre schwere Artillerie auf dem Westufer hinter sich lassen müssen. Einmal exponiert und nur auf ihre bewegliche Feldartillerie und ihre Sam-6-Luftabwehrraketen zur Abschirmung eines solchen vierfachen Vorstoßes angewiesen, hätte sie sich im offenen Felde gefährlich exponiert. Mit jedem Kilometer wären nicht nur ihre rückwärtigen Verbindungen länger und empfindlicher, sondern auch der Weg der israelischen Eingreifreserven kürzer geworden.
Alles spitzte sich auf die Frage zu, ob sich die Angriffsverbände den Schwerpunkten der israelischen Verteidigung annähern, israelischen Gegenstößen über kurze Entfernungen bloße Flanken bieten und allgemein den Krieg führen sollten, der dem Gegner am besten lag, während er der ägyptischen Armee bis dahin niemals gelungen war. Zudem würde man auf dem Terrain des Gegners operieren.
Obwohl die Antwort sich aus der Fragestellung aufdrängte und der Staatspräsident schon aus politischen Gründen entschlossen war, den Angriff etwa auf halbem Wege vom Ufer zu den Pässen anzuhalten, führten die Befürworter des weiter gesteckten Ziels einen zähen und heftigen Kampf im ägyptischen Oberkommando. Sie suchten Sadat von der Chance zu überzeugen, die ein schneller und wuchtiger Vorstoß zu den Pässen in Wirklichkeit hätte. Der Verlauf der Operationen vom 6. bis zum 12. Oktober sollte ihnen recht geben. An ihrer Spitze stand Generalstabschef Schasli, der die Pläne ausarbeitete.
Als am 9. Oktober, nach drei Kriegstagen, die ägyptische Armee das Ostufer des Kanals stellenweise bis zu einer Tiefe von ungefähr 10 bis 15 km besetzt hatte, brach die Kontroverse in der ägyptischen Führung von neuem auf: Sollte die Offensive nicht doch über die ursprünglichen Ziele hinaus weitergeführt werden, damit man die Gunst der Stunde im Nachstoß nutzen und den Versuch machen könnte, die Höhenzüge landeinwärts mit den drei Straßenpässen, zumindest aber den am nächsten gelegenen Mitla-Paß im Südabschnitt zu besetzen?
Den Ausschlag gegen einen Vorstoß mit starken Kräften gaben Sadat und Ismail. Der Kriegsminister bestärkte den Präsidenten, von dem einmal gefaßten Plan nicht abzugehen. Jede Improvisation im Maßstab des Kriegsschauplatzes mit einer Armee von 100 000 Mann war

nach General Ismails Meinung zu riskant.
Aber vom Risiko abgesehen, beharrte General Ismail gegen das Drängen von Generalstabschef Schasli, zur Offensive anzutreten, auf dem ursprünglichen Plan, weil er methodisch operieren wollte. Er wußte, daß die ägyptische Kriegsmaschine schwerfällig war. Alles war für die Kanalüberquerung bis ins kleinste Detail geplant, vorbereitet und eingeübt worden — die Übersetzoperationen mehr als dreihundertmal an Wasserläufen mit ähnlichen Strömungsverhältnissen wie im Kanal an den vorgesehenen Stellen. Der Ausbildungsstand gebot umständliche Einweisungen und langsames Vorgehen.
Zwar waren die ersten israelischen Gegenangriffe zwischen dem 7. und dem 9. Oktober (zweiter bis vierter Kriegstag) abgeschlagen worden, aber dabei hatte es sich um eilig vorgeprellte und eben auch unvorbereitete Angriffe des Feindes gehandelt. Sie bestärkten General Ismail in seinem Widerwillen gegen Improvisation und Husarentaktik. Die sowjetische Schule wirkte im selben Sinne: Die sowjetischen Offiziere hatten eine gewisse Pedanterie in der ägyptischen Führung und Planung noch bestärkt. General Ismail rühmte später ausdrücklich, daß keiner der Truppenkommandeure Ermessensfreiheit für die Ausführung der ihm erteilten Aufträge gehabt hätte, daß alle den Plan buchstabengetreu ausgeführt und keine eigenmächtigen Entschlüsse gefaßt hätten.
Diese starre Planung mit einer straffen zentralen Führung hatte aber ohne Zweifel auch einen Grund, den Ismail zur Rechtfertigung seiner Passivität nach der gelungenen Kanalüberquerung zwischen dem 7. und dem 10. Oktober nicht anführte: den politischen Willen des Präsidenten, nur eine starke Stellung am Kanal zu beziehen und darauf auszuharren, um zu verhandeln. Doch dieses politische Motiv schien durch die Worte, mit denen Ismail seine Strategie erläuterte, hindurch: Er wollte, so sagte er, nachdem seine Armee auf dem Ostufer festen Fuß gefaßt hatte, die Reaktionen des Feindes abwarten und nach ihnen neue Pläne fassen. Er betonte sogar, daß die weitere Kriegführung davon abhing, was Israel tun würde. Das ägyptische Oberkommando hätte die Möglichkeiten untersucht und für jede Eventualität eine Vorstellung gehabt.
Strategisch bedeutete dies nicht weniger, als daß der ägyptische Oberkommandierende nach der Kanalüberquerung, die er als eine Operation für sich betrachtete, dem angegriffenen Gegner die Initiative überlassen, mit anderen Worten, daß er die Wirkung seines Angriffs und die anfangs gewonnenen Vorteile auf dem Terrain nicht nutzen wollte. Er begnügte sich mit der Konsolidierung der Front auf dem Ostufer und mit einer Abwehr israelischer Angriffe. Mit Sicherheit sah Ismail sich in seiner abwartenden Vorsicht bestätigt, als vom 7./8. Oktober an die schwere israelische Feldartillerie seine Sam-6-Luftabwehrraketen

wieder zum Rückzug auf das Westufer zwang und damit der Versuch der Ägypter, ihren Luftabwehrschirm mit sich vorzuziehen, scheiterte. Aber damit war die Chance für einen wirklichen Sieg mit der Besetzung einer starken Position vergeben.

Der 9. Oktober war der erste Tag, an dem die israelische 72-Stunden-Mobilmachung der Reserven das Heer auf seine Kriegs-Sollstärke von etwa 275 000 Mann bringen könnte. Tatsächlich wurden nicht alle Reservisten mobilgemacht. Israel bot nicht mehr als 240 000 bis 250 000 Mann auf. Bis dahin konnte die aktive Truppe aus Berufssoldaten und Wehrpflichtigen nur versuchen, feindliche Vorstöße aufzuhalten und örtliche Gegenangriffe zu machen. Dies hatten die arabischen Generalstäbe von jeher gewußt. Deshalb hatten die Regierungen in Kairo und Damaskus keine Mühen gescheut, ihre Kriegspläne zu verhüllen und den Aufmarsch ihrer Truppen für einen Angriff zu verdecken. So hatte Präsident Sadat am 28. September in Kairo in einer Rede nur allgemein und unverbindlich über Palästina gesprochen. Seine Forderung nach Freigabe aller seit dem 5. Juni 1967 besetzten arabischen Gebiete hatte er ohne besonderen Nachdruck vorgetragen, wie eine Erinnerung zu den Akten.

Hätte Israel am Vormittag des 5. Oktober mobilgemacht — als die arabischen Angriffsvorbereitungen immerhin deutlich genug waren, um eine Mobilmachung zu rechtfertigen —, dann wäre der Angriff von Anfang an auf Gegenschläge der Luftwaffe und auf Panzerverbände getroffen, hinter denen ein zügiger Kräfteaufbau im Gang gewesen wäre, ohne daß die Angreifer am Suezkanal drei Tage Zeit gehabt hätten, ihre Offensive auf der Sinaihalbinsel zu entfalten. Bei einiger Voraussicht und Bereitschaft, notfalls auch ohne Bestätigung des eigenen Urteils wenigstens die Reserveverbände mobilzumachen, ohne damit schon einen Präventivschlag zu führen, hätte Israels Regierung nach Kenntnis der ägyptischen Truppenbewegungen sogar schon am 3. Oktober die Kriegsbereitschaft ihrer Armee befehlen und so am Tag des Angriffs der beiden arabischen Armeen etwa 350 000 Mann ins Feld stellen können. Das Heer hätte dann 18 kriegsstarke Brigaden mehr zur Abwehr der beiden Offensiven vom ersten Tag an einsetzen können (7 Panzerbrigaden, 5 mechanisierte Brigaden und 6 Infanteriebrigaden). Der israelische Generalstabschef Elazar sagte später, der Krieg wäre anders verlaufen, wenn Israel 48 oder nur 24 Stunden früher mobilgemacht hätte; auch die Verluste wären dann geringer gewesen, und vielleicht hätten die Araber den Angriff nicht gewagt, wenn sie sich einer rechtzeitigen Alarmbereitschaft gegenübergesehen hätten. Für die Angreifer waren daher die ersten drei Tage nach Kriegsbeginn die wertvollsten, weil in dieser Zeit das Kräfteverhältnis für sie am günstigsten war, bevor auf beiden Seiten Verluste und Verschleiß eine neue Balance ausgewogen hätten. Vom Abend des 9. Oktober an mußten sie dagegen mit dem Gros der 19 israelischen Panzer- und Panzergrenadierbrigaden und mit etwa 2000 Kampfpanzern, dazu mit den 14 Infanteriebrigaden samt der Feldartillerie (drei Brigaden) rechnen. Da Jordanien noch nicht in den Krieg eingetreten war und die Ostfront im Jordantal ruhig blieb, konnte der angegriffene Gegner seine Panzertruppen in den Zweifrontenkrieg nach Norden und später nach Süden werfen. Die von der jordanischen Armee nicht bedrohte Jordanlinie konnte Israel mit vier Infanteriebrigaden (davon eine Fallschirmjägerbrigade) besetzt halten. Diese vier Verbände nahmen an dem Krieg nicht teil. Eine weitere Fallschirmjägerbrigade wurde nicht einmal mobilgemacht, weil man für sie keine Verwendung hatte.

Der Operationsverlauf an der Nordfront

Auf den Golanhöhen rückten die Syrer um die Mittagsstunde des 6. Oktober auf den Straßen mit Kolonnen vor, in denen Panzer, Versorgungsfahrzeuge und Feldküchen in bunter Reihe durcheinandergewürfelt und Stoßstange an Stoßstange fuhren wie ein ziviler Ferienkonvoi. Ausländische Militärbeobachter, die aus Damaskus mitgekommen waren, suchten vergeblich nach einer Kampfaufstellung, aus der ein Ansatz für eine sinnvolle Gefechtsentfaltung von Panzern und Infanterie ersichtlich gewesen wäre. Die Unordnung dieses Aufmarsches nahm dem Angriff viel von seiner Stoßkraft und verhinderte die rechtzeitige Zuführung von Verstärkungen dorthin, wo sie gebraucht wurden. Die syrische Armee besaß wenigstens 1300 bis 1400 Kampfpanzer ohne die neuen T-62 und mehr als 1000 sowjetische Radpanzer für die Schützenkompanien. (Sie bezog seit Ende 1972 T-62.) Das Gros ihrer Kampfwagen bestand aus etwa 900 T-54/55, zu denen noch ein Restbestand von rund 240 T-34 und etwa 100 leichte PT-76 kamen; diese leichten Panzer werden von der sowjetischen Armee für amphibische Einsätze benutzt.

Die syrische Armee griff mit 700 Panzern in drei Stoßkeilen entlang der drei Straßen an, die vom Golanplateau hinunter ins Jordantal führen:

im Norden am Südwesthang des Berges Hermon in westlicher Richtung auf Majdal Achams und weiter auf den israelischen Ort Dan im Jordantal;

in der Mitte beiderseits der Straße Damaskus–Saasa–Kuneitra–Naffak–Jordanbrücke (»Brücke der Töchter Jakobs«), von der der Weg zum israelischen Stützpunkt Rash Pina führt und die Straße nach Süden am Ufer des Sees Genezaret nach Tiberia erreicht wird;

im Süden entlang der Straße, die von Scheik Miskin auf den Golan nach dem Ort Rafid führt. Dort teilte sich die Kolonne: Ein Angriffskeil stieß über den Ort Khushniye nach Nordwesten auf Naffak vor, um dort mit dem mittleren Stoßkeil zusammenzutreffen, der zweite schwenkte nach Süden in Richtung auf den Ort El Al ab, um von dort auf der südlichen Straße vom Golan direkt auf Tiberia und den Süd-

rand des Sees vorzurollen.
Der syrische Angriffsplan war taktisch vom Gelände vorgegeben. Wäre er gelungen, so hätten die syrischen Panzertruppen die Jordangrenze Israels von Südlibanon bis nach Nordjordanien an drei Stellen durchbrochen und die iraelischen Truppen dort zerteilt. Die Abstände zwischen den drei Keilen waren von der neuen Grenzlinie auf dem Golan an nur 15 bzw. 7 km. Vom Jordantal trennten die Syrer nur etwa 25 bis 35 km. Die Schwäche des Plans war die notwendige Konzentration der Panzer auf die Straßen. Dies hatte zur Folge, daß die Infanterie entweder an den Straßen bei den Panzern bleiben oder im unwegsamen Gelände allein zwischen den Vorstoßachsen der Panzer angreifen mußte. Die Syrer entschieden sich gegen einen breit aufgefächerten Infanterieangriff und konnten deshalb ihre Infanterie nicht so nutzen, wie es nötig und möglich gewesen wäre.
Der mittlere Stoßkeil entlang der Straße nach Naffak sollte das israelische Dispositiv auf dem Golan zerspalten und den Zugang zur Mitte des oberen Jordantals über die »Brücke der Töchter Jakobs« öffnen. Vor dort hätte der Vorstoß weiter auf Safad in Nordgaliläa führen können. Die syrischen Panzer trafen auf ein wohlvorbereitetes Abwehrterrain mit Minenfeldern, einem breiten Panzergraben, in dem etwa 50 syrische Panzer liegenblieben, und in der Tiefe gestaffelte Feldbefestigungen der »Golani-Brigade«, der einzigen aktiven Infanteriebrigade der israelischen Armee. Der Angriffskeil zerschellte an dieser Verteidigung. Die syrischen Panzerverbände kamen nur etwa 10 km weit über die Demarkationslinie von 1967 hinaus, und sie wurden in den Kämpfen aufgerieben. Die vom Bruder des syrischen Staatschefs Assad befehligte Panzerbrigade zog sich zurück und nahm eine Verteidigungsstellung ein — sie galt als die Eliteeinheit der Panzertruppe. General Rifad Assad hatte die operative Reserve des Angriffs im Mittelabschnitt befehligt und war am zweiten Kriegstag vorgerückt, um den israelischen Riegel zu brechen. Er scheiterte mit schweren Verlusten wie die beiden Brigaden vor ihm.
Der südliche Stoßkeil der Syrer kam dagegen in Richtung auf El Al zunächst besser voran. Seine Spitze prellte bis in das Tal und damit in das Vorfeld um Tiberia vor. Er traf auf einen schwachen Punkt der israelischen Golanfront, in der am 6. Oktober nicht mehr als etwa 1200 Mann gestanden hatten. Zwei Stunden vor Angriffsbeginn hatten sich die vorgeschobenen israelischen Vorposten zurückgezogen. Aber auch im Süden hätte der syrische Angriff nur dann Erfolg haben können, wenn es den beiden Stoßkeilen gelungen wäre, ihre Ziele zu erreichen. Die Infanterie im Süden scheint sehr viel weiter gekommen zu sein als die Panzer. Jedenfalls war sie am Morgen des zweiten Kriegstages (7. Oktober) nahe am Ufer des Sees Genezaret. Aber weder die Infanterie noch Panzerspähgruppen hatten die beiden kleinen Straßenbrücken

im Norden und im Westen der Stadt Tiberia besetzt, so daß der Vorteil schnell wieder in den israelischen Gegenangriffen verlorenging.
In der Nacht blieben die syrischen Truppen stehen. Es heißt, sie hätten nach dem Fasttag ihr Nachtmahl in aller Ruhe und Feierlichkeit eingenommen.
Mit der Einnahme von Tiberia wäre ein Vorstoß auf Safad im Norden und auf den großen Verteidigungsstützpunkt der Israelis Rash Pina mit dem Flugplatz möglich geworden. Nur so hätten die beiden Hauptstoßkeile der Syrer im Erfolgsfall auch zu einer gemeinsamen Operation finden können.
Aber am 7. Oktober war diese Chance schon vertan. Etwa einen halben Tag und eine Nacht war der Weg offen gewesen. Inzwischen hatten die anrückenden israelischen Panzerreserven ihn gesperrt. Der Gegenangriff der Israelis kam am frühen Morgen, etwa 15 Stunden nach Kriegsbeginn, also recht spät, aber für die langsamen und unschlüssigen Syrer dennoch viel zu früh.
Die Israelis hatten am 6. Oktober nur 188 Kampfpanzer in zwei Brigaden, die »Golani-Brigade« und einige kleine Einheiten auf dem Golan gehabt. Die Mannschaftsstärke war unter dem Soll. 24 Stunden später, am Nachmittag des 7. Oktober, waren es 588 Panzer von insgesamt sechs Brigaden. Diese rapide Lageveränderung zeigt, wie kostbar die ersten Stunden für den Angriff waren. Sie zeigt aber auch, daß in jedem Fall die Aufgabe, die israelische Armee zu schlagen und in Israel einzufallen, für die syrischen Truppen selbst unter den günstigsten Bedingungen zu schwer war. Für mehr als einen begrenzten Angriff und einige Tage konnten die syrischen Kräfte nicht reichen, es sei denn, ein energischer ägyptischer Angriff im Süden hätte eine Aufsplitterung von Israels Panzertruppe und Luftwaffe erzwungen.
Die eigentliche Mobilmachung in Israel hatte erst am 6. Oktober um 8 Uhr morgens begonnen, als die Code-Worte für die einzelnen Reservistengruppen über den Rundfunk ausgestrahlt wurden und der Fernsprechdienst mit den Rundrufen der Mobilmachungszellen begonnen hatte. Die erste Panzerbrigade, die nach Tiberia herangeführt wurde, war einer der ersten Mobilmachungsverbände, die ins Feld rückten. Ihr Abmarsch begann mit einiger Verwirrung und in solcher Eile, daß nicht einmal alle ihre Sherman-Panzer (mit britischen 10,5-cm-Kanonen bestückt) mit ihren schweren Maschinengewehren ausgerüstet waren.
Gewöhnlich werden im Mobilmachungsfall die Panzer auf Sattelschleppern in eine grenznahe Bereitstellung gefahren und den Besatzungen einsatzbereit übergeben. Dafür werden die ersten 48 Stunden der Mobilmachungszeit von 72 Stunden genutzt. Nach 48 Stunden steht ein solcher Panzerverband gefechtsbereit zur Verfügung. Er kann eingesetzt werden, sobald die Besatzungen von ihren Sammelpunkten

herangefahren worden sind.
Am 6. Oktober 1973, als die Truppe aufgerufen wurde, mußte sie aus dem Stand ohne Vorlaufzeit für die Vorbereitung ihrer Fahrzeuge abrücken. Da die Zeitspanne zwischen der Einberufung der Reservisten und dem Einsatzbeginn zu knapp bemessen war, nämlich weniger als 24 Stunden, konnten nicht einmal die Besatzungen von je vier Mann, die sonst stets zusammen fahren und in jedem Jahr 40 Tage mit dem ihnen zugewiesenen Panzer üben, gesammelt werden. Um alle Panzer zu bemannen, wurde von den Besatzungen, die schon eingetroffen waren, jeweils ein Mann abgestellt, um unvollständige Gruppen aufzufüllen.

Diese ungewöhnliche Aufteilung widersprach allen Regeln der Führung und machte deutlich, daß keine Zeit für eine ordentliche Aufstellung mehr geblieben war. Allein schon diese Vorgänge widerlegen die Behauptung des israelischen Generalstabs, man sei in Tel-Aviv nicht vom Kriegsausbruch überrascht worden und habe die Mobilmachung nur aus politischen Gründen verzögert. Nichts hätte das Oberkommando in den ersten Oktobertagen daran gehindert, eine eventuelle Mobilmachung der Reserve-Verbände mittels einer Geräteübung materiell vorzubereiten. Dies hätte weder Aufsehen erregt, noch hätte es den arabischen Gegnern bekannt werden müssen.

Die beiden Argumente in der Kabinettsdebatte der Regierung am 5. Oktober gegen eine allgemeine Mobilmachung und die sichtbare Versetzung der Truppen in Kriegsbereitschaft vor Beginn eines arabischen Angriffs waren kein Grund, materielle und organisatorische Vorbereitungen nicht einzuleiten: Weder die Rücksicht auf die Yom-Kippur-Ruhe noch die auf den Wahlkampf geboten einen solchen Verzicht. Auch die Sorge, nicht wieder zu früh loszuschlagen, und der Entschluß, in keinem Fall den Krieg zu eröffnen, verboten dies nicht.

Die den Syrern entgegengesandte Sherman-Brigade stieß dann in den Morgenstunden des 7. Oktober auf die durchgebrochenen syrischen Panzerspitzen und drängte sie zurück. Allerdings zerschoß sie auch eigene Panzer, die auf dem Golan gekämpft hatten und nun ohne Munition im Schutz der Nacht zurückgegangen waren. Die Lage an der Nordfront blieb den ganzen zweiten Kriegstag über (7. Oktober) für die israelische Armee gefährlich. Die Syrer waren auf dem Golan im Südwesten am See Genezaret mit einer Panzerdivision durchgebrochen und standen nur wenige Kilometer oberhalb der »Brücke der Töchter Jakobs«, die am Nordrand des Sees über den Jordan führt.

Vom Montag, dem 8. Oktober, bis Mittwoch, dem 10. Oktober, eroberten die israelischen Truppen das am ersten Kriegstag verlorengegangene Terrain zurück und beseitigten die Angriffsgefahr im Südabschnitt der Nordfront. Die letzten syrischen Gegenangriffe brachen am Morgen des 9. Oktober nördlich von Kuneitra und im Süden bei

Khusniye zusammen. Aber die Syrer hatten noch immer 400 Panzer. Die syrische Luftwaffe beschränkte sich auf die Unterstützung ihrer eigenen Truppen am Boden und auf gelegentliche Angriffe gegen die israelischen Kampfflugzeuge. Sie setzte zumeist nur ihre älteren Mig-17 und Su-7 ein, die als leichte Jagdbomber für diese Aufgabe besonders geeignet, aber den amerikanischen und den französischen Kampfflugzeugen der israelischen Luftwaffe auch unterlegen sind. Von den etwa 200 Mig-21 der syrischen Luftwaffe war auf den Golanhöhen nur wenig zu sehen. Luftangriffe auf israelisches Gebiet führten die Syrer nur ein knappes Dutzend, obwohl sie versuchten, den Hafen und die Öltanks von Haifa mit Kampfflugzeugen vom Typ Su-20 anzugreifen, und auch behaupteten, sie hätten sie zerstört.
Nicht einmal die israelischen Militärflugplätze und Truppenlager in Nordgaliläa griffen die syrischen Luftstreitkräfte an. Dagegen feuerten die Syrer in den ersten Kriegstagen einige sowjetische Raketen vom Typ Frog-7 aus etwa 60 km Entfernung in das Jordantal in Richtung auf den israelischen Stützpunkt Ramad David; keine traf ihr Ziel. Alle fielen auf das Siedlungsland, und zwar mit einer weiten Streuung, so daß die israelische Regierung in diesem Raketenbeschuß Terrorangriffe gegen die Bevölkerung sah und zur Abschreckung Vergeltungsangriffe befahl. Nach den ersten israelischen Bomben auf Damaskus fielen keine syrischen Raketen mehr auf Israel. Die Syrer hatten auch mit einem 20,6-cm-Schiffsgeschütz, das sie vor Jahren in Stellung gebracht hatten, gelegentlich nach Israel hineingeschossen, allerdings ohne viel Schaden anzurichten. Auch diese Kanonade stellten sie nach den israelischen Luftangriffen ein.
Die syrische Luftkriegführung war, vom militärischen Standpunkt aus betrachtet, rätselhaft. Eine Offensive von den Golanhöhen herab nach Israel hinein konnte ohne Luftunterstützung und insbesondere ohne Unterbrechung der israelischen Straßenverbindungen zwischen den zurückliegenden Stützpunkten und dem Jordantal keinen dauerhaften Erfolg haben. Ein Vorstoß ins Tal ohne Luftangriffe gegen die israelischen Panzerverbände mußte in einem Debakel enden.
Ohne Angriffe auf die israelischen Flugplätze war jeder Angriffskrieg gegen Israel von vornherein zum Scheitern verurteilt, weil die Truppen am Boden nicht gegen die israelische Luftwaffe abgeschirmt werden konnten. Luftwaffe und Panzerwaffe sind die Schwerter Israels. Der Krieg im Juni 1967 hatte dies mit Eklat gezeigt. Die Syrer aber griffen aus der Luft weder das eine noch das andere an. Die syrischen Angriffskeile führten auch keine geländebeweglichen Sam-6-Luftabwehrraketen und nur wenig Rohr-Flak mit sich. Die sie begleitende Infanterie entfaltete sich nicht im Gelände und trug kaum Panzerabwehrwaffen vor. Was die Syrer unter solchen Bedingungen eigentlich wollten, ist in den neunzehn Kampftagen nicht klargeworden. Dafür zeugt auch, daß die

syrische Führung anscheinend nicht genau wußte, wo ihre Angriffsspitzen am 7. Oktober standen. Zwar reklamierte die Regierung in Damaskus große Geländegewinne und gab die politische Parole von der »Befreiung aller arabischen Gebiete« aus. Aber sie gab nie den einzigen wirklichen Erfolg auf der Landkarte bekannt: den Vorstoß bis nahe an den See Genezaret und in das Vorfeld von Tiberia. Das syrische Oberkommando suchte sich ein Bild von der Kriegslage auf den Karten der Militärkontrollkommission der Vereinten Nationen zu machen, die ein französischer Hauptmann namens Reboul bearbeitete.
Inzwischen hatte die israelische Luftwaffe mit systematischen Angriffen gegen Ziele in Syrien weit hinter der Golanfront begonnen. Die Phantom-Jagdbomber warfen nicht nur Bomben auf Ziele in Damaskus und um die syrische Hauptstadt herum, sondern auch auf die Häfen, auf Radarstellungen, Luftabwehrraketen und Flugplätze, insbesondere auf das Flugfeld von Aleppo und den Militärflugplatz T-4 etwa auf halber Strecke zwischen Homs und Palmyra, wo die sowjetischen Lufttransporte ankamen. Die syrische Luftabwehr war dicht, aber nicht besonders wirksam. Von einem »eisernen Vorhang« der Sam-Raketen, über den die syrischen Zeitungen jubilierten, war nicht viel zu sehen. Zwar behauptete der Chef der syrischen Luftwaffe, General Naji Jamil, seine Streitkräfte hätten 302 israelische Flugzeuge abgeschossen (104 im Luftkampf und 198 durch Boden-Luft-Abwehr-Geschosse), aber die israelische Luftwaffe verlor in den zwanzig Kriegstagen an beiden Fronten nur 110 bis 115 Flugzeuge. Auch die Erzählung, es hätten zwischen Damaskus und der Golanfront ein halbes Tausend oder mehr Luftabwehrraketen gestanden, ist die Wiedergabe einer Luftspiegelung im Auge ungeübter Beobachter. Tatsächlich stellten die Syrer knapp 40 Sam-Raketenbatterien ins Feld, davon etwa ein Fünftel bis ein Viertel geländebewegliche Sam-6, von denen die meisten im Raum nördlich von Kuneitra auffuhren. Eine Sam-6-Batterie hat vier Fahrzeuge mit 12 Schleudern. Rund 100 Sam-6-Schleudern war also die bewegliche Luftabwehrraketen-Streitmacht stark. Dazu kamen noch einmal 120 bis 130 Sam-2- und Sam-3-Schleudern in ganz Syrien, die meisten um Damaskus.
Die syrische Luftabwehr hatte noch wenige Monate vor Kriegsausbruch nur 12 Flarak-Batterien mit zusammen 72 Sam-2- und Sam-3-Raketenschleudern zur Verfügung. Bis zum Kriegsausbruch hatte Syrien neue Sam-6-Raketensysteme aus der Sowjetunion empfangen — aber keine 600 Schleudern. Geübte Bedienungsmannschaften für eine so große Zahl von neuen Waffen waren in Syrien nicht in einem halben Jahr aufzubieten. Wenn 100 Sam-Batterien über die Distanz von etwa 70 km zwischen Damaskus und der Golanfrontlinie aufgebaut gewesen wären, dann hätte die israelische Luftwaffe entweder eine vollkommene Niederlage erleiden müssen und zu fortgesetzten Angriffen auf das Landes-

innere nicht fähig bleiben können, oder aber dieses dichte Luftabwehrnetz wäre ohne ausreichende Munitionsvorräte gewesen. Die vorrückenden israelischen Truppen fanden auch weder bestückte noch verlassene Luftabwehrraketen-Stellungen in der Tiefe von 30 bis 40 km vor Damaskus. Dies stimmte mit der Anlage vor dem Krieg überein: Das nördliche und das nordwestliche Vorfeld von Damaskus waren nicht von einem festen Luftabwehrraketen-Schirm geschützt. Mit dieser Einschränkung kann die Erklärung gelten, daß die syrische Luftverteidigung sich im wesentlichen auf die Luftabwehrraketen verließ und daß die israelischen Kampfflugzeuge im Norden einige Verluste durch Sam-Raketen-Beschuß hatten, aber eben bei weitem nicht so hohe Verluste, wie in den ersten Kriegstagen nach Erfolgsmeldungen und Augenzeugenberichten aus Damaskus geschätzt worden war.
Die Sam-Raketen (Sam-3 und Sam-6) waren weit weniger genau und deshalb auch weit weniger wirksam, als die Syrer sich und andere glauben machen wollten. Zumeist erfaßten die Zielbeleuchtungs-Radargeräte die israelischen Flugzeuge zu spät, so daß diese Zeit zum Angriff auf ihr Ziel hatten. Das große Zielerfassungsradar auf Jebel El Mansur wurde von den Israelis außer Gefecht gesetzt. In Damaskus selbst wurde der Fliegeralarm nicht rechtzeitig gegeben; die Bomben fielen, bevor die Sirenen heulten.
Die israelischen Phantom griffen über die Berge springend im Tiefflug und durch die Schneisen zwischen den Höhenzügen kommend ihre Ziele nach einem weiten Bogen von rückwärts an und stiegen dann steil in große Höhe. Zumeist feuerten die Sam-Batterien am Boden erst in diesem Moment. Die israelischen Flugzeuge konnten den Raketen oft durch abruptes Wenden ausweichen.
Andererseits waren die israelischen Angriffe um Damaskus nicht sonderlich erfolgreich. Die Bomben fielen oft weit vom Ziel. So richteten ein Dutzend Angriffe von je zwei Phantom auf dem Militärflugplatz Mezze bei Damaskus nur geringen Schaden an. Nicht ein einziges syrisches Flugzeug in einem der 25 Betonunterstände wurde beschädigt. Warum die 200 syrischen Mig-21-Abfangjäger so wenig eingesetzt wurden, ist wieder eine Frage, auf die eine schlüssige Antwort schwerfällt. Sicherlich scheute die syrische Luftwaffe nach dem Desaster vom 13. September den Luftkampf mit den israelischen Phantom und Mirage-III. Auch waren ihre Flugzeugführer weniger gut ausgebildet als die israelischen. Aber schließlich war Krieg, und die israelische Luftwaffe suchte Syriens Kriegspotential zu zerhämmern. Die Boden-Luft-Abwehr schien mehr Erfolg zu versprechen, doch schließlich brachten auch die Sam-Raketen diesen Erfolg nicht ein.
Die Israelis eroberten die Luftherrschaft trotz der Flugzeugverluste und begannen sie wirksam zu nutzen. Ihre Raketenangriffe auf Radarstellungen, Sam-Abschußrampen und Munitionsdepots wurden prä-

ziser, ihre Bombenangriffe auf Hafenanlagen, Treibstofflager und Raffinerien reduzierten die Treibstoffversorgung der syrischen Armee in der zweiten und in der dritten Kriegswoche.

In dieser Lage hätte die syrische Führung die Mig-21 zur Abfangjagd gegen die Angreifer einsetzen müssen. Daß sie dies nicht tat, ist allein mit der Furcht vor schweren Verlusten nicht zu erklären. Schließlich erlitten die Heerestruppen solche Verluste: mehr als 500 Kampfpanzer und wenigstens ebenso viele Panzerfahrzeuge; dazu etwa 7500 Tote und Schwerverletzte. Wie oft in arabischen Ländern dürfte die Entscheidung nicht nur militärische, sondern auch innenpolitische Gründe gehabt haben.

Das syrische Regime wird seit dem Herbst 1970 von der Armee getragen. Staatspräsident Assad ist Luftwaffengeneral, und er hatte im September 1970, als das syrische Heer Panzer nach Jordanien schickte, um die palästinensischen Kampfgruppen gegen die jordanische Armee zu unterstützen, seine Luftwaffe zurückgehalten. Sie war und bleibt in der halb militärischen, halb parteipolitischen Regierungskoalition seine Hausmacht, sein Rückhalt und Schutz gegen einen Putsch etwa des Heeres oder einer Offiziersgruppe im Heer, die über ein paar Panzereinheiten verfügte. 1967 war zu Beginn des israelischen Angriffs auf dem Golan die Elite-Panzerbrigade sofort kampflos nach Damaskus zurückgezogen worden, »zur Verteidigung der Hauptstadt«, wie die Regierung damals verkündet hatte, in Wahrheit wohl ebensosehr zum Schutz des Regimes.

General Hafez Assad hatte sich mit Hilfe der Armee als Kriegsminister 1970 nach dem Bürgerkrieg in Jordanien an die Spitze des Staates gesetzt und den politischen Flügel der Einheitspartei lahmgelegt. Aber das syrische Offizierskorps ist nicht nur die Machtelite im Staat. Es hat auch eine jahrzehntealte Tradition der Intervention in die Politik mit bewaffneter Gewalt und der Unbotmäßigkeit gegenüber jeder Regierung, selbst einer aus der Armee hervorgegangenen. Die politischen Leidenschaften, die Ambitionen einzelner, der ideologische Eifer und persönliche Rivalitäten verbinden sich zu einem intrigenträchtigen und explosiven Milieu, in dem kein General seiner Truppen, kein Staatschef seiner Offiziere sicher ist. In dieser labilen Verfassung, die leicht Krisen entstehen läßt, liegt der innere Berührungspunkt zum benachbarten Irak, das seit vielen Jahren in einem latenten Spannungszustand lebt und in dem die Armee politisch ebenso unberechenbar und unzuverlässig für jede Führung ist.

Wie dem auch sei, die Abwesenheit der syrischen Luftwaffe bot den israelischen Truppen für ihren zweiten Gegenangriff, die Offensive in Richtung Damaskus, eine günstigere Ausgangslage als die Situation, die zu Kriegsbeginn gegeben war. Bis zum 9. Oktober hatte Israels Luftwaffe an beiden Fronten gegen Syrien und im Süden gegen Ägypten 53 Flugzeuge verloren, alle durch Luft-Boden-Abwehr. Am 11. Oktober, also am sechsten Kriegstag, traten die israelischen Truppen auf dem Golan von der wiedergewonnenen Ausgangslinie zu einem konzentrierten Angriff gegen die neuen syrischen Stellungen an. Sie hatten inzwischen schwere Centurion-Kampfpanzer herangeführt, und ihre Infanterie operierte mit französischen SS-11-Panzerabwehrraketen defensiv.

Die israelische Offensive nach Syrien hinein begann mit einer etwa vierstündigen Feuervorbereitung durch die Luftwaffe und die schwere Feldartillerie. Dann stießen Panzer und Infanterie entlang der Straße Kuneitra–Damaskus vor. Nach einem erfolglosen ersten Panzerangriff im Nordteil nahm die »Golani-Brigade« im Nachtangriff die syrischen Panzerstellungen bei Telchas. Am 15. Oktober kam der israelische Angriff auf einer etwa 35 bis 40 km breiten Front zwischen der Grenze zu Libanon am Berg Hermon im Nordwesten und der Ortschaft Kanakir an der Straßenabzweigung nach Zakiye zum Stehen. Der Geländegewinn in Richtung auf Damaskus bis kurz vor der Ortschaft Sassa an der Straße Kuneitra–Damaskus machte etwa 20 km Luftlinie von der Demarkationslinie von 1967 oder rund 25 km auf der Straße aus. Bis zum Stadtrand von Damaskus waren es noch einmal 35 km.

Aber die Angriffskraft brach sich nun an den seit einem Jahr vorbereiteten Stellungen und Hindernissen. Obwohl die syrische Artillerie nicht besser war als die syrischen Panzertruppen, hielt die Abwehr stand. Die syrische Infanterie kämpfte in der Verteidigungsstellung zäh und mit mehr Geschick, als sie im Angriff gezeigt hatte. Die syrischen Panzer erlitten wie die ihnen zur Seite gestellten jordanischen und irakischen an ihrer linken Flanke im Südteil aufs neue beträchtliche Verluste. Örtliche Gegenangriffe der Syrer und der Jordanier kamen nicht weit voran.

Aber die Israelis konnten den Riegel zwischen Mazraat Beit Jinn, das sie eingenommen hatten, Sassa und Kanakir nicht brechen. Südlich von Kanakir bog ihre Angriffsfront nach Süden ab bis kurz vor Kafr Shams und blieb dann mit einer 25 km breiten, ziemlich genau in West-Ost-Richtung verlaufenden Flanke nach Süden hin offen. Diese Flanke traf etwa 3 bis 4 km südlich der Höhe von Kuneitra wieder auf die alte Demarkationslinie von 1967.

In südlicher Richtung hatten die Israelis keinen Vorstoß über die Linie am Yarmuk-Fluß und am Rakad-Fluß hinaus gemacht. Sie beherrschten von der Höhe in ihren wiedereingenommenen oder behaupteten Stellungen herab die weitere Landschaft. Aber wenngleich ihre Position kaum angreifbar war, so hing ihr rechter Flügel doch im wahrsten Sinne des Wortes in der Luft. Die Zufahrtsstraßen aus dem Süden über die jordanische Grenze blieben außer Reichweite der israelischen Truppen. Interesse und Kräfte konzentrierten sich auf den

Nordteil, wo die Entscheidung fallen mußte, wenn sie noch gesucht würde.
Um auf den drei Straßen in Richtung Damaskus vorzustoßen und dabei den Zuzug für die syrische Armee von Süden über die Deraa-Straße abzuschneiden, hätten die Israelis gegen harten Widerstand und für zu hohen Blutzoll einen Durchbruch zwischen Sassa — einer Höhe, von der aus man Damaskus sieht — und Kanakir erzwingen müssen. Dies allein hätte aber nicht genügt, um die Kriegslage in Syrien zu verändern. Weder Dayan noch Elazar hatten die Einnahme der syrischen Hauptstadt als Ziel genannt.
Unter diesen Umständen war es gleichgültig, ob die Front vor Sassa und Kanakir oder 20 bis 25 km näher vor Damaskus, etwa entlang der Straße von Katana nach Kiswe, verlaufen würde. Sollten für eine Fortsetzung des Vormarschs Zeit und Blut, Waffen und Munition verbraucht werden? Strategisch sinnlos und politisch nicht gerechtfertigt, taktisch nicht notwendig und psychologisch unklug, hätte ein solcher Vorstoß nur Nachteile ohne eine andere Satisfaktion als neuen Geländegewinn und das Panorama mit Damaskus im Hintergrund vor den Augen der israelischen Soldaten eingebracht. Trotzdem versuchten die Israelis noch mehrere Tage nach dem 15. Oktober, wenigstens Sassa zu nehmen. Aber ein großer Plan stand hinter diesen Bemühungen nicht mehr. Schon am 11. Oktober, also am ersten Tag des Angriffs vom Golan in Richtung Damaskus, hatte die Umgruppierung mit dem Abzug der ersten Centurion-Panzer von der Nordfront begonnen. Am 20./21. Oktober kam es noch zu den verlustreichen Kämpfen am Berg Hermon. Aber selbst diese Affäre war nur noch von untergeordneter Bedeutung, obwohl die Stellungen, um die gekämpft wurde, für beide Seiten in der Erwartung künftiger Gefechte wichtig waren.

☆

Die erste strategische Entscheidung des Krieges war nach fünf Tagen gefallen: Israel war nicht in Gefahr. Der ägyptische Angriff hatte in den gesteckten Grenzen haltgemacht, die einzige reale Chance für einen Vorstoß auf der Sinaihalbinsel in taktisch vorteilhafte Positionen für einen längeren Feldzug war im Süden ausgelassen. Der syrische Angriff im Norden war zurückgeschlagen und die israelische Armee dort im Vorteil. Die ägyptische Zurückhaltung hatte Israels Mobilmachung und Konzentration auf die große Gegenoffensive über die Golanhöhen erleichtert. Jordanien und die palästinensische Bevölkerung auf dem westlichen Jordanufer waren passiv geblieben. Israel hatte seine Ostfront nicht verteidigen müssen. Einige wenige Sherman-Panzer, eine aktive Fallschirmjägerbrigade und zwei Reservebrigaden der Infanterie genügten, um Wache zu stehen.

Von nun an würde es in diesem Krieg nur noch um territoriale Faustpfänder für spätere Verhandlungen vor der Waffenruhe gehen, mit der die Vereinten Nationen, gestützt auf die beiden Waffen spendenden und den Klienten der Gegenmacht verhalten drohenden Weltmächte, den Waffengang irgendwann beenden würden, bevor eine Entscheidung auf dem Kriegsschauplatz fallen könnte.
Dies bedeutete für Ägypten, daß es seine Stellung am Ostufer des Suezkanals intakt halten und darum eine Abwehrschlacht schlagen mußte. Für Syrien hatte der Krieg seine Perspektive eingebüßt, wenn er je eine gehabt hatte. Es mußte seine Front allein halten, ohne auf einen ägyptischen Entlastungsangriff zählen zu können. Für Israel gebot diese Lage einen verspäteten Wettlauf mit der Zeit, genauer gesagt ein Rennen gegen die Uhr der internationalen Politik um die verlorene Zeit: Alles Terrain, das nicht bis zur Beendigung der Feindseligkeiten zurückgewonnen wäre, würde ein für allemal verloren sein. Gelänge es nicht, die Ägypter über den Suezkanal zurückzuschlagen oder auf der Sinaihalbinsel einzuschließen und zu entwaffnen, würde der israelische Rückzug vom Kanal der Hauptgegenstand der Verhandlungen in einer für Israel auf dem Terrain selbst verschlechterten Ausgangslage sein, was immer solche Verhandlungen im späteren Verlauf bringen würden. Nur wenn Israel in der Aufnahme von Friedensverhandlungen, die es seit Juni 1967 nach seinem großen Sieg gefordert, aber nie zuwege gebracht hatte, schon eine Wende der Situation zu seinem Vorteil sähe, würde es sich mit der Veränderung abfinden und versuchen können, diplomatischen Nutzen aus ihr zu ziehen. Dafür war es aber unerläßlich, in diesem Krieg zugleich militärische Erfolge zu erkämpfen, um eine ausreichende Verhandlungsposition zu erhalten, und dabei zumindest Ägypten nicht zu demütigen und unfähig zu einem Friedensschluß zu schlagen.
Die ersten Kriegsergebnisse stellten Israels Regierung und Armeeführung also vor eines der schwierigsten Probleme der Strategie im Krieg: einen selbstbewußten und kampfkräftigen Gegner zu schlagen und zu schonen, um in ihm einen Verhandlungspartner wiederzufinden. Anstrengung im ersten Gang mit konsequentem Angriff und Mäßigung im zweiten Gang mit konsequenter Bereitschaft zu Zugeständnissen — das Ganze aus einer Defensive und in einem psychologischen Zustand des Schocks, dazu in einem Wahlkampf im eigenen Land. Selten ist eine Nation außenpolitisch schwerer gefordert worden, ohne in ihrer Existenz unmittelbar bedroht zu sein. Es spricht für die Regierung, für die Armee und für den politischen Zustand Israels, daß diese Herausforderung des Krieges, des Friedens und der innenpolitischen Entscheidung angenommen, daß die vielfältige und in ihren Anforderungen an Energie, Phantasie und Charakter so widersprüchliche Prüfung bestanden wurde.

Zwar war der Zeitpunkt des internationalen Waffenruhegebots zwischen dem 11. und dem 15. Oktober noch nicht abzusehen. Das Interesse der beiden Weltmächte an einem schnellen Abbruch des Krieges war noch nicht deutlich, von der amerikanischen Forderung nach Feuereinstellung abgesehen. Aber für die israelische Führung konnte kein Zweifel bestehen, daß die Vereinigten Staaten die Chance für eine Großmachtvermittlung zur Eröffnung einer internationalen Verhandlung über den Konflikt nutzen und schon aus diesem Grunde keine ägyptische Niederlage zulassen würden. Damit würde aber die ägyptische Position unabhängig vom Kriegsergebnis auf dem Schlachtfeld gestärkt und die sowjetische Stellung in diesem Konflikt an der Seite der arabischen Feinde Israels zunächst einmal diplomatisch aufgewertet — was immer später geschehen würde.
Was bedeutete dies für Israels Politik? Das nationale Interesse befahl eine Sanktion des Überfalls, eine Restauration der Abschreckungskraft der israelischen Waffen, eine möglichst nachhaltige Schwächung des gegnerischen Kriegspotentials und die Wiedereinnahme der zunächst verlorenen Positionen. In diesem Sinne sprachen auch Israels Minister und Generale, allen voran Golda Meir selbst, Dayan, Elazar. Für sie alle war eine eklatante Revanche, ein klarer militärischer Sieg innenpolitisch unerläßlich.
Ein solcher Sieg hätte zum Zusammenbruch der ägyptischen Armee führen können. Um gegen einen starken Gegner einen Sieg zu erkämpfen, ist ein Stoß mit allen Kräften nötig. Er kann nicht sorgsam bemessen werden, um einen halben Sieg, aber keinen Zusammenbruch zu bewirken, denn Verzicht auf den Entscheidungsschlag kann die eigene Niederlage herbeiführen. Der Zwang zum Erfolg ist die Hauptursache für den Drang des Krieges zum Äußersten.
Tatsächlich wäre ein vollkommener Sieg Israels über Ägypten Ende Oktober 1973 Wirklichkeit geworden, wenn die amerikanische Schutzmacht in ihrem eigenen dialektischen Kriegsspiel mit der sowjetischen Gegenmacht Israel nicht im entscheidenden Augenblick in den Arm gefallen wäre. So wurde Ägypten vor einem schlimmeren militärischen Debakel bewahrt, als es das vom Juni 1967 gewesen war. Doch auch für Israel war eine militärische Katastrophe Ägyptens gefährlich, weil sie die Chancen für einen Frieden wieder auf unabsehbare Zeit zerstört und ein geschlagenes Ägypten mehr denn je von der Sowjetunion und den radikalen Feinden Israels in der arabischen Welt abhängig gemacht haben würde. Mit Ägypten hätte Israels Sieg auch die mäßigenden Kräfte in Moskau und in Kairo entwaffnet.
Wo aber müßte der notwendige Sieg dann gewonnen werden? Wo müßte der Gegenangriff angehalten, wie weit vorgetrieben werden? Solche Fragen beantworten sich oft aus dem Verlauf der Kämpfe. Aber sie spalten eine Armee, eine Regierung, eine Nation, solange die Ant-

wort von den Tatsachen noch nicht gegeben worden ist. Danach entzünden sie jene fruchtlosen Kontroversen, die die schlimmsten Folgen des Krieges für die Psyche eines Volkes sind. Golda Meir mochte daran gedacht haben, als sie in einer ihrer Kriegsreden sagte, sie habe nicht den Mut, den Angehörigen der Gefallenen Trost zu spenden. Die Vorwürfe des Generals Ariel Scharon gegen Regierung, Verteidigungsminister und Oberkommando waren Ausdruck einer Fatalität. Wer immer sie erhoben haben würde, wenn Scharon geschwiegen hätte, sie mußten laut werden. Im Grunde wiederholten sie nur die altbekannte zornige Klage, daß die Politiker den Krieg und den Sieg verdürben, daß man im eigenen Lager nicht rechtzeitig vorbereitet, nicht entschlossen genug, nicht kühn genug gewesen sei. Scharon hatte so ganz unrecht nicht, aber vom 6. Oktober an konnte die Reaktion nicht anders sein, als sie war. Die Kontroverse zwischen den Generalen Israels, zwischen Scharon und der Regierung drehte sich um die beiden Kernfragen der Kriegführung: War die Armee am 6. Oktober kriegsbereit, war die Führung im Bilde? Hatte man gegen Ägypten rechtzeitig und kraftvoll genug zurückgeschlagen?
Scharon beschwerte sich in Presseinterviews darüber, daß man ihn und seine Truppen »vier Tage lang untätig herumsitzen ließ«, bevor endlich der Befehl zum Gegenangriff gegeben worden sei. Er meinte die Zeit vom 9. bis zum 13. Oktober. Die Kritik stößt auf den Kern der israelischen Strategie im Zweifrontenkrieg.
Nach dem arabischen Angriff und der zunächst hinhaltenden, dann aber schnell gegenoffensiven Verteidigung während der drei Mobilmachungstage bis zum 9. Oktober und einer Konsolidierung der Fronten, hinter denen die konzentrierten Reserven für die Offensiven bereitgestellt wurden, begann die zweite Phase des Krieges am 10./11. Oktober mit dem israelischen Angriff über den Golan auf Damaskus zu.
An der Nordfront mußten die Israelis versuchen, den Gegner so weit wie möglich zurückzuwerfen und zu schwächen, ihn dann aber mit einem Minimum an Kräften in Schach zu halten, bis die ägyptische Armee von der Sinaihalbinsel zurückgedrängt und die Kanalposition zurückgewonnen war. Danach stellte sich die Frage, wie weit die Offensiven fortgeführt werden sollten, das heißt die Frage, was über die Rückeroberung des verlorenen Terrains hinaus noch zu gewinnen war. Diese Frage richtete sich auf die politische Konzeption der Kriegführung und also auf die Friedensziele. Da diese Ziele von der Regierung niemals eindeutig bestimmt worden waren, mußten sie im Zweifel und und im Zwielicht sein. Scharon und viele andere Offiziere wollten einen Siegfrieden, also eine militärische Entscheidung des politischen Konflikts, die sich Israel seit 1967 versagt hatte. Zumindest aber drängten sie auf einen Blitzschlag gegen Ägypten, den Hauptgegner, um der

diplomatischen Intervention der Mächte zuvorzukommen und auf dem Schlachtfeld vollendete Tatsachen zu schaffen. Scharon wußte wie jeder andere, daß die Zeit dafür sehr knapp war, und deshalb wuchs seine Ungeduld mit jedem Tag, den er warten mußte.

Vom 11. Oktober an zog das israelische Oberkommando schwere Panzer von der Nordfront nach Süden ab: Drei Centurion-Brigaden, die erst seit dem 6. Oktober auf den Golan gebracht worden waren, wurden Einheit für Einheit verlegt und zum Teil durch in Reserve gehaltene ältere Sherman mit der 7,6-cm-Kanone ersetzt, also durch Panzer, die nicht zur Ausstattung der ersten Linie gehörten. Drei Panzerbrigaden zählen in der israelischen Armee etwa 270 Kampfpanzer. Für die israelische Offensive nach Syrien hinein, die an ebendiesem 11. Oktober begann, wurden diese Verbände nicht mehr eingesetzt, weil man sie 500 km weiter im Süden, auf der Sinaihalbinsel, für die Offensive gegen die Ägypter brauchte.

Generalleutnant Elazar, selbst ein stürmisches Temperament, und sein wieder zu den Fahnen gerufener bedächtiger Vorgänger als Generalstabschef, Generalleutnant Bar Lew, der ihn beriet und die Oberaufsicht über die Südfront übernommen hatte, ohne die Truppenbefehlshaber dort abzulösen, verweigerten jede größere Offensivaktion gegen die Ägypter, solange sie nicht die schweren Panzerverbände an die Südfront gebracht hatten. Die zahlenmäßige Überlegenheit der Ägypter auf der Sinaihalbinsel schien ihnen zu groß, ihre Kampfkraft in den ersten Tagen des Krieges hatte sie überrascht, und da die Luftwaffe unfähig gewesen war, den Nachschub über den Suezkanal zu unterbrechen, mußte man mit weiteren Verstärkungen, vor allem an Panzern und Feldartillerie, aber auch an Boden-Luft-Abwehr-Waffen, rechnen. Das Kräfteverhältnis war anfangs 2 zu 1 zugunsten der ägyptischen Panzertruppen gewesen.

Die israelischen Eingreifverbände hatten zudem im ersten größeren Gefecht mit der ohne Panzerschutz vorgehenden ägyptischen Infanterie am 8./9. Oktober etwa 15 km vom Kanalufer entfernt hohe Verluste erlitten: Eine ganze Panzerbrigade war aufgerieben worden. Die Ägypter waren in Schützenlinien vorgegangen und hatten ihre Panzer weit hinter sich zurückgelassen. Die aufgefahrene israelische Panzerbrigade ließ sie auf unter 1000 m herankommen, um dann mit ihren schweren Maschinengewehren auf sie zu feuern. Aber bevor es dazu kam, hielten die Ägypter an und begannen ihre Sagger-Panzerabwehrraketen in großer Zahl auf die in einer Frontlinie aufgestellten israelischen Panzer abzuschießen.

Die ägyptische Infanterie war mit solchen Raketen beladen, was die Israelis aus der Ferne nicht sehen konnten: 8 bis 10 Panzerabwehrraketen auf jeden Zug, wobei die nicht mit ihnen bewaffneten Soldaten noch zwei Raketengeschosse schleppten, von denen jedes etwa

10,5 kg wiegt. Die Sagger-Rakete wird wie die französische SS-11 an einem feinen Draht gelenkt und hat eine Reichweite bis zu 2800 m. Der Überraschungseffekt dieses Sagger-Angriffs der ägyptischen Infanterie war eines der großen Ereignisse dieses Krieges, und sein Schock wirkte noch nach Tagen auf Israels Generale.

Gerade diese bittere Lehre hatte aber General Scharon in seiner Meinung bestärkt, daß es sinnlos sei, die eigenen Panzer unbeweglich als Einzelfestungen im Sand auf den Gegner feuern zu lassen, weil Panzer im Stillstand lahme Enten sind und von den verschiedensten Waffen abgeschossen werden können. Doch auch die ersten örtlichen Gegenstöße zweier Panzerbrigaden zur Eindämmung der ägyptischen Brückenköpfe, die nicht auf der ganzen Frontbreite miteinander verbunden worden waren, hatten keinen Erfolg, wohl aber empfindliche Verluste gebracht, wenngleich sie auch dem Gegner solche Verluste zugefügt hatten.

Die israelischen Kampfflugzeuge flogen seit dem 7. Oktober Angriffe mit Raketen und Bomben gegen die elf ägyptischen Brücken über den Kanal, gegen die Panzer in den drei großen Armeekorps-Brückenköpfen beiderseits der alten Ost–West-Straße Tasa–Ismailia und gegen die Sam-Luftabwehrstellungen, vor allem um die Verstärkung der ägyptischen Panzer und Sam-6-Batterien auf dem Ostufer zu verhindern. Sie hatten dabei keinen durchschlagenden Erfolg. Die von ihnen als zerstört gemeldeten Floßbrücken und auswechselbaren Pontons wurden nachts immer wieder zusammengefügt.

Die Verluste an Flugzeugen waren in diesen ersten zehn Tagen an der Kanalfront erheblich: 110, davon 99 durch die Boden-Luft-Abwehr abgeschossen, wobei die meisten von ihnen nicht den Sam-Raketen, sondern der genaueren Rohr-Flak (2,3-cm-Kaliber-Vierling-Schnellfeuergeschütze) zum Opfer gefallen waren. Die Zahl der getroffenen und zeitweilig außer Gefecht gesetzten israelischen Phantom- und Skyhawk-Jagdbomber war noch größer, aber 90 Prozent der angeschossenen Maschinen stürzten nicht ab, sondern konnten landen und repariert werden. Dieser Umstand erklärt zu einem guten Teil die Diskrepanz zwischen den arabischen Abschußmeldungen und den tatsächlichen israelischen Flugzeugverlusten, wie dies schon in Vietnam in den Kämpfen zwischen der nordvietnamesischen Boden-Luft-Abwehr (die keine Sam-6 hatte) und den US-Luftstreitkräften der Fall gewesen war. Trotzdem verlor die israelische Luftwaffe in dieser ersten Kriegswoche allein 25 Phantom und 50 Skyhawk, die meisten von ihnen über der Suezkanalfront. Das bedeutete nach dem damaligen Rüstungsstand ein knappes Drittel der leichten Skyhawk-Jagdbomber (160) und fast ein Viertel der schweren Jagdbomber-Abfangjäger vom Typ Phantom (95).

Unter diesen Kampfbedingungen wollten die Generale im israelischen

Oberkommando kein Risiko mit einer verfrühten Panzeroffensive auf die ägyptische Kanalstellung eingehen, obwohl ein solcher Gegenstoß gute Aussichten hatte, zudem auch schon auf dem Terrain nach den Plänen für einen solchen Fall vorbereitet worden war. General Scharon hatte noch in seiner Zeit als Befehlshaber der Südfront vor dem Krieg den besten Übergang über den Suezkanal am Nordrand des Großen Bittersees in dem unübersichtlichen und für Panzer wenig geeigneten schlammigen Gelände durch rote Ziegelsteine im Boden markieren lassen. Nun brannte er darauf, seinen vorgezeichneten Weg zu gehen und zwischen den beiden ägyptischen Armeen durchzustoßen, um beide abzuschneiden und einzukesseln.

Eine solche Operation bedurfte aber gründlicher Vorbereitung durch die schwere Feldartillerie, um den beweglichen ägyptischen Luftabwehrschirm zurückzudrängen, die ägyptische Infanterie einzudecken und eine Wiederholung ihres Raketenfeuerwerks aus verborgenen Stellungen gegen die israelischen Panzer zu verhindern. Auch mußten die ägyptischen Panzertruppen, die inzwischen auf dem Ostufer etwa sechs Brigaden T-54/55 mit wenigstens 700 Kampfpanzern stehen hatten, mit Sperrfeuer und Luftangriffen niedergehalten werden. Eine ägyptische Offensive auf die Bergpässe etwa 30 bis 35 km im Osten des Kanals war zu erwarten, obwohl sie eigentlich viel früher hätte beginnen müssen. Aber die Schwerfälligkeit der ägyptischen Armee war offensichtlich noch immer nicht überwunden, und das viele schwere sowjetische Material machte die Ägypter nicht schneller. Bis zum Abschluß der Offensive in Syrien mußten die Truppen an der Südfront sich damit begnügen, eine Ausweitung ägyptischer Vorstöße, sollten sie wieder aufgenommen werden, mit den verfügbaren und rasch anwachsenden Kräften einzudämmen.

Die Ägypter hatten es nicht verstanden, ihre für sie selbst so überraschend schnell und leicht gewonnenen operativen Anfangsvorteile durch Nachstoß auszunutzen. Ihr Mangel an offensiver Dynamik ließ Israels Armee kostbare Zeit, ihre Kräfte zu sammeln und ihre eigene Stoßkraft zu entfalten, mit einem Wort: in den offensiven Bewegungskrieg überzugehen, der ihr Element ist. Die weiteren Operationen machten deutlich, daß ihr dieser Durchbruch zum »eleganten Manöver« (General Herzog) im freien Raum nicht leichtfiel und daß sie Mühe hatte, das Kriegsgeschehen zu ihrem Vorteil zu wenden.

Einer der Gründe hierfür war wieder eine politische Entscheidung. Kaum hatten die israelischen Truppen auf dem Golan die militärische Lage wieder unter Kontrolle, setzte das Oberkommando starke Kräfte mit massiven Panzerkonzentrationen an, um über die Linien von 1967 hinaus entlang der Straße von Kuneitra nach Damaskus vorzustoßen und die syrische Armee auf ihrem eigenen Terrain zu einer Abnutzungsschlacht zu stellen. Über den Zweck dieser Offensive nach

Syrien hinein haben die israelischen Generale unterschiedliche Erklärungen gegeben, die indessen auf ein und derselben Grundlage fußen: Nach General Elazars Worten sollte den Syrern demonstriert werden, daß ein Angriffskrieg gegen Israel eine empfindliche Strafe nach sich zöge. Laut General Dayan sollte die syrische Armee so geschwächt werden, daß sie nicht mehr imstande wäre, die bewaffneten Feindseligkeiten fortzusetzen. Schließlich galt es, sich im Norden den Rücken frei zu machen, um im Süden freie Hand gegen Ägypten zu haben.

Die israelische Führung schwankte zwischen dem 9. und dem 15. Oktober allem Anschein nach in ihrer Offensivanlage gegen Syrien zwischen ihren nächsten und ihren weitesten Zielen, zwischen dem Minimum und dem Maximum an Abnutzung des syrischen Gegners. Schließlich zeigte sich, daß die Fortsetzung der Offensive in Richtung Damaskus über die Linien von 1967 hinaus wertvolle Kräfte und kostbare Zeit verbraucht hatte, die im Süden, also gegen Ägypten, in der kritischen Schlußphase für einen schnellen Sieg am Suezkanal fehlten.

Wenn Syrien zur Fortsetzung des Krieges unfähig gemacht werden sollte, dann mußte es mit einer konsequenten Niederwerfungs-Strategie im Stil der offensiven Kriegführung von 1967 — angepaßt an die 1973 gegebenen militärischen Bedingungen — geschlagen werden. Dazu wäre es notwendig gewesen, die syrische Armee zurückzuwerfen, auseinanderzutreiben, in großen Manövern einzukesseln und daneben die Kriegskapazität des Landes lahmzulegen. Dies alles mußte obendrein in wenigen Tagen, gegen zusätzliche Bedrängung durch arabische Truppen aus den benachbarten Ländern und im Wettlauf mit der anhaltenden sowjetischen Waffenzufuhr vollbracht werden. Ein Vordringen der israelischen Armee nach Syrien warf aber die Frage auf, wo die militärische Entscheidung zu suchen und zu finden war, da sie nicht an der Grenze fallen konnte. Was sollte geschehen, wenn die Syrer entweder hinhaltenden Widerstand leisteten und sich nicht einkesseln ließen oder aber sich immer tiefer in das eigene Land zurückzögen, ohne sich fassen zu lassen, ohne also die Fähigkeit zur Fortsetzung des Krieges einzubüßen?

Eine israelische Offensive über den Berg Hermon und die Golanhöhen hinaus mußte offene Flanken nach Norden und Südosten bieten, sie mußte auf einen sich weitenden Horizont treffen und früher oder später entweder auf Damaskus konzentriert werden oder zerfasern und in einen nicht beherrschbaren Raum stoßen, in dem es für Israel keine strategische Kontrolle über den Norden zu gewinnen gab. Um Syrien aus dem Krieg zu werfen, mußte Israel unbedingt dessen Häfen und Flugplätze besetzen oder für die Dauer des Krieges unbrauchbar machen. Die israelischen Luft- und Seestreitkräfte versuchten dies, aber es gelang ihnen nicht. Der sowjetische Nachschub wurde unvermindert eingeflogen und ausgeschifft. Syriens Erdölraffinerien und Hafenanlagen wurden in Brand gesetzt, Treibstofflager flogen in die Luft, Munitionsdepots gingen in Flammen auf, und Straßenkreuzungen, Brücken, Flugplätze wurden Tag für Tag ebenso angegriffen wie die Industrieanlagen und die großen Städte des Landes.

Aber wieder einmal zeigte sich, daß der Luftkrieg gegen solche Objekte nur dann strategische Vorteile einbringt, wenn er mit massiven Bombenladungen über längere Zeit hinweg geführt werden kann. Eben dazu reichten die verfügbare Zeit und die Mittel der israelischen Luftwaffe nicht aus. Die Luftabwehr in Syrien war zwar nicht so stark und dicht wie die in Ägypten, aber sie fügte Israel immerhin genug Schaden zu, um die Wirksamkeit seiner Angriffe zu mindern, damit aber den Schaden, den die israelischen Luftangriffe Syrien zufügen konnten, zu begrenzen.

Syrien hatte sich zudem auf einen israelischen Angriff, der seit 1967 latent gedroht hatte, gut vorbereitet. Während der zwanzig Kriegstage mangelte es dem Land trotz der fortgesetzten israelischen Luftangriffe weder an Nahrungsmitteln noch an Elektrizität, weder an innerer Bewegungsfreiheit noch an Verkehrsmitteln und Fernmeldeverbindungen. Auch der israelische Versuch, durch gezielte Luftangriffe auf bestimmte Objekte in Damaskus die zentrale Kommandoorganisation zu lähmen, mißlang. Was geschehen wäre, wenn dieser Krieg länger als zwanzig Tage gedauert hätte, ist eine andere Frage. Israel konnte jedoch vernünftigerweise nicht erwarten, daß die Mächte ihm Zeit lassen würden, Syrien und danach Ägypten kampfunfähig zu schlagen.

So blieb die Frage zu beantworten, ob die Eroberung der Hauptstadt Damaskus den Krieg Syriens gegen Israel beenden könnte. Ein Zugriff auf Damaskus war eine reale Möglichkeit für Israels Armee. Die syrische Hauptstadt liegt nur 60 km von Kuneitra mit dem einzigen natürlichen Hindernis der Basaltsteinhöhe bei Sassa auf dem Weg Aber was sollten die israelischen Truppen in der Millionenstadt? Es war anzunehmen, daß die syrische Regierung mit ihrem Oberkommando sich rechtzeitig aus der Hauptstadt zurückziehen und nach Homs oder Aleppo ausweichen würde. Solange sie über freie Flugplätze und Häfen, über das Grenzgebiet im Norden und im Nordosten verfügte, würde der Verlust von Damaskus sie nicht zum Frieden zwingen. Damaskus aber war für Israels Armee eine schwere Gefahr. Wie würde sich die syrische Bevölkerung verhalten? Was würden die palästinensischen Guerilla-Organisationen unternehmen? Die Vorstellung von einer »Besatzungsmacht Israel« im eroberten, brennenden Damaskus mußte jeden vernünftigen Menschen in Tel-Aviv und Jerusalem schrecken. Die syrischen Volksmilizen waren gut organisiert und bewaffnet. Syrien hätte in Damaskus, der alten Hauptstadt des arabischen Omayaden-Kalifats mit ihrer heiligen Moschee, ein Fanal des rechtgläubigen und nationalen Widerstands entzünden und alle Kräfte

der arabischen Welt mobilmachen können. Eine Besetzung von Damaskus wäre militärisch nur eine Last gewesen, hätte israelische Energien gebunden, ohne handgreifliche Vorteile einzubringen.
Trotzdem muß die israelische Führung in Versuchung gewesen sein, eine Strafexpedition nach Damaskus zu unternehmen, solange dieses Ziel schnell und leicht zu erreichen war. Im Juni 1967 war die syrische Armee in Panik geflohen, und Einwohner der Hauptstadt, die sich einen Auszug leisten konnten, hatten schon begonnen, zu packen und sich auf den Weg nach Norden zu machen. Eine Fluchtbewegung der Bevölkerung von Damaskus würde die ohnehin zerbrechlichen Dämme der administrativen Organisation fortreißen und das Land überschwemmen.
Die israelischen Staats- und Heerführer hatten sich aber am 6. Oktober vorgenommen, Syrien zu »bestrafen«. Mit Ägypten würden sie ohnehin verhandeln müssen. Aber Syrien hatte jeden Frieden mit Israel stets schroff abgelehnt. Syrien hatte den palästinensischen Widerstandskämpfern Zuflucht, Waffen und Geld gegeben, hatte sie immer wieder aufgerichtet, wenn ihre Organisation zusammenzubrechen drohte wie im September 1970, als die syrischen Panzer in Jordanien einfielen, um die Palästinenser in ihrem Kampf gegen den friedensbereiten König Hussein zu unterstützen.
Syrien ist für Israels Sicherheit eine dauernde Bedrohung, solange die Syrer nicht bereit sind, Frieden zu schließen und zu halten. Daher muß die Vorstellung, daß die Idee vom großen Syrien durch dessen Vereinigung mit Irak, Libanon und Jordanien einmal Wirklichkeit werden sollte, Israel um so mehr drücken, auch wenn diese Aussicht vorderhand wenig Realitätsgehalt besitzt.
Ob General Dayan mit der von ihm angedrohten »Lektion« für Syrien wirklich ernst machen wollte, ist eine andere Frage. Und ob General Elazar Damaskus wirklich besetzt haben würde, wenn er es hätte erobern können, steht dahin. Dayan hat von einer Eroberung der syrischen Hauptstadt niemals gesprochen, und die Sprecher des Verteidigungsministeriums haben solche Absichten bestritten. Die Frage bleibt theoretisch, denn der israelische Angriff kam nicht weit genug voran. Etwa 35 bis 40 km vor Damaskus blieb er in dem stark mit Hindernissen und Auffangstellungen getrüffelten Vorfeld stecken. Hier erlebte die israelische Armee trotz ihrer Überlegenheit im Felde eine militärische Überraschung: Sie traf auf eine sorgfältig vorbereitete Verteidigung.
Die sowjetischen Militärs hatten den Syrern zwischen der Linie der Waffenruhe von 1967 und der Hauptstadt ein Glacis angelegt, wie es die sowjetische Armee benutzen würde, wenn sie zur Verteidigung gezwungen würde und sich auf dem Terrain festkrallen müßte.
Die israelischen Truppen waren nicht imstande, den Gegner weiträumig

zu umfassen, zu zerteilen, einzuschließen und zu verwirren. Der Schwung des Angriffs vom Golanplateau herunter wurde gebrochen. Die Offensive in Syrien kostete Kraft und Zeit. Sie fügte den Syrern schwere Verluste zu. Die syrische Armee verlor ihre Offensivkraft und den Großteil ihrer schweren Waffen. Aber sie wurde nicht, wie 1967, geworfen, und ihre Soldaten rannten nicht in wilder Flucht davon. Immer wieder fand sie sich zu örtlichen Gegenangriffen, immer wieder hielt sie die Israelis auf. Der in Israel erwartete militärische Zusammenbruch Syriens blieb aus. Wie lange die syrischen Truppen diesen Widerstand hätten weiterführen können, ist ungewiß. Wahrscheinlich nicht sehr lange. Aber in den beiden Wochen bis zum 25. Oktober, zum Beginn der zweiten Waffenruhe, konnten sie sich gegen die nach dem 15. Oktober abgeschwächten und begrenzten israelischen Angriffe behaupten.

Die israelische Führung erklärte täglich, die Kampfkraft der Syrer sei gebrochen, seine Verluste an Menschen und Material hätten Syrien als Kriegsfaktor aus dem Spiel geworfen, ein militärischer Zusammenbruch Syriens sei nur eine Frage der Zeit. Aber ebendiese Frage der Zeit stellte sich anders, als es die israelischen Strategen konzipiert hatten oder nach außen hin behaupteten: Da Israel nicht unbefristete Zeit und unbegrenzte Mittel zu Gebote hatte, war jeder Tag, den die Syrer kämpfend, selbst bedrängt und geschlagen, im Felde standhielten, für Israel ein verlorener Tag.

Zum erstenmal seit 1956 hatte sich an der syrischen Front die Verteidigung nach anfänglichen Rückschlägen als stärker erwiesen als die Kräfte des Angreifers in der Raum-Zeit-Relation. Israels Offensive war in die Wirkung des Gesetzes von den abnehmenden Ertragszuwächsen bei fortgesetzter Investition von Energie und Material geraten. Der Clausewitzsche Kulminationspunkt des Sieges fiel für die Israelis nicht mit der strategischen Entscheidung zusammen.

Mitte Oktober war offensichtlich, daß es der israelischen Armee mit den ihr verfügbaren Kräften im Norden nicht mehr in kurzer Zeit gelingen konnte, die strategische Kontrolle über die syrische Front zu erringen. Sie mochte mit relativ großem Aufwand taktische Vorteile erkämpfen, aber sie konnte die Herrschaft über den Kriegsschauplatz nicht mehr erringen, solange das Gros der israelischen Kräfte auf der Sinaihalbinsel gebunden war und die ägyptische Armee am Ostufer des Suezkanals kampfbereit stand.

Dieses Unvermögen wurde in dreierlei Hinsicht offenbar:

1. konnte Israel die Verstärkung und die Neuausrüstung der syrischen Truppen auf dem Luftweg nicht verhindern.

2. konnte die israelische Nordfront die Verbindung zur arabischen Ostfront im Jordantal und damit die Zugänge aus den ostarabischen Ländern nach Syrien nicht unterbrechen.

3. konnte Israel die syrische Armee, so geschwächt sie im Augenblick auch sein mochte, nicht aus dem Felde schlagen.

Da weder eine Isolierung noch ein militärischer Zusammenbruch des Landes in seinen Grenzen erreichbar war, schied Syrien nicht aus dem Krieg aus, sondern blieb als potentieller strategischer Faktor erhalten. Dies bedeutete, daß Israel seine Nordfront nach der Rückeroberung der Golanhöhen und nach dem Vorstoß auf Damaskus weder stillegen noch von Kampftruppen entblößen konnte. Eine Situation, die der Lage im Jordantal gegenüber dem militärisch passiven Jordanien vergleichbar gewesen wäre, wurde nicht geschaffen. Diese Lage konnte für Israel erträglich bleiben, solange der Krieg nicht länger andauerte und solange Jordanien nicht von Osten her in die Kämpfe eingriff. Aber sie bot auf längere Sicht den arabischen Staaten eine Möglichkeit, in Syrien eine Koalitionsarmee aufzustellen, die sich israelischem Zugriff entziehen und durch ihre bloße Existenz eine Konsolidierung der israelischen Position verhindern konnte. Selbst ohne andere arabische Kontingente hatte die syrische Armee die Möglichkeit, Truppen in Angriffsposition zu bringen und die sowjetische Waffenzufuhr in Kampfkraft umzusetzen.

Alle Elemente der Situation fügten sich zu einer militärischen Negation für Israel zusammen: Syrien konnte weder erobert noch entwaffnet werden. Diese Tatsache bezeichnete Israels Situation: Israel war 1967 an den Grenzen seiner strategischen Reichweite angelangt. Der Verlauf des neuen Krieges nach der Wiedergewinnung der Golanhöhen hatte diese Realität zum Vorschein gebracht. Die Erkenntnis war nicht neu. Israels Kräfte reichten nicht aus, den Nahen Osten gegen militärisch wirksamen Widerstand zu beherrschen, geschweige denn zu unterwerfen. Nicht einmal für einen militärischen Sieg im Zweifrontenkrieg gegen Syrien und Ägypten hatte Israel die Mittel.

Die Erfahrungen von 1956 und 1967 galten nicht mehr; sie konnten nicht mehr gelten, weil inzwischen zwei arabische Armeen herangewachsen waren, mit denen man ernsthaft zu rechnen hatte. Zwar war jede von ihnen für sich der israelischen operativ und qualitativ trotz des modernen sowjetischen Materials und der Ausbildung durch sowjetisches Personal unterlegen. Aber der Abstand war so weit verringert, daß die Israelis ihre einstige Überlegenheit, bestehend in der Fähigkeit zur militärischen Entscheidung durch einen schnellen und vollkommenen Sieg auf dem Terrain, eingebüßt hatten.

In Israel werden über diesen Krieg viele Studien verfaßt werden. Sie werden mit minuziösen Untersuchungen der einzelnen Entscheidungen und Operationen die Detailgründe für dieses oder jenes Versagen zum Vorschein bringen. Aber diese noch unbekannte Summe der Details wird nichts anderes ergeben als eine Bestätigung des Wesensmerkmals aller Kriege: daß die Fehler und Versäumnisse erst dann zu

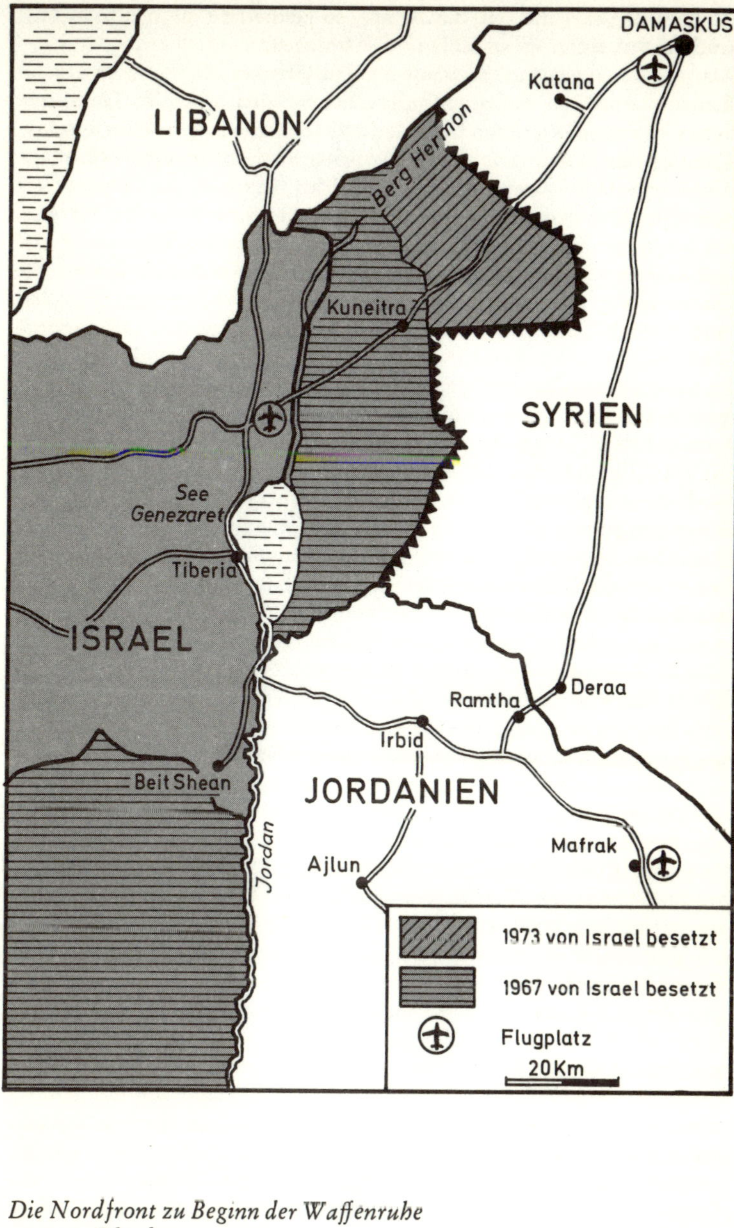

Die Nordfront zu Beginn der Waffenruhe vom 22. Oktober 1973

Buche schlagen, wenn die Kräfte für eine gestellte Aufgabe nicht ausreichen und wenn es an Zeit und Mitteln mangelt, die notwendigen Korrekturen in neuen Operationen vorzunehmen.
Fehler werden im Krieg auf allen Seiten begangen. Die Geschichte kennt keinen »fehlerlosen Sieg«, keinen vollkommenen Feldzugsplan, keine perfekte Operation. Die Sicherheitsmarge, in der die Rückschläge und Niederlagen ausgeglichen, die Risiken begrenzt, die Chancen erneuert und wiedergefunden, die Kräfteverhältnisse verändert werden, wird von der Zeit und den Reserven bestimmt. Israel hatte weder viel Zeit noch große Reserven. In dieser Hinsicht läßt sich seine strategische Lage mit der anderer Mächte in Kriegen der Vergangenheit vergleichen, zum Beispiel mit der Deutschlands im Ersten und im Zweiten Weltkrieg.
Immerhin vermochte die israelische Armee an der Nordfront dank ihres dort vom 6. bis zum 11./12. Oktober errungenen Erfolgs die taktische Lage auf dem Terrain unter Kontrolle zu halten und den Schwerpunkt der Kampfhandlungen um über 500 km nach Süden, auf die Sinaihalbinsel, zu verlagern. Und dies, obwohl am 13. Oktober Jordanien in den Krieg eingetreten war. König Husseins Kommuniqué über diesen Akt arabischer Solidarität war ein unmißverständliches Signal an Israel, daß es von diesem Kriegseintritt in seiner Kriegführung nicht behindert würde. Israel brauchte dort keine Front aufzubauen. Der Verkehr über die Allenby-Brücke zwischen den beiden Ländern ging ungestört vom Kriegszustand weiter — »business as usual«.
König Hussein, der zumindest mit der Eventualität eines ägyptisch-syrischen Angriffs gegen Israel rechnen mußte und dies auch in Washington hatte wissen lassen, war nach seiner Rückkehr aus Kairo am 11. September weniger bereit zum Krieg gewesen denn je. Er befahl keinerlei Vorbereitungen für einen immerhin möglichen Kriegsfall. Die Überraschung in den Botschaften zu Amman war am 6. Oktober vollkommen. Der US-Botschafter war zum Wochenende nach Beirut gereist. Die Militärattachés der Vereinigten Staaten und Großbritanniens waren auf Urlaub in ihrer Heimat.
Die jordanische Armee war seit Jahren in einer L-Formation in zwei Richtungen nach Westen zum Jordan, nach Norden gegen Syrien hin aufgestellt. An der 300 km langen »Jordanfront« standen zwei Infanteriedivisionen, in Nordjordanien mit dem Schwerpunkt der Garnison Zarka auf der Straße von Deraa über Jarash nach Amman eine Panzerdivision und zwei weitere Infanteriedivisionen (sämtlich motorisiert), um den Einfallsweg aus Syrien und Irak zu sperren und die Hauptstadt zu decken. Eine mechanisierte Division stand im Süden des Landes zwischen Amman und Akaba. Die übrigen Truppen waren um Amman verteilt. Die jordanische Armee verfügte über 420 Kampfpanzer: 200 US-amerikanische M-47, M-48 und moderne M-60, die

seit dem Bürgerkrieg von 1970 geliefert worden waren, und 220 britische Centurion. Dies entsprach der Panzerstärke von nahezu fünf israelischen Brigaden, also knapp der Zahl, mit denen Israel auf der Sinaihalbinsel die ägyptische Armee abzuwehren hatte, und den Kräften, mit denen es über den Golan Syrien angriff. Hinzu kamen noch 130 geländegängige Radpanzer vom Typ Saladin für die mechanisierten Truppen.

Das königliche Heer war mit gut fünf Divisionen und insgesamt 68 000 Mann eine solide Armee, wie sich 1970 wieder erwiesen hatte. Im Gegensatz zur ägyptischen und zur syrischen war diese Armee in der britischen Bewegungskriegsschule gewesen und an mobile Operationen gewöhnt. Sie hätte auch am 13. Oktober noch über den Jordan auf das Westufer vorstoßen können. Ihr Angriff hätte Israel zu einer Umgruppierung und Aufteilung seiner Kräfte, bei einigem Erfolg sogar zum Abbruch der Offensive im Norden und zu einer weiteren Verzögerung der Offensive im Süden gezwungen. Husseins Truppen hätten dem König eine neue Legitimation für seinen Souveränitätsanspruch auf Westjordanien, also auf seinen Teil von Palästina und auf die politische Loyalität der arabischen Bevölkerung in diesem seit Juni 1967 abgetrennten und von der israelischen Armee besetzten Landesteil, erkämpfen können.

Selbst die Besetzung eines kleinen Teils hätte Jordaniens Position für die künftigen Verhandlungen und Husseins Stellung im arabischen Lager verbessert. Sie hätte den politischen Druck auf den König verringert. Niemand hätte Hussein einen Angriff vorwerfen können. Es war sein gutes Recht, im Krieg verlorenes und seither nach den Proklamationen der Vereinten Nationen unrechtmäßig zurückgehaltenes Land wiederzugewinnen. Er hatte keinen Frieden mit Israel geschlossen und auch nicht auf einen Fußbreit des besetzten Gebietes verzichtet. Das Völkerrecht war ebensosehr auf seiner Seite wie auf der Ägyptens oder Syriens. Es gab ihm eine stärkere Rechtsposition als der Palästinensischen Befreiungsfront, die einen durch nichts legitimierten Alleinvertretungsanspruch für die Araber Palästinas behauptet. Was hätten die Israelis ihm noch nehmen können? Den Rest seines Landes mit der Hauptstadt Amman und der Wüste im Süden? Israel hatte ohnehin nicht genügend Kräfte, um der Lage an den Fronten gleichzeitig Herr zu werden. Aber selbst wenn Hussein den Krieg wieder, wie 1967, verloren hätte, so wäre er doch vom Gong der internationalen Politik gerettet worden wie Sadat in Kairo.

Jordaniens gefährlichste Schwäche war die Unfähigkeit, seine Armee gegen Luftangriffe abzuschirmen. Die königliche Luftwaffe verfügte über 52 Kampfflugzeuge: zwei Jagdbomber-Staffeln, die 32 britische Hunter flogen, und eine Staffel Abfangjäger mit 20 F-104-Starfightern (36 neue leichte Jagdbomber vom Typ F-5 E waren in den USA bestellt). Eine Boden-Luft-Abwehr mit Raketen und Flak-Artillerie hatte Jordanien nicht aufgebaut. Ein Radarnetz war nicht aufgespannt. Damit war die jordanische Armee gegen die israelische Luftwaffe wehrlos. Diese Wehrlosigkeit mochte gewollt sein, um Jordanien gegenüber Israel kriegsunfähig zu machen und dem König jede Entscheidung über Krieg oder Kriegsbeitritt zu ersparen. Sie kann als eine Sicherheitsgarantie für den Rest Jordaniens angesehen werden, indem der Verzicht auf jede Luftverteidigung als Dauersignal für fortgesetzten Gewaltverzicht und Friedensbereitschaft verstanden werden konnte: Die Städte Jordaniens waren nicht gegen Luftangriffe verteidigt, nicht einmal Husseins Palais bei Amman.

Auch war Jordanien für seine Bewaffnung nicht nur von fremden Mächten abhängig wie alle Staaten des Nahen Ostens, sondern auch unfähig, dafür zu bezahlen. Hussein war auf US-amerikanische Militärhilfe angewiesen, und diese wurde nur zu der politischen Bedingung gegeben, daß Jordanien diese Waffen nicht gegen Israel richtete und auf seinem Gebiet keine Grenzguerilla gegen Israel zuließ. Der König selbst war auch mehr am Frieden als am Krieg interessiert und mußte in der Fortdauer des Kriegszustandes eine Bedrohung für seinen Thron und für seine Ansprüche auf Westjordanien sehen.

Andererseits hatte er von Israel für den Frieden nicht viel zu erwarten. Sich einem neuen arabischen Koalitionskrieg gegen Israel zu entziehen und Israel durch seine Neutralität an einer stillen Grenzlinie von 300 km Länge in der Flanke des nur 40 km entfernten Jerusalem zu begünstigen, konnte ihm ebenso gefährlich werden wie ein neuer Krieg, in dem ihn ein Waffenerfolg sehr teuer zu stehen kommen müßte.

In seiner Zwangslage entschied der König sich für eine hybride Form der Feindseligkeiten zwischen Krieg und Frieden: Er hielt an seiner »Jordanfront« still und entsandte eine Brigade auf den syrischen Kriegsschauplatz, um mit ihr symbolisch Krieg gegen einen Gegner zu führen, den er weder bedrohen konnte noch bedrohen wollte.

Diese begrenzte Kriegführung setzte ein politisches Arrangement mit Israel über Washington, zumindest durch stillschweigendes Einverständnis, einander nicht am Jordan anzugreifen, voraus. Ein solches Einverständnis war natürlich gleichbedeutend mit einem Bruch der arabischen Solidarität im Krieg gegen den gemeinsamen Feind — es sei denn, Sadat wäre nach Kriegsbeginn am 6. Oktober damit einverstanden gewesen, was keineswegs ausgeschlossen ist. Daß Husseins Beziehungen zu den Kriegführenden im Oktober konspirative Züge hatte, liegt in der Natur der Sache. Im Nahen Osten wurde kein »heiliger Krieg«, kein Volkskrieg, kein Einigungskrieg oder Befreiungskrieg geführt, sondern ein regelrechter Kabinettskrieg nach dem Vorbild der klassischen europäischen Machtpolitik mit ihren Machiavellismen, verfeinert durch die Arabesken der orientalischen Denkweise.

Hussein gab mehrere Gründe für seine militärische Passivität an der Waffenstillstandslinie vom Juni 1967 an: die Rücksicht auf die arabische Bevölkerung des westlichen Jordanufers und auf Jerusalem, das nicht vom Krieg zerstört werden sollte; die Länge der Front am Jordan, die Jordaniens Kräfte für einen Angriff überfordert hätte, und die überlegene Stärke Israels; Kriegseintritt und Aufmarsch seiner Armee hätten israelische Kräfte gebunden und damit Syrien militärisch entlastet; der Beistand seiner Truppen im Felde habe die arabische Nordfront gestärkt.

Von diesen vier Gründen sind die beiden ersteren wahrscheinlich echt, die beiden letzteren dagegen nicht: Die jordanische Armee hielt am Jordan keine für den Kampfeinsatz vorgesehenen israelischen Truppen fest. Im Gegenteil: Jordaniens Passivität, die einer wohlwollenden Neutralität zugunsten Israels gleichkam, wie immer Hussein sie aufgefaßt wissen wollte, ersparte Israels Luftwaffe und Panzerwaffe wertvolle Kräfte in den kritischen Tagen nach Kriegsbeginn, als Kampfflugzeuge und -panzer, Flugzeugführer und Kampfbesatzungen knapp waren.

Der Kriegsverlauf der ersten Woche zeigt, daß Husseins Armee in derselben Hilflosigkeit gegenüber israelischen Schlägen aus der Luft wie im Juni 1967 mehr hätte ausrichten können als damals. Im Oktober 1973 war Israel nicht der Angreifer. Es mußte die Initiative erst gewinnen. Die ägyptischen Flugplätze und die ägyptische Luftwaffe waren intakt. Israel mußte an zwei Fronten gleichzeitig kämpfen, während es im Juni 1967 an den drei Fronten nacheinander mit jeweils wechselnden Kräftekonzentrationen angegriffen hatte. Schwerer als 1967 hätte Jordaniens Armee bei einem Vorstoß über den Jordan in Richtung auf Jerusalem oder Jericho nicht getroffen werden können. In Syrien dagegen waren die jordanischen Truppen von nur geringem Wert, weil die Gefahr für Israel nicht von ihnen, sondern von der syrischen Armee ausging und weil sie im Südabschnitt eingesetzt waren, wo die israelische Armee nicht angriff. Selbst auf dem syrischen Kriegsschauplatz standen Jordanier wie Iraker und Saudiaraber abseits von der Achse der Entscheidung.

Das politische Argument des Königs, die Rücksichtnahme auf die Bevölkerung, weist auf die innere Schwäche seiner Monarchie: Sein Königreich zählt in Transjordanien selbst 900 000 Palästinenser und nur 800 000 Beduinen. In dem seit 1967 abgetrennten Cisjordanien wohnen unter israelischer Besatzungsherrschaft rund 700 000 Palästinenser, im Gebiet von Gaza etwa 400 000, 100 000 in Israel, 350 000 in Libanon, 150 000 in Kuweit. Insgesamt zählen die arabischen Palästinenser rund 3,2 Millionen Menschen, über den Nahen Osten verstreut. Von ihnen bilden die 1,6 Millionen in den beiden Teilen Jordaniens, also Husseins formale Untertanen, den nicht entwurzelten Volkskern

auf palästinensischem Boden. Husseins Haschemitenhaus ist für sie eine fremde Herrschaft, die aus der arabischen Wüste kam und ein Land zur Abfindung für ihre verlorenen Rechte auf Arabien nahm. Der Bürgerkrieg in Jordanien 1970 hatte diesen tiefen inneren Gegensatz zum Vorschein gebracht. Hussein mußte seither fürchten, daß nicht nur die Palästinenser westlich des Jordans — die in Samaria und in Judäa —, sondern auch die östlich des Flusses und in seiner eigenen Hauptstadt Amman, deren Einwohnermehrheit palästinensisch ist, diese Herrschaft abstreifen könnten, wenn ihnen Gelegenheit dazu geboten würde. Dies mochte der tiefere Grund für seine Politik sein: Er konnte Stabilität für sein Land und für seinen Thron nicht im Krieg bewahren. Jede große Veränderung würde Kräfte freisetzen können, die er mit seinen schwachen Mitteln nicht mehr würde beherrschen können. Die Wiederholung der Gewaltanwendung von 1970/1971 war für seine internationale Position riskant. Deshalb operierte er gegenüber der palästinensischen Bevölkerung, die er politisch repräsentieren wollte, so vorsichtig. Er fürchtete nationale Aufwallungen und den Einfluß der Untergrundbewegung in den Wirren des Krieges. Welche Politik er auch immer für die Zukunft betreiben mochte — der Krieg würde seine Partie nur noch schwieriger machen.
König Hussein, ohne Gewicht auf der Waage des Krieges, wurde bald nach der Unterbrechung der Feindseligkeiten von der arabischen Konferenz in Algier seiner Legitimation, in den Friedensverhandlungen für die Palästinenser auf dem von Israel besetzten westlichen Jordanufer zu sprechen, für verlustig erklärt.
Die einstimmige Anerkennung des Anspruchs der Palästinensischen Befreiungsfront, ausschließlich und allein diese Bevölkerung zu repräsentieren, macht das Ausmaß des politischen Fehlers deutlich, den Hussein am 13. Oktober beging. Seine Teilnahme am Krieg durch die Entsendung eines kleinen Expeditionskorps an die syrische Front wurde nicht honoriert. Er hatte den syrischen Revolutionären damit offenbar keinen Gefallen getan.
In Jordanien und auf dem westlichen Jordanufer fand sich die Opposition gegen den König in ihrem Urteil bestätigt, daß Hussein im besten Fall lau und kriegsscheu, im schlimmsten Fall aber ein Verräter und mit dem israelischen Feind heimlich im Bunde sei. Damit war zugleich der Anspruch der Palästinensischen Befreiungsfront und ihrer politischen Kerngruppe, der »El Fatah« Yassir Arafats, die Sache des arabischen Palästinas als einzige wirksam und unbeugsam zu vertreten, wieder aufgewertet, obwohl die palästinensischen Partisanen in Libanon und in Syrien während des Krieges keinerlei sichtbaren oder für Israel spürbaren Anteil an den Kämpfen hatten. Zwar standen palästinensische Einheiten in der syrischen Armee und am Suezkanal neben kuweitischen und saudiarabischen an der Nahtstelle, an

der die Israelis dann am 13. Oktober zum Gegenstoß ansetzten, aber einen erkenntlichen, ihrem politischen Anspruch angemessenen militärischen Beitrag zum Kampf leisteten sie nirgendwo. Die offiziellen Militärkommuniqués der beiden arabischen Alliierten erwähnten sie kaum. Dafür gab es vielleicht politische Gründe, etwa im Zusammenhang mit dem Anspruch auf eine Kontrolle der militärischen und terroristischen Aktivitäten der Palästinenser oder mit der langfristigen Strategie zur politischen Lösung des Palästinakonflikts: Die Palästinenser mögen in den syrischen wie in den ägyptischen Plänen nicht als ein Machtfaktor neben den arabischen Staaten vorgesehen sein, falls solche Pläne wirklich gehegt werden sollten. Sie mochten im Oktober 1973 Sadat und Assad auch einfach unbequem gewesen sein. Beide waren über die terroristischen Exzesse und deren Ermutigung durch den libyschen Präsidenten Khadaafi ohnehin besorgt.

Der Operationsverlauf an der Suezfront

Da die Ostfront am Jordan ruhig blieb, konnte die israelische Armee sich mit ihren schweren Panzereinheiten und ihrer Luftwaffe der Südfront am Rand der Sinaihalbinsel zuwenden. Am 9. Oktober hatte in Kairo der ägyptische Generalstabschef Schasli angekündigt: »Der Suezkanal und der Sinai werden das Grab des Feindes sein.« General Schasli schwankte zu jener Zeit noch zwischen zwei verschiedenen Taktiken: einer Abwehrschlacht auf breiter Front, gestützt auf die kurzen rückwärtigen Verbindungen und das Sperrfeuer der eigenen Artillerie hinter dem Suezkanal sowie unter dem Schutz des Sam-Luftabwehrschirms, der etwa 20 km weit über das Ostufer des Kanals hinausreichte — und einer neuen Offensive. Zunächst einmal hatten die Ägypter die eroberte Uferstellung eingenommen und ihre Zeit darauf verwandt, sich zu verstärken. Schasli hob den Anfangserfolg seiner Truppen aus verständlichen Gründen hervor. Aber er hatte auch ein besonderes politisches Motiv: Für den Fall, daß eine neue Offensive nicht zustande kommen oder scheitern sollte, mußte vorgesorgt werden, daß der einzige Erfolg der arabischen Armeen, der den ersten Kriegstag überdauert hatte, nicht in Vergessenheit geriete oder abgewertet würde. Er selbst mußte damit rechnen, daß Präsident Sadat es bei dem ersten Schritt auf die Sinaihalbinsel bewenden lassen wollte. Deshalb hob er die militärische Bedeutung seines noch unvollkommenen und gefährdeten ersten Sieges hervor. In einer Anspielung auf ein Wort General Dayans eine Woche vor Kriegsausbruch behauptete er, Israel habe in der »Bar-Lew-Linie« am Ufer »bis zum letzten Augenblick ein unüberwindliches Hindernis gesehen«.

Diese Akzentsetzung auf den Anfangserfolg deutet darauf hin, daß die Ägypter eher die ufernahe Stellung am Kanal zu halten gedachten, als daß sie weitergehende Offensivpläne hegten. Im ägyptischen Generalstab wurde die Debatte über die weitere Operationsführung jedoch mit größerer Heftigkeit geführt als vor dem Kriegsbeginn. Man hatte nur geringe Verluste gehabt, die Israelis zum Rückzug vom Kanal auf breiter Front gezwungen, einige Angriffsspitzen etwa 20 km weit nach Osten vorgetrieben und israelische Gegenstöße abgefangen. Warum nicht bis zu den Berghöhen vorstoßen und die Straßenpässe nehmen, um sich ein Manöverglacis für eine elastische Verteidigung und taktisch beherrschende Stellungen zu schaffen?

Doch nichts dergleichen geschah. Offenbar sprachen all die hundertmal erwogenen, von allen Seiten beleuchteten und immer wieder gegen andere abgewogenen Gründe dafür, bei dem einmal gefaßten Plan zu bleiben. So bereitete man nur einige größere Stoßtruppunternehmen mit Hubschraubern vor, um zu sehen, ob man ohne Gefahr weiter vordringen könnte. Am Boden waren die am weitesten vorgetriebenen Angriffsspitzen ohnehin in schwere Kämpfe mit den israelischen Gegenstoßkräften verwickelt, die alles daransetzten, eine ägyptische Anschlußoffensive gar nicht erst aufkommen zu lassen — ein Zeichen dafür, wie ernst man in Tel-Aviv nunmehr eine solche Möglichkeit nahm.

Die Ägypter bauten ihre neu gewonnenen Positionen am Kanal aus und kehrten die noch benutzbaren Stellungen der eroberten »Bar-Lew-Linie« nach Osten um. Treibstoff und Munition wurden über das Wasser gebracht, israelische Beutepanzer für einen späteren Triumphzug durch Kairo abgeschleppt und Besichtigungen der Kriegsbeute veranstaltet.

Inzwischen verhandelte die israelische Regierung in Washington über einen Ausgleich der in den ersten Kriegstagen erlittenen Materialverluste und eine Verbesserung der Ausrüstung ihrer Kampfflugzeuge. Der Hauptgrund für Ägyptens Erfolg am Suezkanal war die Überlegenheit der ägyptischen Boden-Luft-Abwehr über die israelischen Luftangriffsverbände. Die sowjetischen Sam-Raketen vor allem hatten den israelischen Kampffliegern einen nur schwer durchbringbaren Feuerschirm entgegengesetzt und damit deren Angriffslust und Angriffswirkung erheblich vermindert.

Dies hätte an sich für die Israelis keine Überraschung sein dürfen, hatte doch gerade Israel im Jahre 1970 auf diese Veränderung des militärischen Kräfteverhältnisses hingewiesen, nachdem die Sowjetunion zu Beginn der Waffenruhe noch Luftabwehrraketen-Batterien auf dem Westufer des Suezkanals aufgestellt hatte. Am 26. Oktober 1970 hatte der damalige Chef des militärischen Nachrichtendienstes in Tel-Aviv, Generalmajor Yarif, die Zahl der in der 50 km breiten Waffenruhe-Zone angelegten Raketen-Feuerstellungen mit schätzungsweise 150 angegeben und gesagt, die israelische Luftaufklärung habe in einer 30 km breiten Zone entlang dem Kanal 30 bis 40 Sam-Batterien zu je 6 Raketenabschußrampen, also 180 bis 240 Raketenschleudern der Typen Sam-2 und Sam-3, ausgemacht. Später wurden Zahlen von 80 bis 100 solcher Batterien genannt, und Präsident Sadat erklärte schon im November 1970, daß die Sowjetunion nach Nassers Tod (am 28. September 1970) die Zufuhr noch verstärkt habe, um Ägypten in

einer kritischen Phase gegen israelische Drohungen zu feien.
General Yarif hatte 1970 auch für den Aufbau der starken Artillerie- und Luftabwehrposition der ägyptischen Armee durch die Sowjetunion eine Erklärung gegeben, die angesichts der Offensive von 1973 besonders interessant für die israelische Einschätzung der ägyptischen Absichten und Fähigkeiten ist:
»[...] Die andere Seite ist daran interessiert, ein Arrangement zustande zu bringen, nicht einen Frieden; sie ist sich völlig darüber im klaren — und zwar zu Recht —, daß es schwerhalten wird, die Israelis für ein solches Arrangement zu gewinnen. Deshalb sollte alles nur Mögliche getan werden, um sie in eine uns überlegene militärische Position am Suezkanal zu bringen, die sie befähigt, Druck auf uns auszuüben. Und zwar mit dem Ziel, uns entweder politisch in die Richtung zu drängen, die uns an den Punkt führt, an dem wir alle unsere Vorteile aufgeben und einen Kompromiß akzeptieren, der für sie vorteilhaft, für uns aber von Nachteil wäre, oder aber, falls dies nicht möglich sein sollte, [...] uns [...] vom Suezkanal zurückzudrängen, und zwar so weit, wie dieser Druck reicht, so daß wir schließlich diesem Arrangement zustimmen müßten. [...]
Um diese überlegene militärische Position zu schaffen, ist es nicht nötig, den Kanal mit starken Kräften zu überqueren. Es ist möglich, sie mittels Überlegenheit in Truppenstärke und Feuerstärke der Waffen zu schaffen. Das Kräfteverhältnis ist schon 12 zu 1 in der Truppenzahl und 20 bis 24 zu 1 in der Feuerstärke. Die Israelis verfügen jedoch über einen Vorteil: die Luftüberlegenheit. Aber diese kann mit einem modernen System von Boden-Luft-Raketen aufgehoben werden, wenn es direkt am Suezkanal in Stellung gebracht wird, so daß es vom Westufer aus in den Luftraum über dem Ostufer hineinreicht. Dies ist das wichtigste Element in der sowjetisch-ägyptischen Strategie [...]«
Ebendies war geschehen, und seit 1970 waren diese Anlagen noch ausgebaut worden. Unmittelbar vor Beginn des Angriffs in der Nacht vom 5. auf den 6. Oktober ließ der ägyptische Kriegsminister General Ismail noch eine größere Zahl der Sam-Batterien in andere vorbereitete Feuerstellungen verlegen. Die Ägypter hatten seither außer den Sam-2 und den Sam-3 auch Sam-5 und ab 1972 auch geländebewegliche Sam-6 (auf Kettenfahrzeugen mit drei Schleudern je Einheit) bekommen und in beträchtlicher Zahl eingeführt. Während der Wartezeit nach der Kanalüberquerung vom 6. bis zum 9. Oktober 1973 zogen sie Sam-6-Batterien auf das Ostufer vor, um ihren Luftabwehrschirm auf dem erweiterten Operationsraum zu entfalten. Aber sie konnten damit nicht dieselbe Dichte, Feuergeschwindigkeit und Feuerkonzentration erreichen, die ihnen der fest installierte Abwehrschirm auf dem Westufer gab.

Die israelische Luftwaffe war zwar mit elektronischem Gerät zur Abweisung von Zielerfassungsradars und von Funkwellen der Boden-Luft-Abwehr ausgestattet, wie es auch die Luftwaffen der europäischen NATO-Staaten besitzen. Aber sie verfügte am 6. Oktober nicht über die modernste US-amerikanische Ausrüstung, die auch die Zielerfassung der Sam-6-Radarstrahlen mit schnell wechselnden Frequenzen stören kann. Die französischen Mirage-III und die US-amerikanischen Skyhawk der Israelis waren dafür nicht vorgesehen, und Israels neue Phantom-Jagdbomber hatten diese Geräte noch nicht empfangen. Bis sie auf dem Luftweg zusammen mit Nachschub an Luftangriffsraketen und Luftkampfraketen aus den USA in Tel-Aviv eintrafen, mußten die israelischen Kampfflugzeuge in eine Luftabwehr fliegen, die sie ungestört erfassen und im Ziel halten konnte. Die Israelis verloren in den ersten Kriegstagen 110 Kampfflugzeuge, davon 25 Phantom (ein Viertel ihres Bestandes).
Die ägyptische Luftwaffe hielt sich zurück. Nach den Eröffnungs-Angriffen am 6. und am 7. Oktober war von ihr über dem Gefechtsfeld auf der Sinaihalbinsel wenig zu sehen. Die Ägypter verließen sich auf ihre Boden-Luft-Abwehr und mieden die Kombination von Luftabwehrwaffen und Flugzeugen, um nicht eine Selbstbehinderung und den Abschuß der eigenen Flugzeuge zu riskieren — ein Fehler, der ihnen später, als die eigene Luftwaffe eingesetzt werden mußte, häufig unterlief. So verlor sie an einem einzigen Tag durch eigenes Feuer nicht weniger als 14 Mig-21 über der Sinaihalbinsel.
Am 10. Oktober — dem Tage, als ausländische Beobachter erstmals das Ostufer des Suezkanals auf ägyptischer Seite besuchen konnten, und zu einem Zeitpunkt, da ägyptische Truppen noch immer ohne nennenswerte Behinderung durch die israelische Luftwaffe über den Kanal setzten und die ägyptischen Kräfte auf dem Ostufer nach amerikanischer Schätzung wenigstens 50 000 Mann stark waren — erklärte Golda Meir in Jerusalem, daß die Ägypter »in der Defensive« seien und daß sich ihre Kräfte bald verbrauchen würden. Sie hätten nur einen schmalen Geländestreifen von 3 bis 5 km entlang dem Kanal in Besitz. Einen Tag später verlautete aus Tel-Aviv, ein israelisches Kommando habe auf dem Westufer ägyptischen Nachschub gestört. Der Übergang von der kurzen Zwischenphase zur alles entscheidenden militärischen Krisis im Clausewitzschen Sinne kündigte sich an. Die Zwischenzeit sollte nur noch zwei Tage dauern.
In Tel-Aviv sprach General Yarif davon, daß sich an der Nordfront »das Verhältnis der Kräfte zugunsten Israels gewendet« habe und die syrische Offensive abgeschlagen worden sei. Die israelischen Truppen hätten die Front »konsolidiert« und hielten solide Positionen. Aber der Krieg könne noch lange dauern. General Herzog kommentierte die Lage mit einer »graduellen Zerstörung der feindlichen Kräfte« und mit

einer »fortschreitenden Desorganisation des gegnerischen Dispositivs auf beiden Seiten des Suezkanals«, räumte aber ein, die Lage der Ägypter erscheine »etwas besser als die der Syrer«, die »bald Mühe haben« würden, den israelischen Vorstoß »nach Damaskus« aufzuhalten.
Die ägyptische Führung schien nun über ihre eigene Zurückhaltung nicht mehr recht glücklich zu sein. Am 11. Oktober gab General Schasli bekannt, nach ägyptischen Beobachtungen befänden sich auf der Sinaihalbinsel etwa 1000 israelische Panzer, von denen 800 schon eingesetzt worden seien. Nach den ersten ägyptischen Erfolgsmeldungen hätte Israel eigentlich keine 1000 Panzer mehr haben können. Schasli gab nun die Zahl der auf der Sinaihalbinsel zerstörten israelischen Panzer mit etwa 400 an. General Ismail forderte Ägyptens Soldaten in einer Ansprache vor Offizieren auf, sich auf den Feind zu stürzen, »um euren Auftrag zu vollenden und jedes Sandkorn, das von den Füßen des Feindes beschmutzt wurde, zu befreien, wie lange auch immer der Feldzug dauern möge. Wir sind sicher, daß euer Vormarsch die Gebiete befreien wird.«
Die ägyptischen Generale begannen von einer großen Panzerschlacht auf der Sinaihalbinsel zu sprechen. General Schasli prophezeite in Kairo am 11. Oktober, nach einem Frontbesuch, daß der »Rest der israelischen Panzer in den nächsten Tagen zerstört« würde. Er mußte in jenem Augenblick wissen, daß das, was er gesehen hatte, noch nicht das Gros der israelischen Panzer gewesen war, sondern daß sich seine Truppen noch immer mit Vorhuten und seit Tagen im Gefecht stehenden Einheiten herumschlugen. In Kairo warnte Heykal, der Chefredakteur der Zeitung *›Al Ahram‹*, seine Leser vor verfrühtem Siegesjubel; der Krieg habe »erst begonnen« und könne für Ägypten »noch Rückschläge bringen«. Militärische Kreise in der ägyptischen Hauptstadt aber sprachen von den Vorteilen des Stellungskrieges, den die israelische Armee weniger gut führen und weniger lange aushalten könne als die arabischen, weil sie an Zahl unterlegen sei und nicht über die nötigen Reserven verfüge.
Während die ägyptische Führung Fallschirmjäger, Hubschrauber und Stoßtrupps auf die Bereitstellungen des Feindes ansetzte, antwortete in der Hauptstadt der ägyptische Außenminister Zayyat auf die Frage, ob er glaube, daß Ägypten Israel besiegen könne: »Offen gestanden, nein.« Kairo diskutierte die Vorzüge des Abnutzungskrieges im Verhältnis zum Blitzkrieg und richtete sich auf einen langen Krieg ein, von dem auch die Israelis sprachen.
Die sowjetischen und die amerikanischen Waffenzufuhren in die beiden Kriegslager nahmen an Umfang und Intensität zu und erreichten über die beiden Luftbrücken jeweils etwa 10 000 Tonnen am Tag. Nach einer Woche hoher Kampfintensität waren Materialverschleiß, Munitionsverbrauch und Verluste zu einem entscheidenden Faktor geworden.

Den ägyptischen Truppen mangelte es ab 9./10. Oktober an Geschossen für ihre Sam-6 und an Sam-7-Flugabwehrraketen, aber auch an Bedienungsmannschaften. Am 9. Oktober trafen etwa 300 sowjetische Soldaten auf dem Flugplatz in Kairo ein. Sie wurden an die Front geschickt.
Die israelische Artillerie hatte den Versuch der Ägypter, den Sam-6-Raketenschirm beweglicher Flugabwehr über den Kanal vorzuziehen, mit Sperrfeuerlagen aus ihren inzwischen herangebrachten 17,5-cm-Kanonen beantwortet. Unter der Wirkung dieses Feuers brachen die Ägypter die Vorverlegung der Sam-6 ab. Die seit dem 9. Oktober auf die Sinaihalbinsel verlegten Sam-6 wurden binnen 24 Stunden wieder abgezogen. Dies war der erste wichtige taktische Erfolg der Israelis noch vor Beginn ihres Gegenangriffs. Zwar hatten die Sam-6 in der Kanalzone weitaus weniger israelische Flugzeuge abgeschossen als die Rohr-Flak, aber sie hatten die Jagdbomber in den besten Wirkungsbereich der Schnellfeuer-Flugabwehrkanonen gezwungen und so eine beträchtliche mittelbare Wirkung in der Waffenkombination gehabt.
Die Ägypter verließen sich aber weiterhin ausschließlich auf ihre Boden-Luft-Abwehr, solange sie dies konnten: Erst vom 15. Oktober an, nach dem israelischen Durchbruch auf das Westufer, mußten die ägyptischen Abfangjäger wohl oder übel eingesetzt werden. Dann verlor die ägyptische Luftwaffe bis zum 22. Oktober wenigstens 100 Mig-21, Mig-17 und Su-7 in Luftkämpfen oder bei der Unterstützung ihrer Truppen. Vom 6. bis zum 14. Oktober hatte sie etwa 60 Flugzeuge, zumeist Jagdbomber der Modelle Mig-17 und Su-7, eingebüßt.
Zu Beginn der zweiten Kriegswoche hatte General Schasli etwa 80 000 Mann auf dem Ostufer und bis zu 1000 Kampfpanzer, die nicht mehr alle gefechtsfähig waren. Seine 3. Armee im Südabschnitt war unter israelisches Artilleriefeuer gekommen. Im Nordabschnitt bei der 2. Armee nördlich Ismailia war die Front vergleichsweise ruhig, obwohl Ismailia unter heftigem Beschuß lag und die israelischen Luftangriffe über dem gesamten Kampfgebiet an Zahl und Wirkung zunahmen. Eine israelische Gegenoffensive kündete sich spürbar an, und sie war nach der Logik des Krieges unvermeidlich.
Am Sonntag, dem 14. Oktober, traten die Ägypter zu ihrer lange erwarteten, oft angekündigten und viel zu lange aufgeschobenen Offensive an. Sie griffen auf breiter Front mit massiven Panzertreffen und Infanterie auf Kampfwagen, Infanterie zu Fuß in dichten Wellen in allgemeiner Richtung nach Osten auf die Bergpässe zu an.
Wie zu Beginn ihrer Kanalüberquerung am 6. Oktober wurden Kommandotruppen in Hubschraubern vor ihren Angriffslinien abgesetzt; und wie am 6./7. Oktober endete das Kommandounternehmen im Vorfeld des Angriffs in einem Desaster. Beim erstenmal hatten die abgesetzten Stoßtrupps weder Proviant noch Wasser und auch keinen

ausführbaren Auftrag gehabt — die Israelis, selbst noch schwach und verwirrt, nahmen die meisten von ihnen gefangen; die übrigen schlugen sich zum Kanalufer durch. Beim zweitenmal trafen die Hubschrauber auf die besetzten Pässe, und die Aktion brach im Abwehrfeuer zusammen.

Der Angriff der Panzer und der Infanterie auf die israelischen Bereitstellungen führte zu einer Serie schwerer Gefechte in kurzer Entfernung von Panzerfront zu Panzerfront, zeitweilig auf eine Duellanten-Distanz von weniger als 100 m. Die weitgefächerte Panzerschlacht, an der die ägyptische Infanterie mit weniger Erfolg teilnahm als am 8./9. Oktober bei ihrem Sagger-Angriff, dauerte mehrere Tage. Aber sie veränderte, zunächst von den Ägyptern nicht bemerkt, vom 15. Oktober an ihre Anlage, während die israelischen Kampfflugzeuge ihre Angriffe auf die Sam-Stellungen auf dem Westufer des Suezkanals konzentrierten und dort die ersten Breschen schlugen, die die Ägypter nicht mehr durch Ersatz schließen konnten. Am Montag, dem 15. Oktober, war die Wucht des ägyptischen Angriffs schon gebrochen, obwohl die einzelnen Angriffsbewegungen fortgesetzt wurden und General Schasli noch immer Verstärkungen in die Schlacht warf. Die Sinaihalbinsel war zu diesem Zeitpunkt zum Feuerofen der ägyptischen Panzerverbände geworden, nicht zum Grab der israelischen.

Die von der Golanfront, 500 km im Norden, seit dem 11./12. Oktober abgezogenen Centurion-Brigaden waren im Sinai eingetroffen. Die verspätete ägyptische Offensive war auf die Angriffsbereitstellungen der israelischen Gegenoffensive gestoßen, hatte diese aber nicht erschüttern können. Die ägyptischen Truppen schlugen sich noch immer bravourös.

Der Ausbildungsstand der Panzerbesatzungen war dank der sowjetischen Instrukteure unvergleichlich höher als der, mit dem die Ägypter sechseinhalb Jahre zuvor aufgewartet hatten: Die ägyptischen T-54/55 feuerten im Stand binnen 20 bis 30 Sekunden gezielt, dann fuhren sie weiter bis zum nächsten Schuß. Von der Stabilisierung der Panzerkanonen, die es erlaubt, im Fahren zu zielen und zu schießen, machten sie keinen Gebrauch, vermutlich deshalb, weil sie das noch nicht gelernt hatten.

Aber die israelische Panzerabwehr tat nun ihre Wirkung wie vorher die ägyptische, allerdings mit dem Unterschied, daß diese Wirkung nachhaltig war und dank der größeren Umsicht der israelischen Truppenführer besser genutzt wurde. Die westlichen Panzerabwehrwaffen zeigten sich den sowjetischen überlegen. Zu diesem Zeitpunkt hatte die ägyptische Luftwaffe auf dem Feld eingegriffen und empfindliche Verluste erlitten, insbesondere auch durch eigene Sam-7, die auf ihre Flugzeuge wie auf alles, was flog, in ganzen Salven abgeschossen wurden.

Bis um 17 Uhr Ortszeit am 15. Oktober blieben die israelischen Panzer auf ihren Positionen, von denen sie seit zwei Tagen die ägyptischen Angriffe abgeschlagen hatten. Um 17 Uhr gingen die israelischen Verbände auf der ganzen Frontbreite zum Angriff über. Angriffsrichtung war Ismailia, und die Ägypter nahmen an, daß der Hauptstoß auf die Stadt etwa auf der Mitte des Suezkanals gehen würde.
In der Nacht schwenkten zwei israelische Panzerbrigaden samt den Pionierverbänden unbemerkt von den Ägyptern, die sich im Nordabschnitt auf die Verteidigung Ismailias konzentrierten, nach Süden ab und stießen zwischen dem Timsah-See südlich Ismailia und dem Deservoir hart am Nordrand des Großen Bittersees auf das Kanalufer, das nicht von einem ägyptischen Brückenkopf gedeckt war. Zudem war hier die Nahtstelle oder besser die Lücke zwischen der 2. ägyptischen Armee im Nordabschnitt und der 3. ägyptischen Armee im Süden der Suezfront.
Um 1 Uhr nachts am 16. Oktober setzten die ersten Infanteriegruppen der Fallschirmjägerbrigade in Schlauchbooten über den Kanal und versteckten sich auf dem Westufer im dichten Gebüsch des für Fahrzeuge nur schwer passierbaren Geländestreifens von etwa 15 km Breite. Ihnen folgten die Pioniere mit dem leichten Brückenbaugerät. Am 16. und am 17. Oktober, während die Schlacht noch auf dem Ostufer fortgesetzt wurde und die Ägypter glaubten, sie könnten den israelischen Angriff in der von ihnen von Anfang an vorbereiteten Abwehrschlacht am Kanal brechen, bauten die israelischen Pioniere ihre drei Brücken, eine einfache Pontonbootbrücke, eine breitere Pontonbrücke für zwei Fahrbahnen und eine dritte Brücke von Flößen.
Bis zum Abend des 17. Oktober hatten die beiden Patton-Brigaden und die Fallschirmjägerbrigade unbemerkt übergesetzt. General Scharon gebot auf dem Westufer über rund 200 Panzer, und eine mechanisierte Infanteriebrigade stand zur Verstärkung bereit. Die Ägypter hatten sein Unternehmen noch immer nicht gestört, weil sie erst am 16. Oktober aus der Mitteilung Golda Meirs am Nachmittag im Parlament zu Jerusalem über »eine israelische Kampfgruppe auf dem afrikanischen Ufer des Kanals« erfahren hatten.
Für das ägyptische Oberkommando kam diese Nachricht so überraschend wie für die Regierung und die Zeitungen in Kairo. Niemand hatte mit einer solchen Operation gerechnet, obwohl doch eigentlich den Israelis, wenn sie den Krieg nicht verlieren wollten, nichts anderes blieb als ein Versuch, die ägyptische Position auf dem Ostufer des Kanals zu durchbrechen oder im Süden zu umgehen, um sie im Rücken zu fassen und einzuschließen.
Am Montag, dem 15. Oktober, hatte die Kairoer Zeitung ›*Al Ahram*‹ eine Lagekarte veröffentlicht, auf der drei Angriffsspitzen der Ägypter in Richtung auf die drei Pässe im Sinai, den Mitla-, den Giddi-

und den El-Ketmia-Paß, eingezeichnet waren. In Tel-Aviv hatte am Vorabend der israelische Militärsprecher General Chaim Herzog erklärt, daß die ägyptische Offensive »sich auf einer breiten Front entwickelt und äußerst heftig ist. Alles läßt darauf schließen, daß die kritische Phase des Krieges an der Südfront begonnen hat«. Der General Narkis hatte dazu bemerkt, die ägyptische Offensive sei nicht über 7 km Distanz vom Kanal hinausgekommen. General Dayan steuerte die Ankündigung bei, daß seine Armee, nachdem die syrische »geschlagen, aber nicht vernichtet« worden sei, sich nun der ägyptischen Front zuwenden könne; der entscheidende Augenblick sei nahe. Dayan sprach von einer »Entscheidungsschlacht im Sinai« und spottete, er wolle nicht in den Stiefeln des ägyptischen Oberkommandierenden stecken.

Die ägyptischen Generale hörten aus solchen Worten nur die Bestätigung ihrer eigenen Vorstellungen, daß nämlich die israelische Armee versuchen würde, sie im Frontalangriff über den Kanal zu werfen. Sie waren sich ihrer Sache immer noch sicher, obwohl ihre eigene zweite Offensive — im Grunde die erste wirkliche Begegnung mit dem Gros der israelischen Panzertruppen — am 15. Oktober, als ihre Meldungen von »großen Geländegewinnen« berichteten, schon abgeschlagen war.

Als Präsident Sadat am 16. Oktober als strahlender Sieger vor das Parlament in Kairo trat und sich in der ordensgeschmückten Uniform des Oberkommandierenden feiern ließ, hatte die »Kampfgruppe Scharon« bereits ihre ersten Infanteriekommandos nach Westen zum Süßwasserkanal vorgeschoben. Sie konnte nun schnell die Straße nach Ismailia, die nahe am Ufer vom Bittersee nach Norden verläuft, und etwas westlich davon die Eisenbahnstrecke unterbrechen, um jede Verbindung zwischen den beiden ägyptischen Armeen am Suezkanal zu durchschneiden, und die Verlegung von Panzerverbänden von Norden an diesen Abschnitt mit ihren Panzerabwehrwaffen verhindern.

Sadat wußte von diesem Vorstoß noch nichts, denn die Befehlshaber der 2. und der 3. Armee an der Front hatten zu dieser Zeit davon noch nichts gehört und wähnten den Feind noch immer vor ihren Truppen, aber nicht am Kanal, geschweige denn in ihrem Rücken. Die erste Reaktion in Kairo auf die dürre Erfolgsmeldung der israelischen Ministerpräsidentin war ein Gemisch von Ungläubigkeit und Erheiterung. Also ging es den Israelis schon so schlecht, daß sie zu solchen rhetorischen Ausflüchten gezwungen waren, um ihrem Parlament eine gute Nachricht zu bieten? Generalstabschef Schasli machte sich immerhin auf zur Front und fuhr zwei Tage lang von Gefechtsstand zu Gefechtsstand, um ein Bild von der Lage zu gewinnen. Während seiner Abwesenheit fielen in Kairo keine Entscheidungen über die weitere Kriegführung, denn man wartete auf seinen Bericht. Am 17. Oktober ver-

meldete um 19 Uhr in Kairo das militäramtliche Kommuniqué, daß seit Sonnenaufgang »heftige Kämpfe im Mittelabschnitt« der Suezkanalfront entbrannt seien und daß »der Feind sehr schwere Verluste an Panzern und anderen Panzerfahrzeugen erlitten« habe. Im Südabschnitt würden die ägyptischen Truppen »heftig bedrängt«. Aber nichts war über die Anlage dieser Kämpfe zu erfahren. Dagegen behauptete das ägyptische Oberkommando, daß seine Heeresstreitkräfte am Kanal »große Siege errungen« hätten. Zur selben Stunde erklärte in Tel-Aviv General Narkis, daß die auf das Westufer durchgebrochene israelische Kampfgruppe (General Scharons kombinierter Panzer-Infanterie-Verband) noch immer im Rücken der Ägypter operiere und »alles zerstört, was sie auf ihrem Weg findet, Befehlsstände eingeschlossen«. Ägyptische Gegenangriffe seien abgeschlagen worden. Auf dem Ostufer »verringert sich das von den Ägyptern gehaltene Gebiet«. Eine Stunde später kommentierte der israelische Generalstabschef Elazar die Situation an der Suezfront: »Die große Offensive hat noch nicht begonnen, aber die Lage ist gut. Wir haben jetzt die Initiative auf dem Ostufer und auf dem Westufer des Kanals. Wir kämpfen jetzt dort, wo wir kämpfen wollen, und auf unsere Art, so wie wir unsere Kriege immer gewonnen haben.« Das israelische Kommuniqué meldete 90 bis 100 zerstörte ägyptische Panzer.
Um 22 Uhr meldete sich in Kairo der Sprecher des ägyptischen Generalstabs mit einer Bilanz zu Wort. Er erklärte: »Die israelische Einheit, die auf das Westufer des Kanals eingesickert ist, wurde vernichtet.« Die Israelis hätten an der Suezfront insgesamt 269 Flugzeuge, 492 Panzer, 18 Landungsboote und 15 Hubschrauber verloren. Die ägyptischen Truppen seien »in einer Tiefe von 12 bis 15 km ins Innere der Sinaihalbinsel vorgerückt, an manchen Stellen sogar 16 km«. Für jedermann, der die Berichte aus Kairo bis dahin gelesen hatte, war nun klar, daß die Ägypter am Kanal in die Defensive gedrängt waren und daß ihre früheren Erfolgsmeldungen seit dem 14. Oktober, dem Tag des Beginns ihrer Offensive in Richtung auf die Pässe, falsch gewesen waren. Die angegebenen israelischen Flugzeugverluste waren Phantasiegebilde, während die Meldungen über Panzerverluste schon eine verhüllte Berichtigung früherer ägyptischer Angaben waren; denn wenn die Israelis an der Südfront bis zum 17. Oktober nur 492 Panzer verloren hätten, dann hätten sie seit dem 14. Oktober in der »größten Panzerschlacht der Geschichte« höchstens 92 Panzer eingebüßt — von 400 zerstörten israelischen Panzern hatte Generalstabschef Schasli schon nach seinem Truppenbesuch am 11. Oktober gesprochen.
Die schweren Kämpfe im Mittelabschnitt, von denen beide Seiten berichteten, gingen um die Eindämmung oder Ausweitung des israelischen Durchbruchs über den Kanal am Nordrand des Großen Bittersees und erfaßten die Front bis nahe Ismailia weiter im Norden und

den Westrand des Sees in südlicher Richtung. Der Druck auf den Südabschnitt, von dem Kairo berichtete, bedrängte Ägyptens 3. Armee, deren Uferstellung noch von Osten und von Süden, bald auch im Rücken, von Nordwesten, durch Scharons Kampfgruppe in Gefahr kommen sollte. Die Einschließung der 3. Armee zeichnete sich ab.
Am 18. Oktober hatte die Kairoer Zeitung ›*Al Akhbar*‹ noch berichtet, der israelische Gegenangriff sei zurückgeschlagen worden, und die ägyptischen Truppen hätten »Erfolge in allen Kämpfen im Südabschnitt des Sinai errungen«, während über die Schlacht im Mittelabschnitt des Kanals nur gesagt wurde, daß dort heftige Kämpfe tobten. Mittags lüftete das israelische Oberkommando einen Zipfel des Schleiers über diesen Kämpfen, als es sagte, kombinierte Luft- und Panzerangriffe zerstörten mit Artillerieunterstützung »die Stellungen der Luftabwehrraketen«, während am Nordabschnitt »relative Ruhe« herrsche.
An diesem 18. Oktober wurde nun das Ausmaß des israelischen Durchbruchs und des Brückenkopfes auf dem Westufer deutlich. In Wirklichkeit handelte es sich schon nicht mehr um einen Brückenkopf mit festem Perimeter, sondern um eine sich schnell ausweitende raumgewinnende Operation westlich des Kanals. Während die ägyptischen Kommuniqués in Kairo nur noch von der Einschließung der Israelis auf dem Westufer und von den heftigen Kämpfen auf dem Ostufer sprachen, hielt das ägyptische Oberkommando noch bedeutende Eingreifreserven der 1. Armee bereit, die in den folgenden Tagen bis zur Waffenruhe vergeblich versuchen sollten, die israelische Panzerjagd auf dem afrikanischen Ufer einzudämmen.
In Tel-Aviv gab General Narkis bekannt, die Ägypter seien auf dem Ostufer bis auf 5 bis 10 km zurückgedrängt — eine leichte Berichtigung seiner früheren Aussage, daß sie überall auf 3 bis 7 km reduziert wären. Der General erkannte an, daß die ägyptischen Truppen heftigen Widerstand im Südabschnitt leisteten und die israelischen zu »außergewöhnlichen Anstrengungen gezwungen« hätten, um diesen Widerstand zu »brechen«.
Am Abend sprach General Bar Lew von der »dritten Phase«, und General Dayan verkündete, die Kampfgruppe Scharon werde »bis zum Ende des Krieges auf der Westseite des Kanals bleiben« und habe den Auftrag, die Luftabwehrraketen und die Artilleriestellungen der Ägypter westlich des Kanals zu zerstören, den Rückhalt der ägyptischen Front zu brechen, die rückwärtigen Verbindungen abzuschneiden und später »andere Aufgaben« zu übernehmen. Dayan besichtigte dann die Truppen auf dem Westufer mit deren Kommandeur, General Scharon.
Die ägyptischen Kommuniqués verlautbarten nun, die israelischen Angreifer seien auf dem Westufer »in mehreren Sektoren eingekesselt«, eine Erfolgsmeldung, die die früheren Behauptungen, die eingedrun-

gene Einheit sei »eingeschlossen und vernichtet«, dementierte.
Am frühen Morgen des 19. Oktober behauptete Kairo schließlich: »Die israelische Gegenoffensive im Mittelabschnitt der Sinaifront ist abgeschlagen und gebrochen. Der Feind hat sehr schwere Verluste an Menschen und Material erlitten. Die Israelis haben alle ihre Kräfte in diesen Kampf am Mittelabschnitt der Front geworfen.« Diese Front wurde als »westlich der Gipfel Mitla und Giddi« situiert, westlich der Pässe also, die die erklärten Ziele der ägyptischen Offensive vom 14. Oktober gewesen waren und die die Ägypter niemals erreicht hatten. Dort habe die ägyptische Armee ihre Positionen konsolidiert.
Die Zeitung ›*Al Ahram*‹ malte diese auf der Karte nicht bestimmbare Front noch in grellen Farben aus: Auf der Sinaihalbinsel, »diesem Sprungbrett für künftige Etappen«, seien »die schwersten Panzerkämpfe der Kriegsgeschichte« im Gange. Eine »wilde und hartnäckige Schlacht« tobe dort. Weiter hieß es: »Der Feind nimmt auf Verluste nicht mehr Rücksicht und wirft immer neue Kräfte in die Schlacht, um die zu ersetzen, die vernichtet wurden. Seine Luftwaffe ist unfähig, wirksam einzugreifen, weil das Abwehrfeuer seine Flugzeuge nicht durchdringen läßt.« Dies waren die letzten Hurras für die ägyptische Sinai-Armee.
In Tel-Aviv verglich General Herzog die Schlacht am Kanal mit einem »Kampf der Titanen« und richtete die Blicke auf das Ostufer, wo die israelischen Truppen eine breite Bresche in die ägyptische Kanalfront geschlagen hatten und die 3. ägyptische Armee im Süden bedrängten. Zumindest in diesem Punkte stimmten die Wertungen der beiden Seiten für die Öffentlichkeit überein: Die Hauptschlacht wurde auf der Sinaihalbinsel geschlagen. Die Ägypter behaupteten zwar immer noch, daß sie die israelische Kampfgruppe auf dem Westufer eingeschlossen hätten, sprachen aber jetzt von einem »Ablenkungsmanöver des Feindes«, der versuche, seine Niederlage im Sinaigebiet zu verdecken. Dieses »Unternehmen Westufer« verdiente laut ›*Al Ahram*‹ vom 20. Oktober »die Aufmerksamkeit bei weitem nicht, die ihm geschenkt wird«.
Zu jener Zeit näherten sich General Scharons Panzerspitzen schon gefährlich den Ost–West-Verbindungsstraßen von Ismailia und Suez nach Kairo. In der Nacht zum 20. Oktober war der Großangriff der von Kairo in das Kampfgebiet gezogenen Panzer der 1. ägyptischen Armee und anderer auf dem Westufer des Kanals stehender ägyptischer Reserven, die für die Fortsetzung der Offensive auf der Sinaihalbinsel bereitgehalten worden waren, im zweiten Anlauf gescheitert. Das ägyptische Oberkommando hatte nun kaum noch ausreichende Kräfte, um seine schwankende Kanalfront zu stärken.
Am 19. Oktober hatte Kossygin Kairo verlassen, nachdem er Sadat für das Prinzip einer Waffenruhe gewonnen hatte. Der ägyptische Staatschef hatte in Gegenwart des sowjetischen Regierungschefs schließ-

lich die wirkliche Lage seiner Sinai-Armee erkannt. Noch konnte sie vor der Einschließung bewahrt werden — allerdings nur dann, wenn die Kämpfe binnen weniger Tage neue ägyptische Erfolge brächten oder abgebrochen würden. Noch immer versuchte Generalstabschef Schasli den Einbruch auf dem Westufer zu bereinigen und widersetzte sich deshalb heftig einem Abbruch der Kampfhandlungen. Die ägyptische Armee hatte Selbstvertrauen gewonnen und wollte nicht an die Gefahr einer Niederlage glauben.

In dieser Gesinnung, nach sechs Tagen schwerer und verlustreicher Kämpfe (vom 14. bis zum 19. Oktober), zeigte sich der Unterschied zu den schnell entmutigten Soldaten und kampfscheuen Offizieren früherer Kriege am klarsten: Die neue ägyptische Armee mochte in der Ausbildung an den modernen Waffen noch nicht wirklich kriegsbereit gewesen sein, ihre Gefechtsbereitschaft mochte zu wünschen übriglassen, ihre operativen Fähigkeiten waren sicherlich noch rudimentär und schnell wechselnden Situationen nicht gewachsen; aber sie hatte Herz. Ihr Kampfgeist war weit größer als ihre geistige Beweglichkeit. In diesem Wandel liegt das größte Versprechen für die Zukunft. Dieses Versprechen beschwört für Israel die größte Gefahr herauf, denn alle anderen Kampfeigenschaften lassen sich erlernen.

Unbeeindruckt von ihren eigenen Verlusten oder schon zu verzweifelt, um noch darauf zu achten, taten die ägyptischen Generale genau das, was sie den Israelis eben noch als Zeichen eines vergeblichen Ansturms zugeschrieben hatten: Sie begannen, ihre Reserven ins Feuer zu werfen, ohne daß sie einen neuen Plan, eine operative Idee gehabt hätten, wie sie sich aus ihrer Zwangslage lösen könnten. Sie versuchten es mit Energie, aber ohne Phantasie, mit Masse, aber ohne Kunst, mit einem Berserkerangriff, der die Replik auf den israelischen war. Nur bestand zwischen beiden der unausgleichbare Unterschied, daß die Israelis sinnvoll operierten und taktische Ziele hatten, von denen aus das Manöver sich weiter entfalten, die Schlacht auseinanderziehen und in neue Richtungen konzentrieren konnte, während der ägyptische Ansturm auf dem Westufer sein sich schnell bewegendes Ziel, die feindlichen Panzergruppen, nicht zu fassen bekam und dabei immer wieder in den Flanken angegriffen oder abgeschnitten wurde, so daß eine zusammenhängende Operation nicht mehr zustande kam. Eine Vereinigung mit den noch auf dem Ostufer kämpfenden Truppen der 3. Armee im Süden war nicht möglich, solange die Israelis den Zugang nördlich des Großen Bittersees besetzt hielten und nach Westen hin offensiv kämpfen konnten.

Es ist nicht sicher, daß der israelische Vorstoß so gut gelungen wäre, wenn die Ägypter früher auf seine Bedeutung aufmerksam geworden wären. Allerdings ist es unfaßlich, daß Generale, die bei Briten und Russen in der Schule waren, die Rommels und Mansteins Operationen studiert und die moderne Kriegsgeschichte samt allen militärischen Theorien gelernt hatten, einen gegnerischen Stoß in der Mitte ihrer Front, dazu noch zwischen zwei selbständig operierenden eigenen Armeen (Armeekorps), nicht sofort als eine zentrale Lageveränderung und als Bedrohung ihres Dispositivs erkannten.

Die Lücke in der ägyptischen Kanalfront, die die Israelis schon am 12./13. Oktober erkannt haben mußten, also noch vor Beginn der ägyptischen Offensive vom Morgen des 14. Oktober, war dem Gegner wohl als ein Gottesgeschenk erschienen. Auch er hatte sich gegen die Ägypter schwer genug getan und viel mehr Zeit gebraucht, als gut für ihn war. Die Erleichterung in Elazars oben zitierten Worten vom 17. Oktober war unüberhörbar, als der Generalstabschef sagte, seine Armee kämpfe nun dort, wo sie kämpfen wolle, und auf ihre Art, eine Anspielung auf den Bewegungskrieg.

Der Horror vor dem Stellungskampf mit Panzern auf breiter Front und in massiven Konzentrationen, die aus kurzer Entfernung aufeinander schießen wie Duellanten, war dem israelischen Generalstabschef dabei deutlich anzumerken. Die Araber hatten in Syrien wie auf der Sinaihalbinsel Israels Armee zu einem Krieg gezwungen, in dem die Vorteile der operativen Phantasie und der überlegenen taktischen Beweglichkeit und Flexibilität sich nicht voll auswirken konnten, weil der Stahlhagel der Materialschlacht die Finesse erschlug.

Mit dem Durchbruch hatte Israels Panzertruppe die Freiheit der modernen Kavallerie wiedergefunden und die Überlegenheit der Artilleriefeuerkonzentrationen auf der ägyptischen Seite erst unterlaufen, dann durchbrechen und schließlich auflösen können.

Daß noch am 20. Oktober in Kairo der General Ezzedine Mukhtar öffentlich von einer »geringfügigen Zahl feindlicher Panzer« auf dem Westufer sprach, um die Bevölkerung zu beruhigen, mochte angehen. Daß aber Kreise des Generalstabs sich noch die Frage stellten, was die Israelis eigentlich mit diesem Vorstoß bezweckten, und den Kommentar gaben, die Operation sei »vor allem von psychologischem Interesse für Israel«, macht das ganze Ausmaß an Unwissenheit und Unverständnis deutlich. Das ägyptische Oberkommando war anscheinend mit Blindheit geschlagen — oder es war immer noch nicht zutreffend über die Lage an der Suezfront unterrichtet. Denn wie immer man die Stärke und die Gefährlichkeit dieses Husarenangriffs der israelischen Panzergruppe und der israelischen Infanterie beurteilen mochte: Wenn die israelische Armee zwischen dem Großen Bittersee und Ismailia auf einiger Frontbreite am Kanal stand und den Brückenkopf verstärken konnte, würde Scharons Kampfgruppe eine Speerspitze an einem Schaft werden und Kampfkraft gewinnen. Je breiter die israelische Front am Ufer wurde, desto gefährlicher mußte die Lage für die beiden ägyptischen Korps auf dem Ostufer und für die ägyptische Landesverteidigung zwischen dem Kanal und dem Nil werden.

Sicherlich hatten die Ägypter noch zwischen dem 18. und dem 20. Oktober vorgeprellte Kampfspitzen weiter östlich im Sinaigebiet, als die israelischen Sprecher in Tel-Aviv wahrhaben wollten, insbesondere im Süden, zum Mitla-Paß hin. Aber die Entscheidung mußte nach der Anlage der Kämpfe und gemäß den ägyptischen wie den israelischen Lageberichten in der Mitte fallen, nicht im Süden oder im Norden der Front.

Kossygin hatte in Kairo allem Anschein nach den Entschluß gefaßt, sofort Verhandlungen mit der US-Regierung über ein Waffenruhegebot des UN-Sicherheitsrates aufzunehmen. Die ägyptische Zustimmung wurde nicht öffentlich mitgeteilt; sie war bedingt und mit Vorbehalten versehen. Präsident Sadat konnte nicht einfach von seiner am 16. Oktober vor dem Parlament eingenommenen Position abrücken. Auch war die Bataille weder auf der Sinaihalbinsel noch auf dem afrikanischen Ufer ausgestanden. Das ägyptische Oberkommando belagerte den Präsidenten, er solle der Armee die Zeit geben, den Einbruch zu beseitigen und die Oberhand wiederzugewinnen. Aber inzwischen dürften die sowjetischen Militärs in Moskau die Ergebnisse der eigenen Aufklärung vom Kriegsschauplatz empfangen haben — Informationen der Aufklärungssatelliten, die sie zu diesem Zweck auf geeignete Erdumlaufbahnen gebracht hatten, Luftbilder, die ihre neuen Mig-25 in großer Höhe aufgenommen hatten und die Frontverlauf und Bewegungsachsen recht genau zeigen konnten, schließlich die Berichte von sowjetischen Offizieren, die vom 17. Oktober an das Kampfgebiet in Augenschein genommen hatten. Diese Informationen mußten sie von der bedrohlichen Lage überzeugt haben, in die Ägypten gekommen war.

Scharons Truppen griffen nun zunächst nach Norden westlich von Ismailia und nach Süden in Richtung auf den Flugplatz Fayid an, den sie einnahmen. Sie hatten die Straße nach Ismailia und die Eisenbahnstrecke besetzt und damit begonnen, die ägyptischen Feuerstellungen und Radaranlagen zu zerstören. Dies erleichterte wieder den israelischen Kampfflugzeugen ihre Angriffe auf die Flanken der beiden ägyptischen Armeen und auf deren rückwärtige Verbindungen, weil die Heerestruppen ihnen eine Einflugschneise schlugen, die sich von Stunde zu Stunde etwas verbreiterte. Am 18. Oktober hatte das ägyptische Oberkommando die Bedeutung des israelischen Vorstoßes und der schon mit starken Kräften aufgefüllten »Tasche« auf dem Westufer endlich erkannt. General Schasli setzte seine letzte Panzerdivision ein, die 21., die zum 1. Armeekorps und zur Deckung Kairos gehörte. Er befehligte den Panzerangriff selbst und erlitt damit eine persönliche Niederlage. Die auf dem Westufer als Eingreifreserve verbliebene

15. schwere Panzerbrigade wurde auch zurückgeworfen; sie verlor einen Teil ihrer neuen T-62-Panzer und mußte sich zurückziehen, um die übrigen zu retten. Den Israelis fielen große Mengen Panzerkanonenmunition, Sam-Raketen und Sagger-Panzerabwehrraketen in die Hände, die aus den sowjetischen Lufttransportreserven herangeführt worden waren. Die israelischen Panzer schwärmten rasch aus, und am 20./21. Oktober machte eine Gruppe einen ersten Vorstoß bis zur Straße Suez–Kairo im Süden, ohne sich jedoch dort aufzuhalten. Auch die Straße Ismailia–Kairo im Norden wurde samt dem Flugplatz westlich Ismailia von den israelischen Angriffsspitzen bedroht, jedoch nicht unterbrochen. Die Israelis blieben im Süden der Ost–West-Verbindung Ismailia–Kairo, aber sie standen weit westlicher der Südwest-Verbindungsstraße nach Kairo, und sie beherrschten die Eisenbahnlinie von Suez nach Kairo weiter nordwestlich in der Wüste. Die rückwärtigen Verbindungen der 3. ägyptischen Armee kamen in ihre Reichweite. Eine Verstärkung der Truppen auf der Sinaihalbinsel zur Fortsetzung von Angriffsoperationen war nun nicht mehr möglich, solange der Keil nicht zersplittert war. Aber inzwischen drängten die Israelis auf dem Ostufer nach und weiteten den Einbruch und damit die Lücke zwischen den beiden ägyptischen Armeen aus.
An einen militärischen Sieg im Sinaigebiet war von nun an für die Ägypter nicht mehr zu denken. Es kam für sie nur noch darauf an, ihre Stellungen zu halten und sich nicht in zwei Kesseln einschließen zu lassen. Auch weitere Angriffe gegen Scharons Stoßkeile brachten nichts ein. Das Ende ließ sich nun absehen: Die ägyptische Armee hatte sich in eine Lage bringen lassen, in der sie manövrierunfähig war und selbst ihre größte Stärke, die größere Zahl, nicht in Angriffskraft umsetzen konnte, weil Konzentrationen und Verstärkungen nicht mehr möglich waren und der Rückhalt verloren war.
Ägyptens starke Verteidigungsposition auf dem Westufer des Kanals war im Zentrum aufgebrochen. Die Truppen nördlich von Ismailia konnten nicht mehr im Süden eingreifen, die am Nordrand des Großen Bittersees konnten nicht mehr nach Norden hin kämpfen, und der See selbst spaltete das ägyptische Dispositiv noch einmal auf, so daß sowohl die Nord–Süd- als auch die Ost–West-Verbindung unterbrochen waren. Die ägyptische Armee war von einem neuen Desaster bedroht. Die Israelis hatten durch ein klassisches Manöver zum erstenmal einen operativen Durchbruch in die Freiheit des raumgreifenden Bewegungskrieges zustande gebracht.
Dies hätten die arabischen Armeen um jeden Preis verhindern müssen — was den Syrern trotz schwerer Verluste auch gelungen war: Die israelischen Panzertruppen hatten, vom Golan herabdrängend, keine Bewegungsfreiheit für die Panzerkriegführung mit Stoßkeilen und Umfassungen gefunden. Deshalb konnten sie in Syrien weder eine

Entscheidung erzwingen noch bis vor Damaskus vorstoßen — an der Nordfront des Krieges war Mitte Oktober ein beidseitig konsolidiertes Patt im strategischen Schach entstanden. Im Süden wäre dies zum Vorteil der Ägypter nur dann möglich gewesen, wenn sie die israelische Gegenoffensive an den Höhen und in der Wüste zwischen den Höhen und der Küste, also etwa 30 bis 60 km östlich des Kanalufers abgefangen oder aus dem Stand in ihrer etwa 7 bis 15 km breiten Uferstellung aufgehalten hätten.

Für eine tiefgestaffelte Abwehr hatte es der ägyptischen Sinai-Armee an Raum gefehlt, nachdem sie zu spät die Offensive wiederaufgenommen hatte und dabei schon auf die Angriffsformation der Israelis gestoßen war — und dazu noch unvorbereitet. So blieb für die große Abwehrschlacht nur die Uferstellung selbst. Diese Stellung hatte den Vorteil, daß sie im Sperrfeuerschutz der schweren Artillerie und des festen Luftabwehrschirms auf dem Westufer des Kanals lag. Aber diesem Vorteil stand ein gefährlicher Nachteil gegenüber: Das Glacis für eine bewegliche Verteidigung gegen Panzerangriffe und Infanterie war viel zu schmal; es fehlte die Sicherheitsdistanz zum Ufer, die Marge auf dem Terrain, in der feindliche Vorstöße aufgefangen werden können, ehe sie einen Durchbruch durch den Rückhalt der Abwehr erzielen.

Mit einem natürlichen Hindernis im Rücken — wie dem Großen Bittersee oder dem 80 bis 135 m breiten Kanal — hat eine Armee in Abwehrstellung nicht genügend Manövrierfreiheit, wenn sie Einbrüche des Angreifers abriegeln und Gegenstöße führen muß. Da die Ägypter ihre Verstärkungen und ihren Nachschub über das Wasser heranführen mußten, während die Israelis auf der Sinaihalbinsel freien Rücken hatten und ihre rückwärtigen Verbindungen vom Feind nur unerheblich gestört wurden, waren die Ägypter auf dem Westufer des Suezkanals nun im Nachteil.

Ihre Brücken lagen unter direktem, gezieltem Feuer vom Boden her. Ihre Front wurde aus der Luft und am Boden von den Panzerschwärmen des Gegners angegriffen. Ihre Uferposition wurde von der nachgezogenen Feldartillerie der Israelis eingedeckt.

Ihre eigene Luftwaffe mußte nun über einem Gefechtfeld eingreifen, auf dem Freund und Feind ein Kreuzfeuer gegen die Flugzeuge schossen. Die überlegene fliegerische und luftkampftaktische Kunst der Israelis wirkte sich sofort aus, und die geringere psychische Stabilität der ägyptischen Flugzeugführer trug dazu bei, daß ihre Leistungen rasch absanken.

Der Kampf auf dem für die ägyptische Sinai-Armee viel zu schmalen Gefechtfeld unter eigener Kontrolle war in Wahrheit für die Ägypter von Anfang an aussichtslos gewesen. Sie waren ausmanövriert und standen sich selber im Weg. Jeder israelische Vorstoß bis ans Wasser mußte ihr Dispositiv zerhacken, ihre Einheiten voneinander trennen und ihren Nachschub desorganisieren, soweit er überhaupt auf das Ostufer gelangte. Eine einheitliche Führung war nicht mehr möglich, und selbst die Verständigung zwischen den Verbänden war gestört. Umgruppierungen und neue Bereitstellungen für größere Gegenangriffe, Ausweich- und Umgehungsmanöver waren mangels Raumes nicht möglich. Zudem konnte die israelische Infanterie über kurze Entfernungen angreifen und das von rückwärts vorgelegte Sperrfeuer unterlaufen, das auch nicht weiter zum Ufer hin verlegt werden konnte, weil es dann die eigenen Einheiten getroffen hätte.

Die ägyptischen Generale hatten sich und ihre Truppen zu früh mit Lorbeeren bedeckt. Ihre Soldaten hatten gut gekämpft, ihre jungen Unteroffiziere und Truppenoffiziere, die zum größten Teil von Studenten und Abiturienten gestellt wurden, hatten die neuen sowjetischen Waffen gut eingesetzt. Ägypten hatte eine ordentliche und begeisterte Armee, wenn auch noch immer keine Truppe, deren Leistungsfähigkeit unter Druck und während längerer Zeit der Kampfkraft und der Gefechtstüchtigkeit der Israelis Paroli bieten konnte — wie sich zeigte, sobald die Ägypter in ernste Schwierigkeiten gerieten.

Aber die höhere Führung hatte trotz der intensiven sowjetischen Ausbildung und der präzisen Ratschläge der sowjetischen Generalstabsoffiziere seit 1967 mit den Verbesserungen der Truppe nicht Schritt gehalten. Generalstabschef Schasli war ein fähiger General und ein Mann mit klarem Blick. Deshalb hatte er stets einen durchgehenden Vorstoß bis zu den Pässen gefordert. Aber er war unterlegen und mußte nun versuchen, aus einer ungünstigen Lage das Beste zu machen. Das Beste war nicht gut genug.

Die Ägypter hatten es versäumt, für das »Unternehmen Badr« einen Oberkommandierenden zu bestellen. Sie waren über den Kanal unter der direkten Leitung des Generalstabes mit zwei Armeen vorgerückt und hatten diese auf zwei aneinandergrenzenden Frontabschnitten eingesetzt. Wie meistens im Krieg war die Naht zwischen den beiden Armeen ungenau und die Verbindung lasch. Der erste israelische Vorstoß zum Ufer und, hart am Nordrand des Großen Bittersees, über den Kanal hinweg riß sie auf. Unterhalb des Generalstabschefs gab es keine Befehlsebene, die den beiden Armeen eine Führung geben konnte. So konnten die Anstrengungen dieser Armeen nicht koordiniert werden.

Zudem waren Operationsführung und Organisation den Schwierigkeiten des selbstgewählten Schlachtfeldes bei weitem nicht gewachsen. Seit Menschengedenken weiß jeder gelernte Soldat, daß eine Schlachtaufstellung mit dem Rücken zu einem See, einem Fluß oder einem Gebirge gefährlich ist, daß man sich dabei selbst einschließen kann und daß ein geordneter Rückzug ebenso schwierig ist wie der Nachschub und die Verstärkung. Wie sollten die Reserven herangeführt

werden, sobald die Uferposition nicht mehr sicher war oder der Gegner mit operationsfähigen Kräften auf der anderen Seite, das heißt in der Flanke und im Rücken stand?
Die Kriegsgeschichte ist angefüllt mit solchen Beispielen der Selbstbesiegung durch falsche Positionswahl. Alle Kriegsakademien kennen sie, angefangen von der Schlacht am Issus im Jahre 333 vor Christus, in der das große persische Heer zwischen dem Fluß vor sich und der Bergwand hinter sich auf viel zu kleinem Raum für seine große Zahl das Opfer seiner eigenen Unbeweglichkeit wurde, nachdem Alexander über den Issus durchgebrochen war.
So geschah am Suezkanal zwischen dem 13. und dem 18. Oktober, was in solchen Lagen im Zustand der Verwirrung und unübersichtlicher Verhältnisse an den Flanken meist zu geschehen pflegt: Die Befehlshaber der beiden ägyptischen Armeen (die nach Beginn der Waffenruhe abgelöst und zum Generalstab kommandiert wurden) sahen vor sich auf den Feind, nicht aber auf ihre aufgelöste Naht zwischen ihren Frontabschnitten und arbeiteten den Israelis in die Hände. Sie berichteten auch nicht rechtzeitig über den Erfolg des israelischen Stoßes auf das Westufer, dessen Bedeutung Präsident Sadat noch nicht klar war, als er am 16. Oktober seine große Rede vor dem Parlament in Kairo hielt. Auch auf der oberen Ebene waren die Befehlsverhältnisse unübersichtlich: Titularoberkommandierender war Kriegsminister Ismail, der auch dem Generalstabschef die Direktive für den Kriegsplan gegeben hatte. Er kommandierte von einem Bunker bei Kairo. Aber Präsident Sadat, selbst ehemaliger Berufsoffizier, behielt sich die letzte Entscheidung vor. Er hielt sich in Kairo auf. Die Entschlüsse wurden fern von der Front gefällt, und der Weg der Entscheidung war lang wie der Befehlsweg. Schnelle Reaktion war ausgeschlossen. Auch der sowjetische Ministerpräsident Kossygin, der an jenem Tag nach Kairo gekommen war und bis zum 19. Oktober mit Sadat über die weitere gemeinsame Politik beriet, hatte zunächst noch keine richtige Vorstellung von der militärischen Situation. Die Ägypter sprachen noch immer von Abnutzungskrieg und von ihren Erfolgen auf der Sinaihalbinsel. Von einer Waffenruhe wollten sie noch nichts wissen. Sadat hatte Israel mit Raketenbeschuß seiner Städte gedroht, falls die israelische Luftwaffe ihre Angriffe gegen ägyptische Städte oder Ziele in Städten fortsetzen würde. Er forderte die vollkommene Befreiung der besetzten Gebiete, womit er den Appell an seine Truppen verband, ihre Offensive über die Sinaihalbinsel bis zu deren Rückeroberung fortzusetzen — ein Ziel, das er zu Beginn des Krieges nicht gesteckt hatte.
Das Urteil im ägyptischen Generalstab, die Lage sei »ernst, aber nicht kritisch«, wurde in Moskau anscheinend nicht akzeptiert. Jedenfalls hatte die Sowjetregierung sich vertraulich an Washington

gewandt und Präsident Nixon ersucht, seinen Außenminister nach Moskau zu entsenden. Zunächst wurde die Reise Henry Kissingers in der internationalen Presse als eine amerikanische Initiative dargestellt; erst später wurde bekannt, daß die Sowjets sie veranlaßt hatten. Das Ergebnis von Kissingers Moskauer Beratungen mit Gromyko und Breschnjew am Wochenende vom 20./21. Oktober kam dem weiteren Vorstoß der israelischen Panzer im Rücken der Ägypter bis an die Straßen nach Kairo eben noch zuvor. Nach Berichten vom Kriegsschauplatz, die am 21. Oktober bei der NATO im Brüsseler Hauptquartier eingingen, sollen die israelischen Spitzen damals bereits am Flugplatz westlich von Ismailia und, weiter im Süden, am Westufer des Großen Bittersees bis nördlich von Suez gestanden sowie die Straße von Ismailia nach Suez samt dem Flugplatz Fayid besetzt gehabt haben. Die nahe Straße Kairo–Suez war nun in ihre unmittelbare Feuerreichweite gekommen. Die Ägypter bestritten, daß diese Positionen vor Beginn der Waffenruhe am 22. Oktober 18 Uhr erreicht worden seien. Tatsächlich war die Straße Ismailia–Kairo westlich von Ismailia während der ganzen Zeit heftig umkämpft. Die israelischen Kräfte auf dem westlichen Kanalufer waren zu schwach, um die Stadt einzuschließen oder auch nur die Straße zu halten. Ein Angriff gegen die 2. ägyptische Armee im Nordabschnitt hätte deshalb erst nach dem Ende der geplanten Kesselschlacht zur Vernichtung der 3. ägyptischen Armee im Südabschnitt beginnen können. Die 2. Armee hatte noch gut 300 Panzer und eine feste Stellung um Ismailia. Die Israelis begrenzten also ihre Nordflanke an der Straße Ismailia–Kairo und hielten diese Linie mit einiger Mühe.
Der Streit um die Waffenstillstandslinie vom 22. Oktober war militärisch ebenso belanglos wie die Tatsache, daß die Israelis zu Beginn ihrer Infiltration auf das Westufer am Großen Bittersee 1967 erbeutete sowjetische Panzer einsetzten. Beides, die aktuelle Position zu Beginn der Waffenruhe wie die Wirkung der Kriegslist zu Beginn ihres Vorstoßes, war von untergeordneter Bedeutung im Verhältnis zur Dynamik ihrer Operation. Wesentlich ist, daß die ägyptische Armee trotz der von General Schasli befohlenen Gewaltanstrengung nicht mehr fähig war, diese Angriffsdynamik zu brechen. Dabei hätte die Aktion von Scharons Kampfgruppe auf dem Westufer für Ägypten nicht kritisch werden müssen, wenn seine Armeen imstande gewesen wären, den Mittelabschnitt des Kanals zu halten und den Korridor des israelischen Durchbruchs wieder zu schließen. Da sie es nicht konnten, wurde ihre Lage kritisch. In der Tat hätte die 1. ägyptische Armee zusammen mit den Reserven der 2. und der 3. ägyptischen Armee in einem Gegenstoß Scharons Panzer und Infanterie wieder zurückdrängen oder einkesseln und aufreiben können und damit die von ihnen durchstoßenen Feldbefestigungen hinter dem Kanal und dem Großen Bittersee zur

Deckung der Artilleriestellungen und der Luftabwehranlagen wiederherstellen können. Da dies nicht gelang, verschlechterte sich die Lage von Tag zu Tag.

Ohne die Waffenruhe vom 22. Oktober wären die Israelis vermutlich am 23. Oktober westlich von Suez zu beiden Seiten der Straße nach Kairo und am 24. Oktober in Suez selbst erschienen. Wenn die Kämpfe nicht unterbrochen worden wären, hätte die 3. ägyptische Armee untergehen oder kapitulieren müssen; die 2. ägyptische Armee nördlich von Ismailia wäre dann in Bedrängnis geraten.

Ägyptens 1. Armee, die Kairo und das Nildelta zu decken hatte, verfügte nicht über Truppen derselben Güte wie die beiden Feldarmeen am Suezkanal und über wenig Artillerie. Die beiden Panzerdivisionen und die drei mechanisierten Infanteriedivisionen mit Schützenpanzern und dem Gros der Panzerabwehrwaffen standen im Kampfgebiet und hatten empfindliche Verluste erlitten. Von den beiden unabhängigen Panzerbrigaden war die eine am 20. Oktober, nach ihrem Angriff auf Scharons Panzerkampfgruppe, stark geschwächt.

Die Masse der knapp 1000 Feldgeschütze stand, soweit die Feuerstellungen noch intakt und nicht in israelischer Hand waren, am Suezkanal; einige Abteilungen befanden sich auf dem Ostufer. Diese sechs Feldartilleriebrigaden waren das Rückgrat der ägyptischen Front gewesen, und dieses Rückgrat war stark angeschlagen. Die Feldartillerie konnte nicht mehr umgruppiert und neu aufgestellt werden, soweit sie sich zwischen den beiden israelischen Positionen auf dem Ostufer und auf dem Westufer des Kanals befand.

Der Große Bittersee und der Timsah-See südlich von Ismailia wirkten nun nicht mehr als Schutzhindernisse für die ägyptische Stellung, sondern als Sperren für Bewegungen und Nachschub. Mit dieser Umkehrung der Wirkung der geographischen Hindernisse hatte man in Kairo nicht gerechnet — ein weiterer Denkfehler, der dem ägyptischen Oberkommando unterlaufen war. Die Kette von Feldbefestigungen auf dem Westufer war von den israelischen Panzern etwa in der Mitte auf breiter Front durchbrochen und nach Süden aufgerollt worden wie die hinter ihr liegenden Feuerstellungen der Artillerie und der Sam-Luftabwehrraketen. Alles, was die Ägypter nicht in Eile nach Westen oder nach Norden in Sicherheit bringen konnten, war verloren.

Am Abend des 22. Oktober, zu Beginn der ersten Waffenruhe, die noch in der folgenden Nacht von beiden Seiten in Kämpfen um Positionen gebrochen wurde und am 23. Oktober wieder dem Krieg wich, hielten die Israelis auf dem Westufer des Suezkanals einen Gebietsstreifen bis zu etwa 30 km Tiefe, beginnend südlich des Timsah-Sees mit einem etwa 4 km südlich nahezu parallel zur Ost–West-Straße Ismailia–Kairo verlaufenden Vorsprung nach Westen. Von dort zog sich die israelische Hauptkampflinie — die den Frontverlauf der Waffenruhe ungefähr bezeichnete — westlich der Straße Ismailia–Fayid–Gineifa–Suez nach Süden bis kurz vor der Straße Suez–Kairo, so daß die Stadt Suez noch frei blieb. In diesem Gebiet waren den Israelis schon fünf Flugplätze in die Hände gefallen, und am 22. Oktober war das Mittelstück des Kanals zwischen Großem Bittersee und Timsah-See fest im Besitz der Israelis.

»Wir können jeden Augenblick eine Offensive gegen Kairo ansetzen«, behauptete an jenem Tag in Tel-Aviv der General Gazith. »Zwischen uns und Kairo liegt kein natürliches Hindernis mehr, und wir haben nur noch 85 km bis dahin.« Es stand auch keine kampfkräftige Armee mehr vor Kairo. Die Ägypter hatten etwa 500 Kampfpanzer (ein Viertel ihres Bestandes) und rund 400 gepanzerte Fahrzeuge verloren und dazu etwa 240 Flugzeuge, nach israelischer Schätzung sogar »mehr als tausend« Panzer, wie General Gazith erklärte. Zwar wurde täglich schweres sowjetisches Kriegsmaterial ausgeschifft, aber diese Waffenzufuhr durch den Bosporus hätte die ägyptische Armee nicht in den Stand setzen können, den Krieg mit derselben Feuerkraft und Kampfintensität fortzusetzen wie in den ersten beiden Wochen.

Israels Ausgangsposition für die Fortsetzung des Feldzugs war unvergleichlich besser als die Ägyptens. Dies sollte sich am 22. Oktober zeigen, als nach nächtlichen Positionskämpfen auf beiden Ufern des Suezkanals die israelischen Truppen westlich des Großen Bittersees ihren Vorstoß fortsetzten und mit der Besetzung der Straße Suez–Kairo auf einer Länge von etwa 20 km westlich von Suez bis zum Kilometer 101 die Stadt und die gesamte 3. ägyptische Armee mit noch etwa 20 000 Mann auf der Sinaihalbinsel einschlossen.

Wenn die ägyptische Armee noch nennenswerte Reserven hatte, dann mußten sie vom 23. Oktober an alles daransetzen, um diese Einschließung zu verhindern oder wieder aufzubrechen. Als am 25. Oktober die zweite Waffenruhe einsetzte, hielten die israelischen Truppen nicht nur rund 2000 qkm afrikanischen Bodens, sondern auch das gesamte Straßennetz von Ismailia bis westlich Suez mit allen Zufahrten von Kairo fest besetzt; ihre Angriffsspitzen standen in der Stadt Suez, und auf dem Ostufer waren die 20 000 ägyptischen Soldaten in äußerster Bedrängnis, zumal sie nun von jedem Nachschub und von der Trinkwasserversorgung über den Großen Bittersee und den Golf von Suez abgeschnitten waren. Ihre Widerstandskraft ließ nach. Sie hatten seit dem 11. Oktober elf schwere Kampftage hinter sich, und ihre Kräfte waren aufgebraucht. Der Zusammenbruch der 3. Armee kündete sich an. Sie hätte keine Woche weiterkämpfen können. Zudem hatte die israelische Luftwaffe die Luftüberlegenheit wiedergewonnen, und es war nur noch eine Frage von wenigen Tagen, wann diese sich zur Luftherrschaft steigern würde.

Mit jeder Stunde wurde die ägyptische Boden-Luft-Abwehr schwächer, weil ihre Raketenstellungen und Radargeräte entweder zerstört oder erbeutet waren oder aber rückwärts abgezogen wurden. Die israelischen Angriffsflugzeuge vom Typ Phantom (25 neue Phantom-Jagdbomber waren aus den USA als Ersatz für die abgeschossenen eingeflogen worden) verfügten nun über die ECM-Ausrüstung zur Störung der Radarzielpeilung der Sam-Luftabwehrsysteme einschließlich jener der Sam-6 und über neue Vorräte an Luftkampf- und Luftangriffsraketen neuester US-amerikanischer Modelle.

Unter diesen veränderten Bedingungen mußten sich von nun an die Lage und das Kräfteverhältnis schnell zugunsten der Israelis wandeln. Ägypten kam, ohne daß man dies in Kairo vor dem Wochenende vom 20./21. Oktober gewahr geworden war, in die Gefahr einer militärischen Niederlage. Ein israelischer Vorstoß auf Kairo war möglich, aber noch unwahrscheinlich, da die Israelis am Suezkanal noch genug mit den ägyptischen Truppen zu tun hatten. Aber die Einschließung auch der 2. ägyptischen Armee im Norden von Ismailia deutete sich nun im Ansatz an. Es wäre politisch für Israel womöglich noch sinnloser gewesen, den Versuch einer Besetzung Kairos zu machen, als etwa Damaskus zu erobern.

Militärisch leichter und weniger kostspielig wäre es jedoch vermutlich gewesen. Vor Damaskus stand die syrische Armee noch im Feld, gestützt auf starke Artilleriestellungen und auf einem zur Panzerabwehr vorbereiteten Terrain. Sie hatte Verbündete und noch Mannschaftsreserven. Sie war geschwächt von ihrer Niederlage auf den Golanhöhen und vom Kräfteverschleiß in den anhaltenden Kämpfen im Vorfeld von Damaskus. Aber sie war noch kampffähig und zeigte dies jeden Tag. Vor Kairo stand nur die 1. ägyptische Armee, die außer einer noch frischen Panzerbrigade nur Infanterie ins Feld stellen konnte.

Das ägyptische Heer konnte auf rund 500 000 ausgebildete Reservisten zurückgreifen, von denen ein Teil vor und seit dem 6. Oktober mobilgemacht worden war. Dazu standen noch einmal 100 000 Mann paramilitärische Nationalgarde, eine Miliz, sowie Grenzschutz- und Sicherheitskorps zur Verfügung. Infanteriewaffen waren genug vorhanden.

Aber das Gros der aktiven Armee, die beiden Panzerdivisionen und die drei übrigen zum ersten Angriff angesetzten Divisionen standen an der Kanalfront, also zwischen zwei israelischen Feuern. Von ihnen waren für eine Verteidigung Kairos nur die Verbände der 2. Armee nördlich von Ismailia verfügbar, und dies nur unter der Voraussetzung, daß sie rechtzeitig abgezogen und nach Westen zurückgenommen würden. Dazu blieb nach dem 22. Oktober nicht mehr viel Zeit, wenn die Operationen fortgesetzt werden sollten. Die Artillerie konnte nur noch zu einem geringen Teil aus dem Gefecht gezogen und neu eingesetzt werden, und die Luftwaffe hatte ein gutes Drittel ihrer Kampfflugzeuge verloren.

Ägypten hatte also einer israelischen Offensive auf Kairo, die etwa Anfang November hätte beginnen können, nicht viel entgegenzusetzen. Volksmiliz und Begeisterung hätten nicht ausgereicht, um die israelische Armee aufzuhalten, die sehr viel weniger Panzer und Soldaten verloren hatte, als die US-Nachrichtendienste zunächst geschätzt und die Ägypter voreilig angenommen hatten. Tatsächlich beliefen sich Israels Panzerverluste an beiden Fronten auf netto etwa 400. Dabei ist zu bemerken, daß die Zahl der abgeschossenen Panzer größer war. Ein Teil der außer Gefecht gesetzten israelischen Panzer war schon wieder in der Reparatur, und die Israelis hatten eine gewisse Zahl neuer sowjetischer Panzer vom Typ T-62 und von den älteren Typen T-54 und T-55 in brauchbarem oder reparaturfähigem Zustand von den Syrern auf dem Golan und inzwischen auch auf der Sinaihalbinsel und auf dem Westufer des Suezkanals von den Ägyptern erbeutet. Die israelische Armee mochte empfindliche Verluste erlitten haben — etwa 2000 Tote, Schwerverletzte und Vermißte —, aber sie war in einem sehr viel besseren Zustand als die ägyptische. General Gazith hatte so unrecht nicht, als er sagte: »Unsere Position ist viel besser als vor dem Beginn der Feindseligkeiten.« Militärisch war dies unbestreitbar.

Politisch allerdings war die ägyptisch-syrische Position besser als zuvor. Obwohl der Kriegsverlauf die ursprünglichen Erwartungen der beiden arabischen Regierungen enttäuschte, hatte dieser Krieg seinen politischen Zweck doch erfüllt: eine gute Verhandlungsposition zu schaffen und Israel zu Verhandlungen unter Vermittlung und Einwirkung der beiden Weltmächte zu zwingen. Die Erkenntnis, trotz einer militärischen Niederlage einen bedeutenden politischen Sieg erkämpft zu haben, verbreitete sich vom 22. Oktober an rasch in Kairoer Regierungskreisen, nachdem am Wochenende zuvor — als die Lage an der Front kritisch war und Kissinger in Moskau mit Breschnjew und Gromyko konferierte — tiefe Niedergeschlagenheit in den Ministerien geherrscht hatte und das Oberkommando sich nach außen vollkommen abgeschlossen hatte.

Die Kämpfe vom 23. bis zum 25. Oktober setzten die ägyptische Position noch einmal aufs Spiel und verschlechterten die Lage der 3. Armee bedenklich. Als die zweite Waffenruhe eintrat, war Suez vollkommen eingeschlossen und die Front der 3. Armee auf der Sinaihalbinsel noch mehr eingedrückt. Die ägyptischen Truppen hielten nun auf dem Ostufer des Suezkanals wirklich nur noch eine Minimal-Position für Verhandlungen — zwei nirgendwo weiter als 10 km landeinwärts reichende Geländestreifen — und hatten auf dem Westufer so viel Gebiet verloren, wie sie auf dem Ostufer gehalten hatten.

Für eine passable Verhandlungsposition reichte diese territoriale Basis gerade noch aus. Die zweite Waffenruhe rettete diese Position, und an ihr war der ägyptische Staatschef Sadat auch interessiert. Er suchte

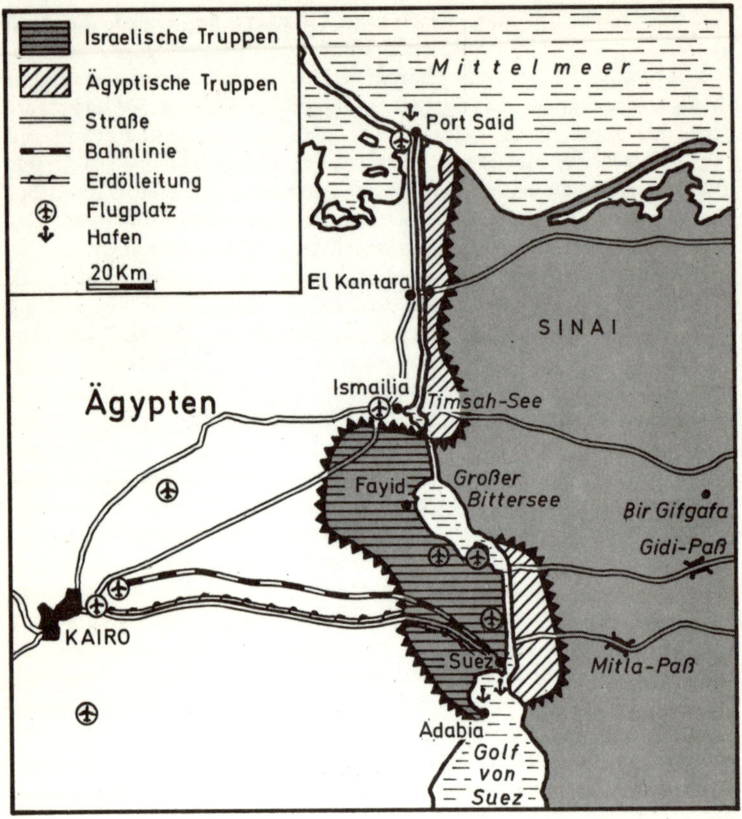

Die Suezfront zu Beginn der Waffenruhe vom 22. Oktober 1973

amerikanische und sowjetische Militärkontrolleure an den Suezkanal zu bringen, um die beiden Weltmächte direkt zu engagieren und ihre gemeinsame Intervention zur Erhaltung der ägyptischen Verhandlungschancen sicher zu machen.

Der ägyptische Generalstab hatte seine letzten Trümpfe ausgespielt. Zwar wurde die Situation vor dem Volk verborgen und auch in der Armee selbst nicht überall bekanntgemacht (die Soldaten der 2. Armee in Ismailia und El Kantara hielten sich noch immer für Sieger und strahlten mit ungebrochenem Glauben in die Kameralinsen). Aber die Wiederaufnahme der Kämpfe setzte zunächst einmal einige Wochen sowjetische Materialzufuhr und die Neuaufstellung von Verbänden voraus. Die Behauptung des ägyptischen Kriegsministers General Ismail in den Vorweihnachtstagen 1973, der israelische Brückenkopf auf dem Westufer werde sich nicht lange halten können, sei von den ägyptischen Truppen eingeschlossen, und seine Nachschubverbindungen lägen unter schwerem Feuer, waren in diesem Zusammenhang zu verstehen: Zwei Monate nach dem Ende der Kämpfe verfügte Ägypten wieder über neues Material, reichliche Munitionsvorräte und einsatzfähige Verbände, vermutlich auch über eine größere Zahl sowjetischer Ausbilder und Berater als vorher. Die sowjetischen Materialzufuhren waren auch nach dem 25. Oktober zu Schiff unvermindert fortgesetzt worden, nach westlichen Schätzungen allein durch den Bosporus bis Mitte Dezember rund 100 000 Tonnen. Neue Panzer, Sturmgeschütze, Panzerabwehrkanonen, Fliegerabwehrwaffen, insbesondere Sam-6-Raketen, Mig-21-Jäger und -Jagdbomber, Feldgeschütze und Pioniermaterial, wurden nach Ägypten verschifft.

Die ägyptische Armee war natürlich mit den Positionen der Waffenruhe unzufrieden, und das große personelle Revirement in der Heeresführung, dem auch Generalstabschef Schasli zum Opfer fiel, zeigte an, daß Präsident Sadat für seine Politik der Verhandlungen nicht die ungeteilte Zustimmung seiner Generale hatte. Sadats Drohung, Ägypten werde die Kämpfe wiederaufnehmen, brachte die Stimmung sehr wohl zum Ausdruck: Frustration über den verlorenen Sieg und die Beinahe-Niederlage einerseits, gesteigertes Selbstbewußtsein durch den Anfangserfolg und den guten Kampf der Truppe andererseits. Ägyptens Armee war wieder ein Machtfaktor im Nahen Osten geworden. Sie hatte sich einen Abschreckungswert auch gegenüber Israel erworben, das Krieg ohne Ende und immer neue Aderlässe an seiner Volkssubstanz fürchten muß, dessen Volkswirtschaft einen solchen Materialkrieg mit hohem Verschleiß und großen Kosten nicht in loser Folge ertragen kann. Allein die Drohung, den Krieg wiederzueröffnen, hat seit dem 6. Oktober 1973 ein anderes Gewicht als zuvor.

Die israelischen Militärs sind auf die Grenzen ihrer Macht gegenüber den arabischen Staaten gestoßen. Von nun an ist die Umsetzung der

großen Zahl in eine starke militärische Potenz für die israelische Kriegserfolgskalkulation auf der ägyptischen und der syrischen Seite der Gleichung ein hochgradiger Unsicherheitsfaktor. Damit ist das strategische Machtverhältnis verändert: Israel kann den Krieg nicht länger als Mittel zur Erhaltung seiner Sicherheit benutzen. Es muß fürchten, daß ihm der Krieg von denen aufgezwungen wird, die ihn öfter führen, Niederlagen aushalten und Siege verlieren können, ohne dabei ihre Existenz oder die nationale Substanz einzusetzen.
Das strategische Glacis von 1967 hatte sich als schützendes Manövrierfeld erwiesen. Aber auch diese weit vorgeschobene Sicherheitsgrenze am Suezkanal hatte Israel nicht vor der großen Kampfanstrengung bewahrt. Auf dem Glacis konnte die militärische Entscheidung mit einem Sieg über die gegnerischen Armeen nicht errungen werden. Es war dazu nötig, über sie hinaus in die Weite des arabischen Raumes vorzustoßen und damit die Dimension des Konfliktes abermals zu vergrößern. Die israelischen Strategen mußten sich die Frage stellen, ob die Sowjetunion einen israelischen Feldzug durch Syrien oder Ägypten, eine Eroberung oder selbst eine Einschließung von Kairo oder Damaskus zugelassen haben würde. Sie mußten und müssen für die Zukunft auch Rücksicht auf die Reaktionen der übrigen arabischen Staaten, vor allem der Erdöl-Länder, und der von diesen für ihre Erdölversorgung abhängigen Industrieländer nehmen, wenn sie ihre militärische Strategie im Dienste ihrer nationalen Sicherheit entwerfen.
So hat dieser Krieg weit über die Positionen der Feuereinstellung vom 25. Oktober 1973 hinaus die Grundbedingungen der Koexistenz zwischen Israel und den arabischen Staaten verändert. Für Israel ist der Krieg fortan mit größerem Risiko, höheren Menschenverlusten und Materialkosten belastet als bis zum Jahre 1973.
Für die arabischen Staaten ist der Krieg als Mittel zur Entscheidung des Konfliktes wieder vorstellbar geworden. Sie können hoffen, daß ihre Armeen stärker und leistungsfähiger werden, daß sie die modernen Waffen noch besser bedienen und gebrauchen lernen, daß ihre Führung und ihre Taktik sich verbessern lassen und daß also ein militärischer Sieg über Israel eines Tages nicht mehr ausgeschlossen sein könnte. Allein diese Erwartung schafft eine neue psychologische Realität und also neue politische Konfliktbereitschaft.
Israel muß also künftig an einem Frieden mehr gelegen sein als bis zum 6. Oktober 1973. Es braucht diesen Frieden mehr als die arabischen Staaten, die sich einen Kriegszustand über lange Zeit und neue Feldzüge leisten können, solange sie Waffen von außen empfangen.
Damit ist die Einordnung des Konfliktes und seiner Gegner in die Sicherheitsbeziehungen zwischen den Mächten vorgegeben. Die beiderseitige Abhängigkeit von fremder Waffenhilfe und Unterstützung bestimmte den Abbruch der Kämpfe.

Die militärischen Lehren des Krieges

Die letzten geheimen Kriegsvorbereitungen der beiden arabischen Länder im September 1973 und der Kriegsausbruch am 6. Oktober bestätigen zwei gegensätzliche Erfahrungen:
Einerseits kann ein zum Krieg entschlossener Staat, der über starke kriegsbereite Streitkräfte in einem seit langem aufgebauten Angriffsdispositiv in Grenznähe verfügt, einen verdeckten Aufmarsch ausführen, um sich so einen erheblichen Initialvorteil zu verschaffen. Diese Chance nutzten Ägypten und Syrien mit einem sorgsam ausgeklügelten und geschickt in Szene gesetzten Täuschungsmanöver politischer Art, mit dem sie ihre Kriegsvorbereitungen kunstvoll verschleierten.
Andererseits können solche militärischen Angriffsvorbereitungen nicht vollkommen getarnt werden, jedenfalls nicht in Grenznähe. Israels elektronische Aufklärungsmittel am Suezkanal und die Beobachtung am Boden wie aus der Luft über die beiden stillen Fronten genügten, um die außergewöhnliche militärische Tätigkeit zu erfassen; dies war auch seit den letzten Septembertagen geschehen. Die amerikanische Geheimdienstaufklärung der CIA war seit Monaten der sich mehrenden Zeichen für gesteigerte militärische Aktivität über die gewöhnlichen Manöver hinaus gewahr geworden.
Am 30. September war in Washington die kritische Situation im Nahen Osten erkannt, wenngleich die US-Nachrichtendienste bei der Bewertung noch immer, von der »politischen Großwetterlage« ausgehend, den Kriegsfall nicht als wahrscheinlich annahmen. Immerhin schlossen sie diese Eventualität nicht aus, sondern urteilten vorsichtig, daß der ägyptische Aufmarsch keinen eindeutigen Sachverhalt ergebe und deshalb keine schlüssige Beurteilung zulasse. Dabei ließen sich die amerikanischen Experten allerdings auch von den beruhigenden Antworten aus Tel-Aviv leiten, wo man allem Anschein nach die erkannten Zeichen nicht als Alarmsignale für einen unmittelbar drohenden Krieg ansah oder ansehen wollte.
Dies ist um so erstaunlicher, als Verteidigungsminister Dayan am 26. September während eines Truppenbesuchs auf dem Golan in einer

Ansprache erklärt hatte, daß nahe der Demarkationslinie Hunderte syrischer Panzer und Geschütze aufgefahren seien und daß die syrische Luftabwehr inzwischen so dicht wie die ägyptische am Suezkanal geworden wäre. Zwar wurde darüber in den israelischen Zeitungen nichts berichtet, aber Generalstab und Kabinett mußten schließlich wissen, was der Verteidigungsminister gesagt und was er vorher erkannt hatte. Am 27. September brachten die USA einen Aufklärungssatelliten in eine für die Beobachtung des Nahen Ostens geeignete Erdumlaufbahn; sie rechneten zumindest mit der Möglichkeit eines ägyptischen Angriffs am Suezkanal.

In diesem Zusammenhang gewinnt die Rede Sadats am 28. September ihre eigenartige Bedeutung: Der Nachfolger Nassers sprach am Todestag des »Rais«, daß »die Befreiung unseres Landes« die wichtigste Aufgabe der Nation bleibe, daß Ägypten dabei keine Mühen und Opfer scheuen werde, daß er aber zu dieser Zeit nichts versprechen und keine Einzelheiten erwähnen könne. Diese Rede war allgemein als ein Zeichen für die unveränderte Scheu Sadats vor einem Krieg und als ein weiteres Indiz für sein Interesse an einer politischen Lösung durch diplomatische Arrangements verstanden worden, um die sich zur selben Zeit sein Außenminister Zayyat sehr eindringlich in den USA bemühte.

Israels Aufmerksamkeit war von dem großen innenpolitischen Ereignis der bevorstehenden Wahlen zur Knesset Ende Oktober und von der rapiden Ausbreitung der Terroranschläge arabischer Untergrundgruppen in Europa in Anspruch genommen. Am 28. September verübten Terroristen, die sich selber »Adler der palästinensischen Revolution« nannten, einen Anschlag auf einen Zug an der österreichischen Grenze, der Juden aus der Sowjetunion nach Wien brachte. Sie bemächtigten sich eines österreichischen Beamten und fünf jüdischer Passagiere und forderten als Preis für die Freilassung dieser Geiseln die Schließung des Durchgangslagers Schönau. Die Forderung wurde nach einigem Anstand erfüllt. Dieses Zugeständnis erregte Israel, und Golda Meir versuchte, durch einen Besuch in Wien Bundeskanzler Kreisky davon abzubringen. Für die Regierung in Jerusalem stand die »schamvolle Kapitulation vor dem Terror«, wie der Minister Israel Galili das Zurückweichen der österreichischen Regierung öffentlich geißelte, in einem unmittelbaren Zusammenhang mit ihrer eigenen politischen Lage im Wahlkampf. Im Jahr zuvor hatte General Dayan einen »Feldzug gegen den internationalen Terror« der palästinensischen Organisationen ausgerufen, in dem man über die Stadt Beirut aber nicht hinausgekommen war.

Der Wahlkampf selber — gegen die vereinigte Opposition der Rechtsparteien — gebot eine feste Haltung, aber auch Vorsicht im Umgang mit allen Fragen von Krieg und Frieden. Deshalb scheute die Regierung vor jeder Art von Beunruhigung des Volkes über mögliche Angriffsgefahren an den Grenzen, deren Realitätsgehalt nicht ermessen werden konnte. Obwohl die Regierung den arabischen Gegnern seit 1967 oft genug Angriffspläne zugeschrieben hatte, schätzte sie die kriegerische Energie der Regierungen in Kairo und in Damaskus noch immer nicht hoch ein.

Der Kriegsausbruch bestätigte, daß eine »politische Vorwarnzeit«, die vom Verhalten eines Gegners, von seinen Beziehungen zu anderen Staaten, vom Ton seiner Diplomatie und seiner politischen Propaganda gegeben würde, als zuverlässiges Merkmal für drohende Kriegsgefahr oder anhaltende Friedensbereitschaft nicht zur Verfügung steht, um eine verborgene Angriffsabsicht zu erkennen.

Das »strategische Überraschungsmoment« war nach der Vorgeschichte dieses Krieges größer, als es hätte sein dürfen. Aber es war nicht so groß, daß Israel keine genügende Reaktionszeit zur Abwehr des Angriffs gehabt hätte, wenn die »militärische Vorwarnzeit« vor Angriffsbeginn rechtzeitig genutzt worden wäre. Das »taktische Überraschungsmoment« war unter diesen Bedingungen tatsächlich gering, obwohl der Überraschungseffekt des Angriffs auf die Angegriffenen wirkte. Dieser Effekt hätte sehr viel geringer sein können, wenn zumindest die israelischen Fronttruppen am Morgen des 6. Oktober alarmiert worden wären. Daß dies nicht geschah, war die Folge eines Versagens der Führung oder der Befehlsübermittlung. General Chaim Bar Lew, Minister im Kabinett Golda Meir, hat darüber deutlich genug gesagt, der militärische Befehlsapparat habe nicht funktioniert. Die Soldaten an der Suezkanalfront seien vom Angriff »beim Trocknen ihrer Wäsche überrascht worden«. Auch Dayan sprach später von solchem Versagen.

Ein anderes taktisches Überraschungsmoment war der ägyptische Infanterieangriff mit den sowjetischen Sagger-Panzerabwehrraketen gegen die israelische Panzerbereitstellung am 8./9. Oktober. In diesem Gefecht erwies sich dank der gelungenen Überraschung auch die Wirkung dieser Panzerabwehrwaffe in großer Zahl und über kurze Entfernung. Aber diese Wirkung fiel danach in den Gefechten ab. Die Treffsicherheit der Sagger war nicht so groß wie etwa die der französischen SS-11, der in den letzten Kriegstagen an der Suezfront von den Israelis eingesetzten US-amerikanischen Panzerabwehrrakete Tow oder anderer neuer westlicher Waffen dieser Art.

Etwas voreilig hatten nach den ersten Kriegstagen viele Beobachter auf eine Überlegenheit der sowjetischen Waffen über die westlichen geschlossen. »Mit euren Waffen haben wir gesiegt«, sagte Sadat zum Kairoer Sowjetbotschafter Winogradow beglückt, als der Angriff gelungen war. Aber die Tatsachen zeichnen ein anderes Bild. So waren die Verluste der israelischen Luftwaffe gemessen an der Zahl der Einsätze über dem Gefechtfeld nur etwa halb so groß wie im Sechs-Tage-

Krieg vom Juni 1967: Damals verlor sie im Durchschnitt je 3 Flugzeuge auf 1000 Einsätze, in den neunzehn Kampftagen dieses Krieges jedoch nur je 1,3 — eine statistische Größe, die nur die Totalverluste berücksichtigt und sich aus ihrem Verhältnis zur Zahl der geflogenen Feindeinsätze ergibt. Diese Größe sagt nichts über die Kampfintensität und nichts über die Zahl der beschädigten und zeitweilig außer Gefecht gesetzten Flugzeuge aus.

Diese geringere Verlustrate weist aber auf zweierlei hin: Erstens, daß die Wirkung der gegnerischen Luftabwehr allgemein auf die gesamten Luftoperationen der Israelis nicht größer war als 1967. Zweitens, daß die hohen Anfangsverluste der israelischen Luftwaffe — 53 Flugzeuge in den vier ersten Kriegstagen — sich im Verlauf der Kämpfe trotz gesteigerten Flugeinsatzes erheblich abschwächten. Die Gründe dafür sind bekannt: Die israelischen Heerestruppen drängten die Sam-6-Raketen der Ägypter auf das westliche Kanalufer zurück. Vom 17. Oktober an wurde dann der Raketenriegel auf ebendiesem Westufer von den Panzern der Israelis aufgebrochen. Die israelischen Phantom-Jagdbomber entwickelten Angriffsverfahren, die die Trefferzahl der Sam-6-Geschosse erheblich verringerten. Schließlich griffen sie mit Shrike-Luft-Boden-Raketen und Maverick-Raketen mit Fernsehlenkung an, die ihrerseits von großer Zerstörungswirkung auf die Sam-Schleudern waren. Die nur von den Phantom benutzten Maverick brachten die Wende im Kampf gegen die Sam-6. Dabei zeigte die israelische Luftwaffe wieder ihren hohen Ausbildungsstand und ihre hochgradige Anpassungsfähigkeit: Die Maverick-Raketen wurden aus Amerika eingeflogen und ohne Übung nach nur sechsstündiger Einweisung der Besatzungen mit großem Erfolg eingesetzt.

Das Verhältnis von Angriffsflugzeug und Boden-Luft-Abwehr hat sich als einer der Entscheidungsfaktoren erwiesen; die anderen sind das Verhältnis von Panzern zu Panzerabwehrwaffen, die Entwicklung des Panzerangriffs in Verbindung mit den Schlachtfliegereinsätzen der Kampfflugzeuge und einer beweglichen Infanterie, die selbst über Panzerabwehrwaffen verfügt, die Wirksamkeit der taktischen Luftangriffe auf verteidigte und geschützte Punktziele wie Brücken, Radaranlagen, Feuerstellungen und Flugplätze.

Die ägyptische und die syrische Luftwaffe wurden nur äußerst sparsam eingesetzt. Die israelische Luftwaffe fand in der Luft nur selten einen Gegner, und die siegte in fast allen Luftkämpfen. Eine bemerkenswerte Ausnahme war der Überraschungsangriff von Mirage-III, die im April 1973 von Libyen an Ägypten übergeben und von Anfang an von ägyptischen Flugzeugführern geflogen worden waren. Der Einsatz dieser von Frankreich an Libyen verkauften Flugzeuge in diesem Krieg ist erwiesen und wird in militärischen Kreisen in Paris auch nicht mehr bestritten, obwohl im Oktober 1973 der französische NATO-Botschafter im Ständigen Rat einen Eklat verursachte, als er die Mitteilung über diesen Einsatz im Lagebericht des NATO-Oberkommandos mit Verve, aber ohne eigenes Wissen als falsch bezeichnete. Die Israelis schossen vier libysche Mirage-III ab: drei von einer Angriffsformation von sechs auf dem Weg nach El Arisch über dem Mittelmeer, eine über Ägypten.

Die Sam-6 war trotz aller Einschränkungen die größte Überraschung auf dem Kriegsschauplatz. Ihre Reichweite in Flugzielhöhen zwischen Tieffluglagen und Höhenflug (10 bis 7000 m) machte sie auf dem Gefechtfeld besonders vielseitig einsetzbar. Ihre Beweglichkeit als Drillings-Schleuder auf einer Kettenpanzerlafette wird noch durch den Vorteil vergrößert, daß die Verbindung zwischen den Zielerfassungsradars und der Kommandozentrale für den Raketenabschuß nicht durch Kabel geschlossen werden muß, sondern drahtlos durch Mikrowellen des Richtfunks oder durch Fernsehwellen geschieht. Diese Technik ist in den USA und in der NATO noch nicht eingeführt. Sie spart Zeit, weil keine Kabel gelegt werden müssen. Dadurch kann sich die Raketenfeuergruppe mit ihrem Leitgerät und ihrem Radargerät schneller bewegen und also häufiger Stellungswechsel ausführen.

Die Sam-6 hat einen Radargeschoßkopf, der von einer bestimmten Entfernung an das vom Erfassungsradar am Boden beleuchtete Flugziel übernimmt und selbständig ansteuert, das heißt, ihm auch in seinen Bewegungen folgen kann. Auch Fernsehlenkung ist mit der Sam-6 möglich. Von besonderem Wert ist die hohe Kurvenbelastbarkeit des Sam-6-Geschosses mit einem Maximum von 15 G (15mal das Eigengewicht). Damit kann das Geschoß Bewegungen machen, in denen die Erdbelastung mehr als dreimal so groß ist wie die, die ein Pilot auf längere Flugzeit aushält und die ein modernes Kampfflugzeug beim Angriff auf ein Bodenziel hat: 3 bis 4 G.

Schließlich hat die Sam-6 die Fähigkeit, schnell die Frequenzen des Zielerfassungsradars und des Geschoß-Leitradars auf großer Bandbreite zu wechseln und damit die Störung durch Abwehrstrahlen von Bord eines Flugzeuges zu erschweren. Die israelischen Kampfflugzeuge hatten keine entsprechend leistungsfähigen Gegenstörgeräte. Die USA lieferten auch während des Krieges keine solchen Systeme. Durch die starke Wirkung im Tiefflugbereich zwang die Sam-6 die israelischen Angriffsflugzeuge oft in Höhen, in denen sie von den Sam-2 wirksam bekämpft werden konnten, und zu Zielanflügen, die sie der 3,7-cm-Kaliber-Rohr-Flak aussetzten.

Das von den sowjetischen Spezialisten aufgebaute Verbundsystem der Boden-Luft-Abwehr am Suezkanal erwies sich als sehr wirksam, aber eben auch nicht als undurchdringlich. Von Anfang an mit den Maverick-Raketen ausgerüstet, hätten die Phantom dieses Netz früher und bei geringeren Verlusten aufreißen können. Die sowjetischen »Fliegerfäuste« Sam-7, kleine Luftabwehrraketen, die von einem Mann oder in Salven von Fahrzeugen abgeschossen wurden, waren schon aus Vietnam bekannt. Sie sind aber seither verbessert worden und können jetzt 400 Knoten Geschwindigkeit erreichen bei einer Höhenreichweite bis zu 3000 m. Meist wurden die Sam-7 in Salven auf 2000 m Seitenentfernung und 2000 m Zielflughöhe abgefeuert. Diese Salven waren wirksam. Für die Phantom-Jagdbomber war die Sam-7 keine ernsthafte Gefahr, wohl aber für die Skyhawk. Die Sam-6 wurde dagegen auch deshalb gefährlich, weil ihre Abschüsse keinen Rauch entwickelten und deshalb der Raketenstart am Boden aus der Luft nur schwer zu erkennen ist. Dies bereitete den israelischen Piloten anfangs große Schwierigkeiten. Die israelische Luftwaffe verlor in Luftkämpfen nur 6 Flugzeuge: 3 Phantom und 3 Mirage-III. Sie schoß etwa 450 feindliche Flugzeuge an beiden Fronten ab, 250 ägyptische plus einige andere arabische an der Suezfront, 200 syrische im Norden. Die neuen sowjetischen Kampfpanzer T-62 können im Fahren gezielt feuern — eine Fähigkeit, von der die ägyptischen und die syrischen Besatzungen nicht Gebrauch machten. Im übrigen erwiesen sich die T-62 für die hohe Außentemperatur ungeeignet. Sie erhitzten sich im Innern und verringerten damit die Einsatzzeit für die Besatzungen. Zudem hat die niedrige Höhe dieses Panzers, die eine kampfgünstige Silhouette im Gelände bietet, große Nachteile für die Bedienung: Die Kanone muß linkshändig geladen werden. Es fehlt ein Auffangkorb für Kartuschen. Beim Drehen des Turmes muß die Besatzung laufen, weil der Aufbau zu niedrig ist. Die mangelhafte Federung und ihre grobe Innenausstattung verursachten viele schwere Verletzungen im Gefecht auch ohne Durchschlag von Geschossen. Die Israelis fanden zahlreiche Schwerverletzte in ihnen, die das Rückgrat gebrochen hatten, und Tote, die nach einer Schockstörung des vegetativen Nervensystems durch Erschütterung erstickt waren. Mangelhaft waren auch die Schleudersitze der sowjetischen Mig- und Su-Kampfflugzeuge aller Typen, wie sich schon seit 1967 nach Luftkämpfen immer wieder gezeigt hatte. Unverletzt kam kein Pilot aus einem sowjetischen Schleudersitz, und die Zahl der nach dem Ausstieg getöteten Piloten war wieder beträchtlich.

Alles in allem zeigte sich an beiden Fronten, daß die beiden arabischen Armeen trotz ihrer sowjetischen Ausrüstung und Ausbildung noch immer nicht zu größeren beweglichen Operationen — abgesehen vom langsamen Frontalangriff mit massiven Treffen — fähig sind. Panzer wurden weder zu Fächern oder Stoßkeilen noch zu Umfassungsmanövern benutzt. Von einem Zusammenwirken zwischen Panzern und Kampfflugzeugen war ebensowenig zu sehen wie von einer kombinierten Luftabwehr zwischen Bodenwaffen und Jagdflugzeugen. Die Freund-Feind-Unterscheidung bei der Luftabwehr war bei Ägyptern und Syrern gleich mangelhaft; diese Unfähigkeit führte zu zahlreichen Eigen-Abschüssen, am 14. Oktober an der Sinaifront allein zum Ver-

lust von 14 ägyptischen oder algerischen Mig-21, außerdem zum Abschuß von 13 irakischen Hunter, die immerhin schon seit dem Frühjahr 1973 im Verband der ägyptischen Luftwaffe flogen.
Militärisch erwiesen sich wiederum der höhere Ausbildungsstand und die größere Beweglichkeit der israelischen Streitkräfte als die qualitative Überlegenheit. Nur war der Abstand zusammengeschrumpft.

Zweites Kapitel

Weltmachtinteressen

Die Sowjetunion und die Vereinigten Staaten hatten ihre Klienten in diesem Krieg materiell unterstützt. Ohne ihre Waffen und das von ihnen während der Kämpfe nachgeschobene Kriegsmaterial hätten die drei Länder ihre Materialschlachten nicht schlagen können. Nach etwa einer Woche waren die vorher angelegten Vorräte an Ersatzteilen und Munition stark angegriffen, nach einer weiteren Woche wären sie verbraucht gewesen.

Panzer und Kampfflugzeuge verschleißen sich bei fortgesetztem Einsatz auch ohne Zerstörung durch den Feind sehr schnell. Moderne Armeen können ohne den Umlauf ihres Gerätes in einem Kreis von Einsatz–Abnutzung–Instandsetzung nicht gefechtsbereit, ja nicht einmal beweglich bleiben. Zudem waren die Verluste im Gefecht beträchtlich: auf arabischer Seite 1775 Panzerfahrzeuge und 450 Kampfflugzeuge, auf israelischer 110 bis 115 Kampfflugzeuge und 840 Panzer aller Art. Hinzu kamen die Lastenträger, Geschütze und sonstigen Waffen und Geräte. Die Schlachtfelder in der Sinaiwüste und auf den Golanhöhen waren mit zerfetztem Eisen übersät.

Die Sowjetunion hatte die beiden arabischen Länder vom ersten Kriegstag an mit Materialnachschub — zum Teil aus den Beständen der ungarischen und der tschechoslowakischen Armee — unterstützt. Fünf Tage nach Kriegsbeginn hatte sie von Mitteleuropa und Südrußland aus zwei Luftbrücken in den Nahen Osten geschlagen: die eine von Ungarn über Jugoslawien und Griechenland nach Ägypten und Syrien, die andere von der eigenen Schwarzmeerküste über den Kaukasus und den iranisch/türkischen Luftraum nach Syrien und Irak. Die Antonow-Transportflugzeuge brachten an jedem Tag zwischen 800 und 1000 Tonnen Material, meist Luftabwehr- und Panzerabwehrraketen, auf den Kriegsschauplatz. Schwere Waffen wurden auf dem kurzen Seeweg von den Schwarzmeerhäfen durch den Bosporus und das Ägäische Meer zu den ägyptischen und den syrischen Küsten verschifft. Die westlichen Marinebeobachter an der Dardanellendurchfahrt schätzten diese Gesamtzufuhr auf etwa 100 000 Tonnen bis zum Kriegsende. Im Gegensatz zur amerikanischen Materialverschiffung aus Westeuropa und über den Atlantik erreichte sie den Kriegsschauplatz noch während der Kampfhandlungen, zumal die Sowjets mit der Vorbereitung dafür spätestens am 4. Oktober, also zwei Tage vor dem ersten Schuß, begonnen hatten. Sowjetisches Militärpersonal organisierte die Übernahme in Ägypten und Syrien. Sowjetische Aufklärungsflugzeuge des neuesten Typs Mig-25, zu schnell für die israelischen Phantom-Jäger, machten Luftbilder von der Lage auf den Schlachtfeldern für den sowjetischen Informationsbedarf, aber auch für den ägyptischen Generalstab.

Vier Tage nach der UdSSR hatten die USA mit ihren Galaxy- und Starlifter-Großraumtransportflugzeugen ihre eigene Luftbrücke über den Atlantik mit einem Pfeiler auf den portugiesischen Azoren geschlagen, nachdem Großbritannien, Spanien, Griechenland und die Türkei die Benutzung der US-Flugplätze auf ihren Territorien für Transporte und Operationen in den Nahen Osten gesperrt hatten. In 237 Flügen beförderte die US-Luftwaffe insgesamt etwa 9200 Tonnen Material nach Israel und brachte es schließlich auf rund 1000 Tonnen am Tag. Die Zufuhren wurden auch nach Kriegsende unvermindert fortgesetzt, bis beide Lager über mehr Waffen und Munitionsvorräte verfügten als bei Kriegsbeginn.

Der erhebliche Einsatz der beiden Mächte verkörperte ihr politisches Engagement in diesem Konflikt. Trotzdem war dieser Krieg kein »Stellvertreterkrieg«, in dem etwa die USA und die UdSSR andere für sich hätten kämpfen lassen, um ihre eigenen Ziele zu erreichen. Die Initiative zum Krieg war von Kairo und Damaskus ausgegangen, nicht von Moskau. Israels Politik und Strategie wurden in Jerusalem bestimmt, nicht in Washington. Die Kriegsgegner verfolgten seit 1967 ihre eigenen Ziele, mit Eigensinn und oft genug ohne Rücksicht auf ihre beiderseitigen Schutzmächte, in manchen Fällen sogar in einem mehr oder weniger offenen Gegensatz zu ihnen. Sie ließen sich von ihren eigenen Reaktionen und Urteilen leiten, wie die gescheiterten Versuche einer internationalen Vermittlung zur Aufnahme von Verhandlungen gezeigt hatten.

Israel betrachtete die Vereinigten Staaten als eine verbündete Macht, deren Beistand seine zweite Sicherheitsgarantie neben der seiner eigenen Armee war. Die israelische Sicherheitspolitik beruhte auf zwei Voraussetzungen: 1., daß die Vereinigten Staaten durch Waffenzufuhr die technische Überlegenheit der israelischen Streitkräfte gegenüber jeder arabischen Militärmachtkombination und Rüstung erhalten und daß sie Israels Unverletzlichkeit unter allen Bedingungen garantieren würden, auch durch Kriegsdrohung und bewaffneten Sukkurs; 2., daß die Sowjetunion auf der anderen Seite den arabischen Staaten keine solche Hilfe leisten dürfe.

Die US-Regierungen haben seit 1956 versucht, diese einseitige Bindung an Israel auszugleichen und Einfluß auf Israels Politik gegenüber den arabischen Ländern zu gewinnen, um den Konflikt abzuschwächen und einen Ausgleich zu vermitteln. In beidem war die amerikanische Politik allerdings wenig glücklich. Da eine unparteiische Haltung zwischen Israel und den es bedrohenden arabischen Staaten für die USA unmöglich, ja moralisch undenkbar war, legte sich jedesmal eine psychologische Sperre über die Konfliktachse, wenn es darauf ankam, von beiden Seiten gleiche politische Distanz zu halten, um eine neutrale Position der Vermittlung, der Schlichtung oder der Sanktion einzunehmen. Die amerikanische Politik vermochte im Nahen Osten keine diplomatische Symmetrie zwischen den Konfliktgegnern zu gewinnen, und zwar gleichgültig, ob die Sowjetunion sich zurückhielt oder ob sie sich engagierte.

Solange die arabischen Länder nicht versuchten, sich der Sowjetunion anzunähern, ihre Unterstützung zu gewinnen und ihr als Gegenleistung gewisse Vorteile einzuräumen, konnte die amerikanische Diplomatie im Nahen Osten lavieren. Zwar war sie der israelischen Position immer näher als der arabischen, aber sie konnte zwischen den arabischen Staaten differenzieren. Das Kriterium der Differenzierung war das Verhältnis der einzelnen Länder zu den Vereinigten Staaten und zur Sowjetunion. Dieses Verhältnis wiederum bestimmte sich nach der inneren Ordnung dieser Länder und nach ihrer Bereitschaft, mit den USA zusammenzuwirken, das heißt im wesentlichen: Erdöl zu günstigen Bedingungen abzugeben, militärische Stützpunkte einzuräumen, die Politik der USA gegenüber der Sowjetunion zu stützen (etwa in den Vereinten Nationen) und sich der Kombination von Kapitalinvestitionen und technischer Assistenz seitens der USA zu öffnen. Saudi-Arabien war das Musterbeispiel dafür. Das arme, gefährdete und bis 1958 nach Großbritannien orientierte Jordanien bietet ein zweites Beispiel. Im Bürgerkrieg von 1970 unterstützten die Vereinigten Staaten König Hussein mit Waffenzufuhren zur Verteidigung seiner Monarchie gegen die palästinensischen Organisationen. Die USA liehen ihre Hilfe, weil der König als eines der letzten westlichen Bollwerke im Nahen Osten galt und weil sein Kampf gegen die »Fedayin« zugleich die Kräfte der sozialistischen Revolution und des Nasserismus schwächte, dazu die Position Israels stärkte.

Aber schon zu dieser Zeit versuchte der damalige US-Außenminister Rogers eine Friedensverhandlung zu vermitteln und die israelischen Gebietsforderungen für einen Friedensschluß zu mäßigen, um für die USA eine neue Position in den arabischen Ländern zu gewinnen. Es war deutlich geworden, daß die amerikanische Politik den Boden im Nahen Osten verloren hatte und daß ihr die letzten Partner, die konservativen arabischen Regierungen, verlorengehen würden, wenn sie sich nicht mit Ägypten arrangierte. Ein solches Arrangement war die Voraussetzung für die Verteidigung und die künftige Sicherung der amerikanischen Interessen vom Persischen Golf bis nach Marokko. Die US-Diplomatie hatte erkannt, daß sie keine arabische Politik mehr hatte, daß sie bald keine Nahostpolitik, keine afrikanische Politik und keine Mittelmeerpolitik mehr haben würde, wenn sie sich nicht entweder von der israelischen Bindung löste — was unmöglich war — oder die israelische Politik zu einem dauerhaften Interessenausgleich mit den arabischen Staaten führen könnte.

Diese Erkenntnis hatte William Rogers 1970 veranlaßt, einen Plan für einen Rückzug der israelischen Truppen aus den 1967 besetzten arabischen Gebieten und einen Frieden zwischen den Kriegsgegnern zur gütlichen Ausführung des Sicherheitsratsgebotes vom November 1967 vorzuschlagen. Das Wesentliche an diesem Plan war der Grundsatz, daß Israel die eroberten arabischen Gebiete gegen eine Anerkennung seines Territoriums räumen und für die Verbesserung seiner Grenzen mit »geringfügigen Veränderungen« vorliebnehmen sollte. Rogers' Initiative verursachte sofort eine ernste Krise zwischen Washington und Jerusalem. Golda Meir lehnte diesen Plan als für einen dauerhaften Frieden untauglich ab. Eine Verhandlung kam nicht zustande, weil die arabischen Staaten damals auch von geringfügigen Gebietsabtretungen an Israel nichts wissen und im übrigen grundsätzlich nicht direkt mit Israel verhandeln wollten.

Seither suchte die US-Diplomatie nach einem neuen Ansatz. 1970 hatte die Sowjetunion die USA im Bemühen um eine Entspannung des Nahostkonflikts nur zögernd unterstützt und sich dabei nicht als verläßlicher Partner von Vereinbarungen gezeigt. In den hundert Tagen bis zum Beginn der vereinbarten Waffenruhe vom 7. August 1970 am Suezkanal hatte sie Ägypten einen Luftabwehrschirm von Boden-Luft-Raketen in der vom Waffenruhe-Abkommen gedeckten Suezkanalzone aufgebaut und schwere Feldgeschütze für Feuerstellungen in dieser Zone nach Ägypten gebracht. Die Sowjetregierung hatte gemeinsam mit der ägyptischen Regierung den Grundsatz mißachtet, daß Waffenruhe auch Stillstand der militärischen Bewegungen bedeutete, und noch nach dem 7. August Sam-Raketen an den Kanal vorgeschoben. Es scheint, daß die Verständigung über den Grundsatz »Waffenruhe = Stillstand oder Unveränderlichkeit des Bewaffnungszustands« nicht ausdrücklich oder jedenfalls nicht eindeutig war. Jedenfalls legten die Sowjets die Abmachungen zu ihren Gunsten und nicht nach dem Sinn der Waffenruhe aus, die ja nicht eine bloße Unterbrechung der Kampfhandlungen für 90 Tage hatte sein sollen, sondern die Grundlage für eine gemeinsame Bemühung um Verhandlungen zwischen den Gegnern. 1971 aber erkannte Präsident Nixon öffentlich einen Beitrag der Sowjetregierung zur Erhaltung der Waffenruhe an, die im Februar ein zweites Mal verlängert werden konnte. Nixon sprach damals von

»zügelnden Kräften des Friedens«, die auf beiden Seiten dazu gewirkt hätten, die Waffenruhe und mit ihr die Verhandlungschancen zu bewahren. Die US-Regierung suchte die Hilfe der Sowjetregierung für eine gemeinsame Friedensstiftung, jedenfalls für eine Aufrechterhaltung des De-facto-Waffenstillstands zwischen Israel und Ägypten. Sie suchte zugleich eine Wiederannäherung an Ägypten und eine vorsichtige Distanzierung von den extremen Positionen Israels. Aber der Nahe Osten war, solange der unsichere Friede im großen und ganzen gehalten wurde, nicht der Brennpunkt der außenpolitischen Sorgen der USA. Die vertraglich besiegelte Beendigung des militärischen Engagements der USA im Vietnamkrieg zu politisch und militärisch annehmbaren Konditionen beherrschte die amerikanische Außenpolitik. Dazu kamen die Verhandlungen mit den Sowjets über eine Beschränkung der strategischen Kernwaffenrüstungen und über Berlin.

Für die Sowjetunion war im Laufe der Jahre seit 1955 im Nahen Osten eine komplexe Situation entstanden. Sie hatte am Beschluß der Vereinten Nationen über die Gründung eines jüdischen Staates in Palästina und damit an der Teilung Palästinas aktiv mitgewirkt und das gegen den blutigen Widerstand der Araber gegründete Israel als erster Staat völkerrechtlich anerkannt. Chruschtschow hatte dann 1954 eine aktive Nahostpolitik eingeleitet, um den Konflikt zwischen dem arabischen Selbständigkeitsdrang und den westlichen Machtinteressen für die internationale Bewegungsfreiheit der Sowjetunion zu nutzen.

Die Betrachtung des Nahen Ostens von Moskau aus mußte den großen wirtschaftlichen und strategischen Wert der Erdölfelder und die geostrategische Scharnierposition des arabischen Raumes zwischen Indischem Ozean und Mittelmeer mit der Beherrschung des Persischen Golfes und des Roten Meeres erkennen lassen. Der Suezkanal, die zweite Öffnung des östlichen Mittelmeeres, ist für die Sowjetunion die kürzeste Verbindung zu den südlichen Weltmeeren. Unter westlicher Militärkontrolle war er die zweite Sperre nach dem Bosporus für die seestrategische Beweglichkeit sowjetischer Macht. Wenn diese kapitalen Vorteile den Westmächten streitig gemacht werden könnten, würde die Position des westlichen Seemächtebündnisses gegenüber der Kontinentalmacht UdSSR geschwächt, während das Feld der sowjetischen Bewegungsfreiheit für ausgreifende Unternehmungen auf neue Horizonte ausgeweitet wäre.

Die Vereinigten Staaten hatten seit 1948 im Bunde, aber auch in einer deutlichen Rivalität mit Großbritannien versucht, die Länder des Nahen und des Mittleren Ostens in einem Verteidigungssystem gegenüber der Sowjetunion zusammenzuschließen. Die amerikanische Strategie suchte Stützpunkte und Verbündete zur Eindämmung der sowjetischen Expansion und zur strategischen Gegendrohung von vorgeschobenen Basen aus. Dafür hatten die USA zunächst Saudi-Arabien gewonnen, während die britische Macht noch immer den Persischen Golf, die Südspitze Arabiens und die Ostküste Afrikas beherrschte.

Jordanien war wie Irak noch ein Vasallenstaat des British Empire. Die Türkei und Iran waren die Eckpfeiler der strategischen Konstruktion im Norden und im Osten. Ägypten sollte der dritte — nach Westen und nach Süden hin — werden. Ohne Ägypten war ein umfassender und geschlossener Pakt nicht möglich. Der Suezkanal auf ägyptischem Gebiet, der Hafen von Alexandria — der im Zweiten Weltkrieg der beherrschende Flottenstützpunkt Großbritanniens im östlichen Mittelmeer gewesen war — und Ägypten insgesamt als Drehscheibe nach Nordafrika und über Sudan nach Ostafrika fügten sich zu einem wesentlichen Konstruktionselement dieser strategischen Architektur zusammen.

Der alte Konflikt zwischen der britischen Reichspolitik und dem ägyptischen Unabhängigkeitsstreben belastete diese Politik. Der Versuch, Ägypten in den »Bagdad-Pakt« einzufügen, um einen Ersatz für die aufgegebenen Garnisonrechte am Suezkanal zu finden, war zunächst nach der nationalistischen Militärrevolution gegen die Monarchie 1952 gescheitert. Aber er konnte jederzeit wiederholt werden. In der Tat drängte Großbritannien 1954/1955 in Kairo auf die Teilnahme Ägyptens, während das neue Regime die britische Nahostpolitik als Gefährdung der ägyptischen Unabhängigkeit und der arabischen Einheit immer heftiger anfeindete, bis es zum offenen Bruch kam.

Die amerikanische Politik war gegenüber dem ägyptischen Revolutionsregime der Militärs unentschlossen. Außenminister Dulles, der sein Amt 1953 übernahm, war in der orientalischen Politik fremd und hatte wenig Verständnis für Ägypten, für die Araber, für die Byzantinismen und Subtilitäten der Levante. Zudem mißtraute er den Briten. Die jungen Offiziere, die König Faruk gestürzt und sich dann auch ihres Generals Naguib entledigt hatten, waren ungeduldig, empfindlich und fürchteten eine Konterrevolution als Ergebnis einer britischen Intrige. Der erste persönliche Kontakt Nassers mit Dulles in der Kairoer US-Botschaft war ein Desaster.

Aber wesentlich war, daß die USA die ägyptischen Nationalisten enttäuschten. Dulles verweigerte den Verkauf schwerer Waffen an Ägypten und beharrte auch auf dem Ergebnis der Vorverhandlungen mit der königlichen Regierung, die amerikanische Waffen zur Sicherung der inneren Ordnung bestellt hatte, also leichte Waffen für Polizeiaktionen. Oberst Nasser aber wollte Angriffswaffen »für eine Verteidigung gegen Israel« (Heykal), weil er eine neue ägyptische Militärmacht gegen Israel begründen wollte. Während die US-Regierung zögerte und versuchte, die Bewaffnung der ägyptischen Armee durch die USA mit einer außenpolitischen Bedingung — Ägyptens Teilnahme am »Bagdad-Pakt« — zu koppeln, wandte Nasser sich an Moskau.

Er nutzte die Bandung-Konferenz der Staaten Asiens und Afrikas im Jahre 1955, um den Kontakt über die Volksrepublik China aufzunehmen, und verhandelte mit Tschu En-lai in Rangun über eine chinesische Vermittlung. Auch die Sowjets mißtrauten den ägyptischen Militärrevolutionären, die sie zunächst einmal für Faschisten hielten, weil sie die Kommunisten unterdrückten und den Marxismus als eine dem Islam feindliche Lehre bannten. Schließlich sah Chruschtschow aber die historische Gelegenheit: Zum erstenmal bot sich im Nahen Osten ein Ansatz für sowjetischen Einfluß. Nasser öffnete eine Sperre, und die Amerikaner schienen diese neue Möglichkeit sowjetischen Eindringens in einen der russischen bzw. sowjetischen Politik bis dahin fest verschlossenen Raum entweder nicht zu sehen oder gering zu schätzen.

Ägypten war auch für die Sowjetunion, wie sich später immer wieder erweisen sollte, kein sicherer oder leicht lenkbarer Partner, am wenigsten ein Land, das sich zu einem Teilstaat im sowjetischen Blocksystem oder zu einer kommunistischen Revolutionskaserne machen lassen würde. Aber die ägyptische Revolution brachte immerhin die Möglichkeit mit sich, daß Ägypten nach dem Sturz der traditionellen Gesellschaft mit einer egalitären inneren Ordnung und einer Einheitspartei über die Loslösung von den Bindungen an das internationale Kapital und an die westlichen Wirtschaftsinteressen und kraft einer Renaissance des nationalen Selbstbewußtseins zu einem erheblichen Störfaktor für die westliche Politik im Nahen Osten und in Nordafrika werden könnte.

Chruschtschow stieß nach, als Dulles die Finanzierung des geplanten Nil-Staudamms bei Assuan zunächst von Bedingungen abhängig machte, die einer Neuauflage der Finanzkapitulation des ägyptischen Khediven im 19. Jahrhundert gleichkamen, und dann, nachdem Ägypten diese Bedingungen öffentlich zum Schein angenommen hatte, um die Politik der USA bloßzustellen, die Kreditzusage zurückzog. Die Dullessche Diplomatie in dieser Affäre war einer der spektakulärsten Fehler der amerikanischen Nahostpolitik in den kritischen Jahren der Neuorientierung der arabischen Länder nach dem Ende der britischen Vorherrschaft.

Die Verweigerung amerikanischer Hilfe für das erste große Zivilisationsprojekt im modernen Ägypten war nicht nur politisch absurd und wirtschaftlich unbegründet, wie sich in den Jahren danach zeigen sollte, sondern auch eine bewußte Provokation. Dulles hatte die Aufsicht über Ägyptens Finanzen, Außenhandel, Schuldenverwaltung, Wirtschaftsplanung und Haushaltswesen durch die Weltbank zur Bedingung gemacht, weil er den Kauf sowjetischer Waffen für die ägyptische Armee verhindern und eine Kontrolle von Ägyptens Rüstung durch die Vereinigten Staaten erzwingen wollte. Er nahm an, daß es gelingen würde, den Konflikt der Araber mit Israel einzufrieren und dem Werk der Zeit zu überantworten, wenn man nur die Zufuhr von Waffen in die konfliktbereiten arabischen Länder unterbinden könnte. Nachdem er sich davon überzeugt hatte, daß Ägypten für die westlichen Militärpaktpläne nicht zu gewinnen und unter diesen Bedingungen nicht als Partner für eine gemeinsame Politik zu erhalten war, suchte er es mit der Verweigerung des Geldes für den Dammbau zu bestrafen. Der US-Außenminister hielt es nicht für möglich, daß die Sowjets in die Bresche springen würden. Er höhnte gegenüber dem ägyptischen Botschafter sogar, er wolle ihnen dieses zum Scheitern verurteilte Unternehmen nicht streitig machen.

Die Sowjets bauten und finanzierten den Assuan-Damm. Nasser beschloß, die Suezkanalgesellschaft zu verstaatlichen, um mit ihren Einnahmen das Geld aufzubringen, das der Damm Ägypten kosten würde. Die davon verursachte Krise der Beziehungen Ägyptens zu Großbritannien und Frankreich führte schließlich in den verdeckten Koalitionskrieg Israels und der beiden europäischen Länder gegen Ägypten im Oktober 1956. Sein Ziel war, Ägypten den Suezkanal im Namen einer internationalen Sicherheitsordnung und geltender Verträge zu entreißen und die westliche Position mit Gewalt wiederzubegründen.

Das sowjetisch-ägyptische Waffenabkommen stand in direktem Zusammenhang mit der westlichen Sicherheitspolitik. Der britische Premierminister Anthony Eden hatte 1955 Chruschtschow und Bulganin während deren Besuchs in London ein allgemeines Waffenembargo gegenüber dem Nahen Osten als bestes Mittel der Stabilisierung des von den Mächten anerkannten territorialen Status quo von 1949 vorgeschlagen. Die Sowjets hatten sich grundsätzlich damit einverstanden erklärt, allerdings zu einer kapitalen Bedingung, die die Westmächte wegen ihrer eigenen Bündnispolitik im Orient nicht annehmen konnten: Ein Waffenembargo müsse auch die Türkei und Irak einschließen, zwei Länder also, die mit Großbritannien durch Pakte direkt verbündet und als Eckpfeiler des angloamerikanischen Paktsystems im Vorderen Orient für die Abschirmung dieser Region gegenüber der Sowjetunion und für die Deckung Irans unverzichtbar waren.

Die Sowjetregierung suchte damals den östlichen Riegel der westlichen Strategie zu lockern und hatte hierfür in Nasser einen unschätzbaren Bundesgenossen gewonnen, da er die Einbeziehung Ägyptens in den »Bagdad-Pakt« abgelehnt und eine Neutralitätspolitik zwischen den Blöcken im Ost-West-Konflikt proklamiert hatte. So nahm Ägypten über seine geostrategische Position als Scharnier zwischen Afrika und Kleinasien mit der Mittelmeer–Golf-Verbindung des Suezkanals hinaus für die sowjetische Politik eine besondere Bedeutung an: Das Beispiel der ägyptischen Neutralität mit einer stark ausgeprägten Defensivhaltung gegenüber den Westmächten und mit dem antiimperialistischen Komplex der Bewältigung kolonialer Vergangenheit konnte als Mittel

zur Auflösung der westlichen Positionen im Nahen Osten dienen. Um dieses Mittel einzusetzen, war es notwendig, für die arabischen Forderungen einzutreten und die Partei der Araber gegen Israel zu ergreifen. Die Sowjets hatten in Ägypten, in Syrien und später auch in Jemen und in Irak nie etwas anderes gesucht als die strategische Kontrolle über diesen Raum, den sie wie das östliche Mittelmeer und die mittelöstliche Peripherie des eurasischen Kontinents als natürliches Glacis ihres eigenen Machtbereichs betrachten. Strategische Kontrolle ist immer von äußeren Faktoren abhängig, also eine relative Größe, die eine Funktion anderer Größen bleibt: Ihr Mindestmaß ist die Ausschließung fremder Macht von einem Gebiet. Dies dürfte das erste sowjetische Ziel gewesen sein. Danach hat die Sowjetunion deutlich versucht, feste politische Einflußpositionen mit den Mitteln der Militär- und Wirtschaftshilfe, der Abnahmegarantie für ägyptische Baumwolle und diplomatischer Unterstützung im Nahostkonflikt gegen Israel zu gewinnen.
Das Beispiel des »Bagdad-Paktes« (der späteren »Zentralen Paktorganisation«/CENTO) erhellt den exemplarischen Wert der ägyptischen Neutralitätspolitik für die Sowjetunion. Nassers Weigerung, sein Land in ein Militärbündnis mit Großbritannien, der Türkei, Irak, Iran und Pakistan zu führen, gründete auf der Überlegung, daß die Sowjetunion Ägypten nicht bedrohe und daß Ägypten deshalb kein Interesse habe, an einer Allianz teilzunehmen, die nur zwei Zwecken dienen konnte: einer Militärstrategie der Westmächte und der Türkei gegenüber der Sowjetunion und einer Festigung der erschütterten westlichen Vormachtstellung im Nahen und im Mittleren Osten.
Was das britische Interesse am »Bagdad-Pakt« angeht, so war die Wiederbegründung britischer Vorherrschaft in der neuen Form eines Paktes mit amerikanischem Rückhalt in der Tat der Hauptgrund. Neben dem »Bagdad-Pakt« suchte Großbritannien sich die militärischpolitische und die wirtschaftliche Kontrolle über die Erdöl-Fürstentümer am Persischen Golf zu sichern.
Die militärischen Garnisonrechte Großbritanniens in der Suezkanalzone waren eben durch Vertrag mit Ägypten aufgehoben, die Räumung abgeschlossen worden. Aber Anthony Eden hatte 1954 Nasser in Kairo gesagt, daß für Großbritannien der Suezkanal zum »Erdölkomplex« gehöre und daß die britische Politik ihr Ziel einer militärpolitischstrategischen Reorganisation des Orients mit Hilfe des »Bagdad-Paktes« auch gegen Ägyptens Widerstand weiterverfolgen würde.
Großbritannien betrieb 1954–1956 mit amerikanischer Unterstützung die Einbeziehung Syriens und Jordaniens in den Pakt und forderte von Ägypten als Minimum der Rücksichtnahme einen Verzicht auf jede politische Feindseligkeit gegenüber den britischen Plänen und dem Pakt.
Nasser war zu dem Urteil gekommen, daß eine Kombination wie der

»Bagdad-Pakt« die arabischen Länder gegeneinanderstellen und der Ausprägung einer nationalen arabischen Haltung entgegenwirken würde. Er sah im »Bagdad-Pakt« ein Stück westlicher Architektur in der arabischen Welt, eine internationale Konstruktion, deren Struktur breiter angelegt war, als es den Interessen der arabischen Länder entsprechen konnte, und deren Machtzentrum auf der Achse Washington–London liegen, nicht aber vom arabischen Gewicht bestimmt würde.

All diese Gründe waren gut genug für das sowjetische Interesse, diese große Kombination der britisch-amerikanischen Paktpolitik im Orient an der Peripherie der Sowjetunion zu verhindern. Nassers Popularität unter den Arabern, das Gewicht Ägyptens und das Beispiel seiner neutralistischen Politik hinderten König Hussein von Jordanien daran, dem Pakt beizutreten, nachdem Syrien eine Absage erteilt hatte. Das britische Drängen mit der »Mission Templer« provozierte sogar eine nationalistische Reaktion in der jordanischen Armee, der ehemaligen »Arabischen Legion«, deren Kommandeure den König zur brüsken Entlassung des britischen Oberkommandierenden, des Generals Glubb-Pascha, veranlaßten.

In den Jahren 1954 bis 1958 veränderte sich die Machtstruktur im Nahen Osten mit dem Suezkrieg von 1956 und dem Sturz der irakischen Monarchie 1958 vollkommen. Ergebnis war eine überraschend schnell zustande gekommene sowjetische Investition in Ägypten: Die UdSSR lieferte Waffen, baute und finanzierte den Assuan-Staudamm und übernahm die militärisch-technische Ausbildung der ägyptischen und der syrischen Armee; das Großprojekt »Bagdad-Pakt« war über die Fixierung einer lockeren und zahnlosen Verbindung zwischen der Türkei, Großbritannien, Iran und Pakistan, also ohne arabische Partner, nicht hinausgekommen und hatte sich mithin zerschlagen. Die Westmächte hatten während dieser fünf Jahre nicht nur die Kontrolle über den Suezkanal und über Alexandria, sondern auch ihre Positionen in Ägypten, Irak und Syrien verloren. Jordanien hatte sich aus dem strategischen System Großbritanniens gelöst und war politisch wie militärisch exponiert, ohne sich selbst verteidigen zu können. Den USA war es nicht gelungen, die Nachfolge des British Empire anzutreten und die verworrene britische Hinterlassenschaft zu ordnen.

Israel aber hatte mit seiner Initiative zum Präventivkrieg gegen Ägypten in heimlichem Einverständnis mit Frankreich und Großbritannien unfreiwillig die Geschäfte der Sowjets besorgt, und zwar in zweifacher Hinsicht: Es hatte Frankreich und Großbritannien als konspirative Verbündete eines israelischen Angriffs in allen arabischen Ländern kompromittiert, und es hatte alle Araber von seiner Gefährlichkeit und seiner Bereitschaft zum Angriffskrieg überzeugt.

Die sowjetische Politik hatte damit leichtes Spiel, obwohl es ihr noch immer an einem festen Zugriff und haltbaren Ansatzpunkten in den arabischen Ländern mangelte. Die Gründe für die arabischen Nationalisten, sich auf sowjetische Unterstützung und notfalls auf sowjetischen Beistand im Krieg zu verlassen, waren sämtlich negativ: weil die USA nicht zur Verfügung standen, weil keine andere Macht gegen Israel auftrat, weil die Sowjetunion keine handgreiflichen Machtinteressen in ihrem Raum hatte, keine Flotte, keine Erdölkonzessionen, keine Stützpunkte, keine Vasallen aus der kolonialen Vergangenheit und keine imperiale Tradition.

Aber positive Gründe fehlten: Das sowjetische System war mit dem Islam und den arabischen Traditionen ebenso unvereinbar wie die kommunistische Ideologie und ihre rigorose Disziplin; die Sowjetunion konnte keine Erfolge in der wirtschaftlichen Entwicklung aufweisen, die denen der westlichen Industrieländer vergleichbar gewesen wären, sie konnte auch weder das arabische Erdöl abnehmen und bezahlen noch die moderne industrielle Technologie und Organisation bieten, die die arabischen Ölausfuhrländer wie Saudi-Arabien und Kuweit benötigten; der sowjetische Rubel hatte keinen Wert auf den Devisenmärkten, und militärisch war die Sowjetunion offensichtlich nicht in der Lage, im Orient etwas gegen die Macht der Vereinigten Staaten auszurichten.

Diese Schwäche ihrer Position aus Mangel an wertvollen Gegenleistungen und wirksamen Mitteln hat die Sowjetunion im Verhältnis zum Nahen und zum Mittleren Osten noch immer nicht überwunden. Jede Belastung seit 1956 hat diesen Mangel an politischer Satisfaktionsfähigkeit und Handlungsfreiheit zur Stützung einer auf Konfrontation mit den Westmächten angelegten Politik arabischer Staaten ausgewiesen. Zwar hatte die Sowjetregierung im November 1956 Großbritannien und Frankreich mit Nuklearraketen als Sanktion für die Fortsetzung ihres Angriffs am Suezkanal gedroht. Aber Nasser wußte, daß nicht diese Drohung, sondern der amerikanische Druck die beiden europäischen Mächte zum Abbruch der Intervention bewegt hatte. 1958 mußte die Sowjetunion untätig zusehen, wie die Amerikaner in Libanon, die Briten in Jordanien zum Schutz von durch Revolution und Subversion bedrohten Regierungen mit Truppen eingriffen. 1964/1965 war der sowjetische Versuch gescheitert, in der griechisch-türkischen Krise auf Zypern Fuß zu fassen und Einfluß auf die zyprische Politik zu gewinnen. 1967 konnte die Sowjetunion die Niederlage ihrer Klienten Ägypten und Syrien im Krieg gegen Israel nicht abwenden, nachdem ihre undurchsichtige Diplomatie in der Frühjahrskrise zum Kriegsausbruch beigetragen hatte. 1970 zeigte sich, daß die mit sowjetischer Hilfe und Beratung unternommene Strategie des »Zermürbungskrieges« am Suezkanal Ägypten mehr Kräfte kostete als Israel und zudem von Israel mit Luftangriffen beantwortet wurde, gegen die Ägypten auch mit sowjetischen Waffen hilflos blieb.

Dann brachte der Versuch, mittels einer Waffenruhe eine Verhandlung unter günstigen Ausgangsbedingungen für Ägypten zu eröffnen, keinen diplomatischen Erfolg im ägyptischen Sinne, obwohl sich die Sowjetregierung daran beteiligt hatte. Schließlich suchte Nassers Nachfolger Sadat im Juli 1972 die sowjetische Militärpräsenz, die eine effektive Kontrolle über die ägyptische Luftverteidigung und über die Bewegungen der ägyptischen Armee ausübte und von 1967 bis 1972 zur Kriegsverhinderung beigetragen hatte, loszuwerden. Die Verbindung mit der Sowjetunion hatte Ägypten keinen durchschlagenden Erfolg in der internationalen Politik gebracht. Die Sowjetunion war mächtig, aber nicht mächtig genug und deshalb auch nicht übermächtig, so daß man sich andererseits vor ihr auch nicht fürchten mußte, sondern versuchen konnte, sich ihrer so zu bedienen, wie es nach den Bedingungen des politischen Spiels möglich war.

Dies war von Anfang an Sadats Politik gewesen. Der neue Präsident hatte erkannt, daß die Sowjetunion gegen die USA nicht in einer direkten militärischen Konfrontation auf den Plan treten würde, um Ägypten beizustehen oder Israel zu schlagen. Nasser hatte 1970 die sowjetischen Waffen für eine modernere und wirksamere Ausrüstung der ägyptischen Armee, insbesondere für eine Luftverteidigung gegen die israelische Luftwaffe, mit dem Zugeständnis erkaufen müssen, daß Ägypten den Verhandlungsweg beschritte, um den Kriegszustand mit Israel auf unbestimmte Zeit einzufrieren.

Sadat hatte in Moskau seit 1970 vergeblich auf Raketen für einen Direktbeschuß Israels und auf mehr Kampfflugzeuge und modernere Jagdbomber und Jäger vom Typ Mig-23 gedrängt. Die Sowjets hatten sich jeder Diskussion darüber entzogen und ihn auf ihre umfangreichen Lieferposten an Kampfpanzern und Luftabwehrraketen, Feldgeschützen und Panzerabwehrwaffen verwiesen. Sadat hatte daraus geschlossen, daß Moskau Ägypten nicht zu einem Angriffskrieg mit genügender Reichweite und Nachschubkapazität zur Rückeroberung der verlorenen arabischen Gebiete, also zur Bedrohung Israels an dessen Grenzen von 1967 fähig machen wollte. Er beklagte sich darüber in vielen Gesprächen und schließlich, nach dem offenen Bruch im Juli 1972, in öffentlichen Reden und Interviews.

Aber seine Enttäuschung war nicht echt. Er hatte von den Sowjets nach den Erfahrungen und Lehren Nassers nichts anderes erwartet, und er wollte ja auch nicht unbedingt einen großen und riskanten Krieg führen. Andererseits sagten ihm Kossygin und Podgorny, Gromyko und Gretschko bei jeder Gelegenheit zu, daß die Sowjetunion an Ägyptens Seite stehen und den gerechten Kampf der Araber um die Wiedergewinnung der von Israel besetzten Gebiete mit allen notwendigen Mitteln unterstützen würde.

Die Sowjets hatten Ägypten nach seiner Niederlage im Sechs-Tage-Krieg, der die Armee des unglücklichen Marschalls Hakim Amer nahezu ihre ganze schwere Ausrüstung auf der Sinaihalbinsel gekostet hatte, zügig wiederbewaffnet und den Ägyptern dabei binnen eines Vierteljahres mehr und modernere Waffen gegeben als jene, die sie 1967 verloren hatten.

Ferner hatten die Sowjets dann über Ägypten einen Luftabwehrschirm aufgezogen, um das Land gegen israelische Luftangriffe besser zu sichern. Sie hatten am Suezkanal eine imposante Artilleriestellung mit rund 1000 Geschützen angelegt. Sie hatten nicht nur die Ausbildung der Truppe, sondern auch die Fortbildung des ägyptischen Generalstabs übernommen. Damit hatten sie jedoch in Ägypten zuviel Platz eingenommen. Aber im großen und ganzen waren sie militärtechnisch nützlich gewesen und hatten Ägypten wieder kriegsfähig gemacht.

Die sowjetische Bilanz der ägyptischen Politik war ausgeglichen. Sadat hatte den offenen Bruch provoziert, um eine Alternative zu erzwingen: Entweder sollten die Sowjets sich zu seinen politischen Konditionen mehr für Ägypten engagieren und dem Land die Waffen geben, die sie ihm noch immer vorenthielten, oder der Bruch sollte in Washington als ein Signal für Ägyptens Bereitschaft wirken, sich von der allzu engen Bindung an Moskau und von der effektiven militärischen Kontrolle durch die Sowjets frei zu machen, die sowjetische Militärpräsenz aufzuheben und damit die strategische Situation im Nahen und im Mittleren Osten wieder zum Vorteil der Vereinigten Staaten zu verändern. Zu diesem Zweck würde Ägypten die amerikanische Vermittlung im Konflikt mit Israel suchen, allerdings wiederum zu arabischen Konditionen, das heißt für eine Verhandlung, deren Ergebnis der Rückzug Israels aus nahezu allen besetzten Gebieten zu sein hätte.

Es ist nicht leicht, Sadats wirkliche Präferenz zu erkennen. Sein Spiel war und bleibt bis heute vieldeutig. Er hat über Ägyptens Verhältnis zur Sowjetunion und zu den USA etwa so gesprochen wie vom Frieden: Es ist nie richtig klargeworden, welcher Art das jeweilige Verhältnis und der Friede sein sollen. Sadat hat auf ebendiese unverbindliche und undeutliche Weise von Krieg geredet, so daß nie erkennbar war, ob er wirklich Krieg oder das Gegenteil wollte.

Die sowjetische Politik war auch nach 1972 komplex geblieben, aber sie war bei all ihrer Undurchsichtigkeit nicht widersprüchlich in sich selbst. Die sowjetischen Führer betrieben seit 1969 eine globale Politik der relativen Entspannung der Beziehungen zu den USA und den Staaten Westeuropas, die sie seit 1964/1965 einzuleiten versucht hatten. Der Gehalt dieser »détente« war für sie im wesentlichen von vier Kriterien bestimmt: 1. Begrenzung des Risikos direkter militärischer Konfrontation mit den Vereinigten Staaten; 2. ein größeres Ausmaß an politischem Einfluß auf Westeuropa im besonderen und auf die übrige Welt im allgemeinen; 3. Zugang zu westlichen Mitteln für die schnellere Entwicklung der sowjetischen Volkswirtschaft, Industrie und Technologie durch gezielte und langfristige Zusammenarbeit an großen Projekten mit Hilfe westlichen Kapitals; 4. eine der Weltmachtstellung und der Weltgeltung der USA gleichwertige internationale Position auf der Basis einer strategischen Machtbalance, die sich im militärischen Kräfteverhältnis möglichst zugunsten der Sowjetunion neigen sollte.

Diese Kriterien fügen sich für die sowjetische Außenpolitik zu einem Programm zusammen, in das die Interessen an einzelnen Objekten der internationalen Politik eingeordnet werden müssen. Für den Nahen Osten bedeutete dies, daß die sowjetische Politik versuchen würde, ihren Vorteil mit allen Mitteln zu suchen und zu wahren, die nicht die übergeordneten Ziele gefährden würden. Mit anderen Worten: Solange weder eine direkte Machtkonfrontation mit den Vereinigten Staaten oder eine anhaltende Spannung in Europa noch ein Abbruch der amerikanisch-sowjetischen Zusammenarbeit drohte, konnte die Sowjetunion im Nahen Osten die Interessen ihrer westlichen Partner-Gegner mißachten oder ihnen sogar zu schaden trachten. Sie konnte wie in der Vergangenheit versuchen, durch Druck und kühnes Vorprellen die Grenze der Konfliktscheu der westlichen Länder zu ermitteln, um an dieser Grenze haltzumachen oder auf sie zurückzugehen und zu verhandeln.

Das Verhältnis der UdSSR zu Ägypten im besonderen und zu den arabischen Ländern im allgemeinen ist seit Beginn der fünfziger Jahre unverändert von dem strategischen Gebot bestimmt, den Vorderen Orient zumindest von westlichen Machtpositionen und von Kräftekonzentrationen freizuhalten, die den sowjetischen Einfluß, die strategische Beweglichkeit der Sowjetunion zwischen Mittelmeer und Indischem Ozean, zwischen Nordafrika und dem Mittleren Osten verringern könnten.

Solange der Konflikt zwischen den Arabern und Israel dazu dienen kann, so lange muß dieser Konflikt im sowjetischen Interesse genährt und von Zeit zu Zeit in Krisen gesteigert werden, obwohl solche Situationen wegen des in ihnen enthaltenen Eskalationspotentials auch für die sowjetischen Interessen gefährlich sind. Aber die sowjetischen Führer haben gelernt, gefährlich zu leben. Die Beherrschung der Krise durch Diplomatie und Pressionen ist eine Kunst der Großmachtpolitik. Die militärische Drohung dient dazu ebenso wie die Beschwichtigung. In der Strategie des begrenzten Konfliktes ist der Kompromiß stets enthalten. Es geht nur darum, zu wessen Vorteil er ausfällt.

Die Sowjetregierung hat seit 1956 erfahren müssen, daß die Araber den Wert ihrer Bundesgenossen daran messen, inwieweit diese die arabischen Forderungen und im Ernstfall die arabischen Unternehmungen gegen Israel unterstützen; auch andere Regierungen haben dies zum Nachteil ihrer Länder und ihrer Politik im Nahostkonflikt feststellen müssen. Wenn die Voraussetzungen für politischen Einfluß und strategische Vorteile in den arabischen Ländern erhalten und verbessert werden sollen, dann muß die Sowjetunion mehr Rücksicht auf diese Länder nehmen als Mächte wie die Vereinigten Staaten, die schlechtere Beziehungen zu ihnen unterhalten. Schon deshalb ist es durchaus unlogisch, etwa von arabischen Regierungen zu erwarten, daß sie sich von Moskau abwendeten und auf sowjetische Unterstützung verzichteten. Um ihre langjährige politische und materielle Investition in Ägypten, in Syrien und neuerdings in Irak zu erhalten und ihre potentiellen Chancen nicht aufzugeben, muß die Sowjetunion den Eindruck vermeiden, daß sie sich für die arabische Sache in Palästina nicht oder nur lau einsetze. Sie muß versuchen, die Linie zu ermitteln und einzuhalten, auf der sie Konzessionen machen kann, ohne das Vertrauen ihrer arabischen Klienten zu verlieren.

Dabei waren und bleiben für die sowjetische Nahostpolitik die internationale Position Israels, Israels Beziehungen zu den afrikanischen und asiatischen Staaten sowie das Verhältnis Israels zu den USA und zu den westeuropäischen Ländern von Bedeutung. Ist diese Position stark und sind diese Beziehungen gut, dann wird die sowjetische Politik unabhängig von der Propaganda vorsichtig operieren und die arabischen Forderungen zu mäßigen, die arabischen Aktionen zu zügeln suchen, um nicht in einen Zielkonflikt zu geraten.

Die internationale Position Israels, Israels Beziehungen zu Westeuropa wie zu Afrika und Asien und selbst das Verhältnis Israels zur US-Regierung verschlechterten sich jedoch seit dem Sieg von 1967 zunächst allmählich, dann rapide. Schon längere Zeit vor dem Yom-Kippur-Krieg war der Verfall der diplomatischen Stärke und der moralischen Position Israels in der Welt deutlich. Der Konflikt mit den politischen Interessen der Vereinigten Staaten und der meisten westeuropäischen Länder war augenscheinlich: Solange Israel nicht mehr in seiner Existenz bedroht wurde, solange es mächtig und übermächtig war, solange es sich weigerte, die besetzten Gebiete zu räumen und statt dessen sogar eine jüdische Kolonisierungspolitik betrieb, die als Annexionspolitik erscheinen mußte, konnte es nicht mehr auf die unbedingte, vorbehaltlose und selbst den eigenen nationalen Interessen gegenüber rücksichtslose Unterstützung seitens anderer Länder rechnen. Die Sympathien für Israel blieben erhalten. Aber sie herrschten nicht mehr überall vor.

Dazu kamen die nicht ausgeführten Gebote der Vereinten Nationen und die gescheiterten amerikanischen Versuche, eine Verhandlung im Sinne der Entschließung 242 des UN-Sicherheitsrats zustande zu bringen. Sie scheiterten keineswegs allein an Israel, aber Israel erschien gerade wegen der Besatzungspolitik der vollendeten Tatsachen und wegen der politischen Bewegung für ein »größeres Israel« im jüdischen Staat selbst als das Haupthindernis auf dem Wege zum Frieden. Der Schein mochte trügen, der Vorwurf ungerecht sein. Es blieb, daß Israel psychologisch und diplomatisch mehr und mehr in die Defensive gedrängt wurde, wie andere Mächte in vergleichbaren Lagen vor ihm, zum Beispiel Frankreich während des Algerienkrieges oder Großbritannien während des Aufstands in Zypern.

Die wesentliche Veränderung der politischen Lage trat 1970 ein, als Nasser sich zum erstenmal einigermaßen deutlich für eine Anerkennung Israels in den Grenzen vor dem Krieg von 1967 aussprach. Sie prägte sich in der Folge weiter aus und trug dazu bei, daß die Bedrohung von Israels staatlicher Existenz nicht mehr absolut erschien. Damit war der sowjetischen Politik eine breitere Manövriermarge gegeben: Sie konnte nun eine vertretbare arabische Politik gegenüber Israel stützen.

Sobald Ägypten bereit war, einen Frieden mit Israel auf der Grundlage des territorialen Status quo ante bellum des Jahres 1967 zu schließen, war eine Verhandlungsbasis gegeben; diese hatte auch die US-Regierung erkannt und anerkannt. Ein solcher Friede würde, wenn er zustande käme, den Konflikt politisch nicht beilegen, sondern nur den Kriegszustand mit der offenen Möglichkeit für beide Seiten, zu den Waffen zu greifen, formal beenden. Die Konfliktlage würde andauern, und politische Spannungen zwischen Israel und seinen arabischen Nachbarn würden auf beiden Seiten ein hohes Maß an Bereitschaft zu militärischer Konfrontation und also einen hohen Rüstungsbedarf erhalten. Dieser Zustand würde der Sowjetunion ihre Hebelwirkung sichern und die arabischen Staaten in Moskau Unterstützung und Waffen suchen lassen.

Andererseits würde die Bewahrung des zerbrechlichen Friedens eine Beteiligung der Großmächte als Sachwalter der internationalen Sicherheit im Auftrag der Vereinten Nationen notwendig machen. Sowjetische Militärpräsenz neben amerikanischer könnte der sowjetischen Politik Ansätze und Mittel zur Förderung ihrer Interessen im Nahen Osten geben, ohne daß sie die offensichtlichen, aber schwer berechenbaren Risiken einseitiger arabischer Aktionen noch länger auf sich nehmen müßte. Eine Sicherheitspartnerschaft mit den Vereinigten Staaten auch im Nahen Osten würde die sowjetische Politik entlasten und gegen solche Rückschläge abschirmen können, wie sie die Ausweisung der sowjetischen Militärberater aus Ägypen im Juli 1972 oder der plötzlich entstandene Zwang zum Handeln in der Krise Ende Oktober 1973 darstellten. Eine gemeinsame Sicherheitsaktion im Nahen Osten würde für die Sowjetunion ohnehin nicht eine unparteiische Schiedsrichterstellung in symmetrischer Neutralitätsdistanz von den Gegnern bedeuten, sondern die Vertretung der arabischen Interessen in einer dialektischen und politischen Spannung mit dem amerikanischen Partner. Die Sowjetunion würde gegenüber Israel als wachsamer Untersuchungskommissar und Kontrolleur der vereinbarten Friedensbedingungen und vor dem Forum der Vereinten Nationen als Klageanwalt der arabischen Klienten auftreten können.

Nur eine endgültige, vollkommene Befriedung im Zustand der guten Nachbarschaft zwischen Israel und den arabischen Ländern würde die sowjetische Präsenz im Nahen Osten überflüssig machen und die Position der UdSSR im Zusammenhang mit dem arabisch-israelischen Verhältnis entsprechend weniger wichtig werden lassen. Aber die Aussicht auf diesen paradiesischen Zustand läßt sich am Horizont der Levante noch nicht erkennen. Selbst dann würde die Sowjetunion neue Gründe und neue Verbündete finden können. In jedem Fall aber dürfte die Nutzzeit des Konfliktes für die sowjetische Politik noch lange genug andauern, um Pläne für die nächsten Jahre zu umspannen.

Für Moskau kam es seit 1956 in allen Krisen des Nahen Ostens darauf an, daß die Sowjetunion als Freund der Araber und als Verbündeter der progressiven Kräfte erschien. Jede politische Lösung des arabisch-israelischen Konfliktes muß dieses Bild bestehen lassen. Das natürliche Ziel der sowjetischen Krisendiplomatie ist es, die arabischen Staaten tunlichst vor Nachteilen und gefährlichen Konsequenzen ihrer eigenen Aktionen zu bewahren, also im äußersten Notfall eine militärische Niederlage von ihnen abzuwenden und militärische Rückschläge durch politische Vorteile bei den Vereinten Nationen und in den anschließenden Verhandlungen auszugleichen. Das natürliche Ziel der sowjetischen Diplomatie in Friedensverhandlungen muß es sein, von den Leitsätzen der Vereinten Nationen ausgehend — die die arabischen Staaten begünstigen und ihnen weniger zumuten als Israel —, für die arabischen Klienten möglichst viele Vorteile herauszuschlagen. Das natürliche Ziel der sowjetischen Propaganda ist es, diese Leistungen der sowjetischen Diplomatie und mit ihnen die Vorstellung vom Bündniswert, vom Abschreckungswert und vom politischen Engagement der sowjetischen Schutzmacht den Arabern möglichst einprägsam zu machen.

In dieser Absicht lieh Moskau nach 1967 seine Waffen und seine Machterscheinung den arabischen Staaten, Ägypten allen voran, um ihnen dabei zu helfen, mit Druck und Drohung Vorteile zu gewinnen, das heißt: Israel zur Annahme von Lösungen zu bewegen, die im arabischen Sinne waren und den jüdischen Staat zum Rückzug aus den 1967 besetzten Gebieten bringen würden. Der israelische General Yarif hatte im Herbst 1970 diese Strategie des begrenzten Konfliktes und des graduell gesteigerten Drucks auf Israel vollkommen richtig beurteilt. Sie bedeutete allerdings — und dies sollte sich auch im Oktober 1973 wieder zeigen —, daß die Sowjetunion einerseits keinen unbegrenzten Krieg, andererseits aber auch keine unbegrenzte Waffenruhe wollte. Diese Strategie destabilisierte die Situation und trug hohes Eskalationsrisiko für den Fall eines extremen Erfolgs in sich. Sie konnte bei längerer Dauer der Feindseligkeiten zu einer Großmächte-Konfrontation auf dem Konfliktfeld führen.

Ein Zusammenprall mit den USA auf dem nahöstlichen Kriegsschauplatz war sicherlich nicht das Ziel der Politik Breschnjews und Kossygins. Obwohl die Nixon-Administration im Laufe des Jahres 1973 innenpolitisch und in ihrem Ansehen in der Welt zutiefst geschwächt war, wirkte die amerikanische Macht und mit ihr der Vorteil der Zusammenarbeit mit den Vereinigten Staaten weiter. Die sowjetische Führung hatte ihre Politik auf diesen Vorteil gesetzt und war seit 1969 nicht schlecht damit gefahren.

In einem politischen Konflikt mit den Vereinigten Staaten würde die UdSSR weder die Anerkennung ihrer europäischen Eroberungen und des von ihr geschaffenen sozialistischen Teilstaates DDR in Deutschland erreicht haben noch ihrem Ziel gesamteuropäischer Sicherheitsverhandlungen und wirtschaftlicher Zusammenarbeit mit den Staaten Westeuropas näher gekommen sein. Der amerikanische Weizen hätte für die Sowjetunion nicht geblüht. Die große Verhandlung über Nuklearwaffen hätte nicht zu den Moskauer Abkommen von 1972 geführt, und das Prinzip der strategischen Parität zwischen den beiden Weltmächten wäre nicht mit einer für die Sowjetunion vorteilhaften Verteilung der Rüstungsgewichte ausgewogen worden.

Die Sicherung der globalen Stabilität im Verhältnis zur amerikanischen Gegenmacht war und bleibt für die Sowjetunion der dominierende Sicherheitsfaktor gegenüber China im besonderen und Asien im allgemeinen, aber auch gegenüber Westeuropa und dort möglichen Kräftekonzentrationen mit Akkumulation militärischer Macht — so unwahrscheinlich diese Möglichkeit 1973 auch war.

Sollte diese amerikanisch sowjetische Partnerschaft mit Kooperation auf einem breiten Feld wieder abgebrochen werden, um Ägypten und den Palästinensern Vorteile gegenüber Israel zu verschaffen? Winkte im Orient der sowjetischen Politik ein glänzender Preis, ein Goldenes Vlies der Weltherrschaft oder der Übermacht, den es mit Krieg, auch um den Verlust aller Vorteile aus dem Verhältnis zu Nordamerika und Westeuropa, zu gewinnen galt?

Es läßt sich im Rückblick auf die Ereignisse des Jahres 1973 nur ein einziger denkbarer Vorteil für eine solche sowjetische Politik erkennen: die Provokation einer Weltwirtschaftskrise und eines wirtschaftlichen Niedergangs der westlichen Industriemächte als Folge einer Verschlechterung ihrer Erdölversorgung oder eines unerträglich hohen Ölpreises. Selbst wenn im Kreml ein solches Ziel ins Auge gefaßt worden wäre, so hätte die gewünschte Folge doch nur unter so außerordentlichen Bedingungen eintreten können, daß der Verlauf der Krise auch von Moskau aus nicht mehr zu steuern gewesen wäre. Es ist also in hohem Maße unwahrscheinlich, daß die Sowjetregierung den Gang der Ereignisse geplant und geregelt hat.

Andererseits wußte man in Moskau so gut wie anderswo, daß die arabischen Erdölproduzenten die Geschäftsbedingungen diktieren, durch Drosselung der Ölförderung und durch Ölpreiserhöhung auch politische Konditionen im arabisch-israelischen Konflikt stellen wollten. Während des ganzen Sommers und Frühjahrs 1973 war weniger vom Krieg die Rede als vom Ölkrieg und von der »Waffe Erdöl«. Daß die arabischen Staaten einen Krieg gegen Israel benutzen könnten, um in einer für die internationale Sicherheit kritischen Situation eine offene Erpressung der Erdölverbraucher mit einer arabischen Reaktion auf die israelische Aggression zu rechtfertigen, war eine Möglichkeit, mit der die Regierungen rechnen mußten. Daß eine solche Politik die Sowjetunion nicht direkt treffen und deshalb relativ begünstigen würde, war ein Rechenergebnis, das offen zutage lag. Daß somit ein Druck auf die Westmächte möglich war und Erfolg versprach, hatten andere Politiker als die sowjetischen Führer im Nahen Osten seit gut anderthalb Jahren immer wieder mit Nachdruck dargelegt.

Moskau konnte also durchaus mit der arabischen »Waffe Erdöl« als einem Druckmittel im Konflikt rechnen, dessen Einsatz die Handlungsfreiheit des Mitspielers USA verringern und Westeuropa als ein amerikanisches Wertstück der internationalen Beziehungen zu einem Pfand für Wohlverhalten und Zugeständnisse an die sowjetischen Klienten im Nahen Osten verwandeln würde. Es war aber ebenso offensichtlich, daß auch andere Ländergruppen schwer und vielleicht sogar auf Dauer getroffen würden und daß dies die internationale Position der Sowjetunion schädigen könnte. Die Rückwirkungen etwa auf Indien sind ein eklatantes Beispiel dafür, und Japan mußte durch eine solche Krise in eine Annäherung an China getrieben werden.

Die arabische »Waffe Erdöl« war also auch für die sowjetischen Interessen in einer weiteren Perspektive zweischneidig. Der Verbund der Weltwirtschaft läßt sich auch zwischen den verschiedenen Systemen nicht ohne Nachteil für alle willkürlich unterbrechen. Die sozialistischen Industrieländer Europas würden früher oder später unter einer von Erdölmangel oder überhohen Energiepreisen verursachten Krise leiden, Jugoslawien als erstes, Polen, Ungarn, die DDR und die Tschechoslowakei später wegen der Verzerrungen im Güteraustausch und der verringerten Aufnahme- und Zahlungsfähigkeit ihrer Handelspartner im Westen. Selbst für die arabischen Erdölproduzenten ist die gemeinsame Politik nicht unterschiedslos von Vorteil oder wenigstens ohne schweren Nachteil: Algerien würde als erstes von ihnen die Rückwirkungen einer europäischen Krise zu spüren bekommen, ähnlich wie Tunesien, Jugoslawien und die Türkei.

Es ist viel wahrscheinlicher, daß die sowjetische Führung eine Kombination von begrenzter militärischer und ökonomischer Pression als Mittel empfohlen hätte — und vielleicht sogar hatte —, um den arabischen Forderungen den nötigen Nachdruck zu verleihen. Eine nach ihren Zielen, in ihren Mitteln und in ihrer Dauer begrenzte Aktion, wie Sadat sie seit 1972 ins Auge gefaßt hatte, war eine für die sowjetischen Interessen annehmbare Strategie in diesem Konflikt. Sie würde der sowjetischen Politik Gelegenheit geben, die Gegenmacht USA zugleich unter Druck zu setzen, auf die Willensprobe zu stellen und ihr mit einer Verständigung wieder zu Hilfe zu kommen, für die die Vereinigten Staaten dann Gegenleistungen würden erbringen müssen.

Andererseits konnte die Sowjetregierung, die seit der Jahresmitte 1972 ihren militärtechnischen Kontrollapparat in Ägypten verloren und ihre strategische Position im Nahen Osten auf arabischem Boden in Gefahr gesehen hatte, Ägypten und Syrien ohnehin nicht in den Arm fallen. Wenn die beiden Länder einen Krieg gegen Israel führen wollten, so konnte die Sowjetunion sie weder mit Gewalt noch mit Drohungen daran hindern, diesen Krieg zu beginnen. Sie konnte nur den Nachschub sperren und androhen, daß sie weder Kriegsversorgungshilfe noch, im Fall einer Niederlage, irgendeine diplomatische Hilfestellung geben würde.

Eine solche Drohung war der Sowjetunion bei leidenschaftsloser Betrachtung ihrer Lage und des Einsatzes nicht zuzumuten. Großmächte handeln nicht ohne äußersten Zwang gegen ihre eigenen Interessen, und sie sind weder selbstlos noch gütig. Ein Versuch, Ägypten und Syrien an ihrem Vorhaben zu hindern oder ihnen mögliche Hilfe zu entziehen, hätte nichts anderes bedeutet als die Liquidierung der sowjetischen Position in den arabischen Ländern.

Aus einer gemeinsamen amerikanisch-sowjetischen Politik der Krisenbeherrschung zur Verhinderung eines Angriffs gegen Israel würden die USA zweifellos mehr politischen Gewinn gezogen haben als die UdSSR, denn sie hatten dabei ihre Klienten nicht zu enttäuschen. Zudem war für eine solche Politik kein erkennbarer und handfester Ansatz gegeben: Wo und wie hätten die beiden Mächte kriegverhindernd eingreifen können, selbst wenn sie sich dazu Anfang Oktober 1973 entschlossen hätten? Eine amerikanisch-sowjetische Flottendemonstration vor den Küsten Ägyptens und Syriens? Oder eine Truppenlandung in Alexandria und Lattakia? Die israelische und die ägyptische Armee lagen sich am Suezkanal gegenüber, die israelische und die syrische auf den Golanhöhen: Wo hätten die fremden Interventionstruppen eingreifen, gegen wen hätten sie Front machen, wie hätten sie sich bewegen sollen?

Welche anderen Sanktionen hätten aber gegen den Friedensbrecher angedroht werden können: Blockade, Embargo, Abbruch der Handelsbeziehungen? Hätten die Vereinigten Staaten wirklich ein Interesse

daran gehabt, arabischen Ländern so zu drohen? Hätte überhaupt eine solche Sanktionspolitik die geringste Wirkung gehabt?
Diese Fragen stellen heißt sie beantworten: Nicht einmal die Vereinigten Staaten und die Sowjetunion gemeinsam hätten Ägypten und Syrien von einem Krieg, zu dem die beiden Länder entschlossen gewesen wären, zurückhalten können. Ihre Warnungen oder Drohungen hätten höchstens einen israelischen Präventivschlag provoziert. Die ganze Hypothese ist absurd. Die Sowjetunion konnte abraten, konnte zu zügeln und zu mäßigen suchen; sie konnte nicht mehr tun — und je mehr sie abriet und abwiegelte, um so verdächtiger mußte sie sich in Kairo und Damaskus machen, um so mehr mußte sie die arabischen Regierungen auf den Weg nach Washington drängen, wo ihre einzige Hoffnung liegen würde, durch Druck auf Israel dessen Rückzug eines Tages zu erwirken.
Die Sowjetregierung reagierte, wie sie reagieren mußte: Sie sagte ihre materielle und politische Unterstützung zu und warnte vor einer direkten Bedrohung Israels. Die Sowjets spielten ihr Spiel auf dem internationalen Schachbrett der Großmachtpolitik. Sie konnten die Partie nicht verweigern. Mächte sind auch die Gefangenen ihrer Macht, Schutzmächte die Gefangenen ihrer Schützlinge und Führungsmächte die Gefangenen ihrer Verbündeten; sie sind es nicht immer und nicht unter allen Umständen, aber sie werden es zuweilen für einige Zeit, vor allem wenn ein Krieg droht oder losbricht. Breschnjew und Kossygin, Gromyko und Gretschko konkurrierten nicht mit anderen um den Friedensnobelpreis, sondern um politischen Einfluß auf die arabischen Länder und um strategische Kontrolle über den Nahen Osten. Sie mußten Risiken eingehen.
Wenn die Araber sich schlagen wollten, warum sollten sie es denn nicht tun? Da kein anderes Mittel eine Verhandlung unter einigermaßen günstigen Bedingungen für die Araber zustande gebracht hatte oder brauchbar erschien, sie nach sechseinhalbjährigen Versuchen zu erzwingen, war der Rückgriff auf die militärische Macht, die klassische Verbündete der Diplomatie im Konflikt, nicht so unsinnig oder unangenehm, wie allgemein behauptet wurde.
Indien hatte 1971 mit seinem Krieg gegen Pakistan um Ostbengalens Unabhängigkeit ein Beispiel für den begrenzten Krieg als geeignetes Mittel der Politik zur Lösung eines anders nicht lösbaren Problems gegeben. Henry Kissinger hatte im Dezember 1972 in den Verhandlungen mit Nordvietnam die US-Luftwaffe mit ihren Bombenangriffen auf Hanoi und Haiphong als Druckmittel benutzt und Erfolg damit gehabt. Giap und das Führungskollektiv in Hanoi hatten 1968 Präsident Johnson zur Aufnahme der offiziellen Verhandlungen mit ihrer Neujahrsoffensive bewegt und 1972 wieder das Mittel des Angriffskrieges gegen Südvietnam eingesetzt, um eine Veränderung der Ver-

handlungslage zu erreichen. Die Sowjetunion hatte die amerikanische Gegenaktion mit der Seeblockade Nordvietnams, der Verminung der nordvietnamesischen Häfen und der Luftoffensive gegen Nordvietnam geduldet, weil sie dies hatte dulden müssen — wie China. Warum sollten Ägypten und Syrien ihre Armeen und das sowjetische Kriegsmaterial nicht gegen einen militärisch mächtigen Feind benutzen, der Teile ihrer und anderer arabischer Länder besetzt hielt?

Einen vollkommenen Sieg würden sie ohnehin nicht erringen. Die Vereinigten Staaten würden eine wirkliche Bedrohung Israels nicht dulden. Abgesehen davon waren die arabischen Armeen in der sowjetischen wie in der allgemeinen Einschätzung dazu auch nicht fähig. Sollten sie den erstrebten Erfolg haben, so würde die politische Verhandlungsposition gestärkt und die Chance größer, erstens eine Verhandlung zu erzwingen, zweitens die Vereinigten Staaten daran zu beteiligen und drittens mehr Druck als bisher auf Israel auszuüben. Die Sowjetunion würde von dem gemeinsamen Erfolg profitieren.

Sollte der Versuch scheitern und der Krieg in einer Niederlage Ägyptens und Syriens enden, so würden diese beiden Länder erstens die Sowjetunion mehr brauchen denn je, zweitens für eine spätere Verhandlung auf sowjetische und amerikanische Unterstützung angewiesen sein und drittens sich möglicherweise eher zu Zugeständnissen bereit finden. Für die UdSSR ist es ebenso gleichgültig wie für die USA oder die Staaten Westeuropas, wo zwischen Israel und Ägypten auf der Sinaihalbinsel, zwischen Israel und Syrien auf den Golanhöhen die Grenze verläuft.

Die beiden Weltmächte hatten also in dem Konflikt ihre globalen Interessen im Verhältnis zueinander zu wahren, daß heißt, eine militärische Konfrontation miteinander zu meiden und sich mit Militärmacht entsprechend zurückzuhalten, ohne den falschen Eindruck zu erwecken, sie seien am Ausgang des Kriegs desinteressiert. Beide entsandten sie Kriegsschiffe und Interventionstruppen zu ihren Flottenverbänden im Mittelmeer. Beide machten sie in einem gewissen Moment Streitkräfte einsatzbereit. Beide setzten sie ihre Mittel ein, um den Kriegsanstrengungen ihrer Klienten den Materialnachschub zu geben, den diese brauchten, wenn sie dem Gegner standhalten wollten. Schließlich fanden sich auch beide mit den unvermeidlichen Schwierigkeiten zusammen, um den Krieg abzubrechen, als eine Lage an den Fronten eingetreten war, in der die Verhandlungschance auf dem Spiel stand.

Weltkrisenschauspiel nach kurzer Feuerpause am Suezkanal

Als am 18./19. Oktober das Ausmaß des israelischen Vorstoßes auf dem Westufer nach Ägypten hinein deutlich wurde, änderte die Sowjetregierung ihre Haltung. Hatte sie bis dahin gemeinsam mit Ägypten und Syrien eine Waffenruhe verzögert und im UN-Sicherheitsrat zu New York auf Zeit für den Krieg gespielt, drängte sie nun plötzlich zur Unterbrechung der Kämpfe. Kossygin hatte in Kairo am 18./19. Oktober von den dort anwesenden sowjetischen Militärs zum erstenmal eine klare Vorstellung vom Frontverlauf und vom Stand der Operationen an der Suezfront erhalten. Er war bei weitem besser unterrichtet und besser beraten als sein ägyptischer Gesprächspartner Sadat.

Sowjetische Offiziere waren das Kampfgebiet abgefahren und hatten ihre Beobachtungen anhand der Luftbilder von Aufklärungsflügen sowjetischer Mig-25 in genauen Lageberichten und Beurteilungen der weiteren operativen Möglichkeiten beider Seiten zusammengefaßt. Sie schlossen auf eine drohende Gefahr für die ägyptische Front am Kanal und auf die Möglichkeit für die israelischen Kräfte, weiter nach Ägypten vorzudringen.

Kossygin erkannte nun die Gefahr, daß Ägypten eine schwerere Niederlage als 1967 erleiden und in deren Gefolge von inneren Erschütterungen heimgesucht werden, ja politisch zusammenbrechen könnte. Eine geschlagene und zurückweichende ägyptische Armee würde eine Gefahr für die Regierung in Kairo sein. Sadat würde sich statt in einer Position der Stärke in einer Notlage befinden. Die ägyptische Verhandlungsposition gegenüber Israel wäre verloren. Die Araber würden den Grund für die Niederlage wieder in überlegener Bewaffnung des Feindes und also in der amerikanischen Hilfe für Israel sehen.

Das Ansehen, das die Anfangserfolge den neuen sowjetischen Waffen verliehen hatten, würde Schaden nehmen — und mit ihm das Ansehen und der Einfluß der Sowjetunion selbst. Ägypter und Syrer würden sich von der Schutzmacht UdSSR verlassen fühlen und die Verantwortung für ihre Lage nicht so sehr bei sich selbst als in Moskau suchen. Ohnehin könnte die Sowjetunion ohne Zusammenbruch ihrer Position

im Nahen Osten keine Besetzung Kairos durch die israelischen Truppen zulassen. Andererseits wollte die Sowjetregierung keinen Krieg führen, und sie mußte die Gefahr eines Krieges, selbst eines begrenzten, zwischen Sowjetunion und USA meiden.
Also mußte dieser Krieg so schnell wie möglich abgebrochen werden. Noch war die Gelegenheit günstig, da die Araber sich der schlimmen Lage der ägyptischen Armee nicht bewußt geworden waren und noch immer ihren Sieg feierten. Aber es blieben nicht mehr als ein paar Tage. Kossygin kehrte nach Moskau zurück, nachdem er Sadat für die Annahme einer Waffenruhe gewonnen hatte.
US-Außenminister Kissinger war nach Moskau aufgeboten worden. Die Regierungen der USA und der UdSSR einigten sich auf eine Offerte für Waffenruhe: Die Armeen sollten dort stehenbleiben, wo sie waren, und das Feuer einstellen. Mit Beginn der Waffenruhe und nach dem Anhalten der Bewegungen auf dem Kriegsschauplatz sollten Verhandlungen zwischen den Kriegführenden aufgenommen werden. Diese Verhandlungen waren »unverzüglich« und »unter angemessenen Auspizien« zu führen, das heißt unter einer gemeinsamen Schirmherrschaft der beiden Weltmächte im Auftrag des Sicherheitsrates der Vereinten Nationen. Sie sollten zunächst die Sicherung und Ausgestaltung der Waffenruhe, also deren Festigung in einem beiderseits mit Verpflichtungen gekoppelten und unter internationaler Aufsicht zu organisierenden Waffenstillstand, die Freilassung der Kriegsgefangenen und die Versorgung der Fronten regeln. Danach war als dritte Phase eine Verhandlung über ein Auseinanderrücken der feindlichen Armeen und über die Ausführung der Entschließung 242 des UN-Sicherheitsrats vom 22. November 1967, also über den Rückzug der israelischen Truppen aus (den) besetzten Gebieten auf »anerkannte und sichere Grenzen«, vorgesehen.
Aber für diesen Hauptgegenstand einer Friedensverhandlung war in Moskau zwischen Kissinger und der sowjetischen Führung nichts im einzelnen vereinbart worden. Auch in Jerusalem erhob der US-Außenminister in diesem kapitalen Punkt keine Forderungen an die Regierung Israels. Er begnügte sich mit der prinzipiellen Zustimmung des Kabinetts Meir zu Verhandlungen. Deren Objekte und Verfahren würden später gemeinsam zu bestimmen sein; zunächst kam es darauf an, Verhandlungen in Gang zu bringen, denn dieser Versuch war seit 1949 stets fehlgeschlagen.
Diese »Friedensinitiative« war der erste greifbare Erfolg der Verständigung zwischen den beiden Weltmächten am Wochenende zuvor in Moskau. In diesem Sinne unterbreiteten die beiden Regierungen dem UN-Sicherheitsrat einen Entschließungsentwurf, der gegen den Protest Chinas angenommen wurde. China legte jedoch kein Veto ein, sondern ließ den Text passieren. Die Waffenruhe trat am 22. Oktober

zwischen Ägypten und Israel in Kraft, nachdem beide Staaten sie angenommen hatten. Syrien schwieg zunächst. Bereits in der Nacht zum 23. Oktober wurde die eben begonnene Waffenruhe von beiden Seiten gebrochen. An der ganzen Suezfront tobten alsbald heftige Kämpfe, in deren Verlauf die israelische Armee ihren großen Vorstoß auf Suez und nach Südwesten, bis zum Kilometer 101 an der Straße Suez–Kairo, unternahm.

Amerikaner und Sowjets sahen sich von neuem in einer Zwangslage und die Verhandlungsaussicht in Gefahr. An der syrischen Front wurde weiter gekämpft. Der syrische Staatschef Assad lehnte die Waffenruhe unter den am 21. Oktober gesetzten Bedingungen ab und sprach von der Fortsetzung des Krieges bis zur Vertreibung des Feindes aus den besetzten arabischen Gebieten. Er ließ offen, ob er dabei nur die seit 1967 besetzten oder ganz Palästina meinte. Irak, das in den Krieg gegen Israel an der syrischen Front eingegriffen hatte, lehnte Waffenruhe und Verhandlungen ab. Jordanien und Saudi-Arabien erklärten, sie würden ihre Haltung nach der ihres syrischen Verbündeten und nach der tatsächlichen Lage an der syrischen Front ausrichten, gaben jedoch zu erkennen, daß sie selbst zu Waffenruhe und Verhandlungen bereit wären.

Die 72 Stunden zwischen dem Abend des 22. und dem des 25. Oktober umspannen die merkwürdige und undurchsichtige Situation, die als eine ernste Krise in Erscheinung trat und für einige Stunden sogar die Drohung eines bewaffneten Konflikts zwischen den beiden Weltmächten auf dem nahöstlichen Kriegsschauplatz heraufbeschwor. Nach den Worten von US-Verteidigungsminister Schlesinger waren die beiden Protagonisten des Weltkrisenschauspiels jedoch in jedem Augenblick der plötzlichen Spannung »sehr weit von der militärischen Konfrontation entfernt geblieben«.

Die Frage, was dann zwischen ihnen geschehen war und warum, umschließt das Geheimnis der Entspannung im Weltmachtverhältnis. Die Realität der exklusiven Sicherheitspartnerschaft zwischen den beiden Mächten erwies sich in der Krise ebenso wie ihre fortdauernde Machtrivalität. Keine von beiden konnte auf eigene Faust handeln, um ihre Ziele auf dem Konfliktfeld Nahost zu erreichen. Beide waren von ihrer gegenseitigen Abhängigkeit im zweiseitigen Abschreckungsverhältnis der nuklearen Drohung dazu gezwungen, sich zu verständigen. Aber bei unterschiedlichen Interessen mußte in der Krise die Verständigung von den Positionen ausgehen, die für beide Seiten unverzichtbar waren. Diese Positionen waren durch Warnzeichen zu markieren. Die Sowjets konnten Israel nicht vor Kairo siegen lassen. Die Amerikaner konnten ein sowjetisches Eingreifen nicht hinnehmen. Beide Weltmächte mußten in der Krise diese vitalen Interessen auf dem Kriegsschauplatz gegen Versuchungen und Mißverständnisse auf der anderen Seite signalisieren. In Situationen, die keine Zeit für diplomatische Demarchen und lange Diskussionen lassen, kann die brüske Signalwirkung von Demonstrationen der Konfliktbereitschaft schneller und sicherer überzeugen. Für Erläuterungen und Beschwichtigung bleibt dann nach der Krise noch immer Zeit. In der Krise wird der Rivale mit einem zusätzlichen Risiko konfrontiert, das er schwer berechnen kann. Die Maske der Kriegsbereitschaft ist undurchdringlich, solange nur die geplanten Vorbereitungen sichtbar gemacht werden und die Drohung verhalten bleibt, als Warnung vorgetragen wird.

Nachdem die sowjetischen Transportflüge nach Ägypten und Syrien vom 23. auf den 24. Oktober plötzlich unterbrochen worden waren und die amerikanische Aufklärung die Bereitstellung von sowjetischen Luftlandeeinheiten erkannt hatte, lag der Schluß nahe, daß die Sowjetregierung die Entsendung von Truppen auf den Kriegsschauplatz an die Fronten zur »Kontrolle der Waffenruhe« vorhaben könnte. Ebendies hatte Breschnjew Präsident Nixon noch einmal in einer persönlichen Botschaft als seine Absicht mitgeteilt, nachdem die US-Regierung die von Sadat geforderte Entsendung amerikanischer und sowjetischer Beobachter an die Kanalfront abgelehnt hatte. Über Ton und Inhalt des Breschnjewschen Briefes wurden in Washington unterschiedliche Lesarten angeboten. Wesentlich war, daß der Generalsekretär der KPdSU dem Präsidenten der USA mitgeteilt hatte, die Sowjetunion würde dem Wunsch des ägyptischen Staatschefs notfalls auch alleine nachkommen.

Die Amerikaner hatten wenig Zeit, sich ein Urteil zu bilden und einen Entschluß zu fassen, aber sie konnten das Verhalten der Sowjets nur auf dreierlei Weise deuten:

1. als harmlos: Breschnjew wolle auf diese Weise nur eine schnelle gemeinsame Aktion durchsetzen, die das Vordringen der israelischen Truppen in Ägypten rechtzeitig aufhalten und eine neue Waffenruhe samt Verhandlungen unter amerikanisch-sowjetischer Aufsicht und Vermittlung durchsetzen.

2. als gefährlich: Breschnjew sei fest davon überzeugt, daß die Amerikaner sich um keinen Preis einmischen wollten, aber vor einer Konfrontation zurückschreckten und die Sowjetunion allein gewähren lassen würden. Sowjetisches Militär solle unter dem Vorwand, für die Vereinten Nationen in der Not einzuspringen, Ägypten und später nötigenfalls auch Syrien eine begrenzte, aber wirksame Bündnishilfe leisten.

3. als undurchsichtig: Ob Breschnjew wirklich eine gemeinsame Intervention wolle, um die Situation unter direkte Weltmachtkontrolle zu nehmen, oder ob er die USA zu einer Stellung gegenüber Israel auf dem Kriegsschauplatz zwingen wolle.

Es scheint, daß Henry Kissinger der ersten Deutung zuneigte, aber

gegen die Möglichkeit, daß die zweite richtig sei und die Sowjets einen Alleingang nach Suez beabsichtigten, Vorsorge traf. Jedenfalls mußte er damit rechnen, daß die Lagebeurteilung des US-Verteidigungsministeriums, die Sowjets hätten die Hälfte ihrer Luftlandetruppen — etwa 50 000 Mann — transportbereit gemacht, zutraf und daß das Verhalten der sowjetischen Seite nicht nur Imponiergehabe war, sondern auf eine tatsächliche Bereitschaft zur Intervention schließen ließ.
Die amerikanische Reaktion war genau kalkuliert: spektakulär, wie es sich für die Inszenierung einer Krise gehörte, und doch auch für die Sowjets erkennbar verantwortungsbewußt. Die Waffen wurden langsam hochgehoben, nach allen Seiten vorgezeigt und mit majestätischer Feierlichkeit als Ultima ratio in Stellung gebracht. Dabei ging die Erhöhung der Einsatzbereitschaft um eine weitere Stufe mit der üblichen Perfektion und ohne jeden Zeitverlust vor sich.
Was aus anderen Gründen unauffällig geübt wird, wurde nun demonstrativ vor den Fernsehkameras und damit vor aller Welt zelebriert. Die Soldaten der US-Streitkräfte von Europa bis Hawaii, von Alaska bis Panama, von Südkorea und Japan bis nach Thailand wurden in eine Alarmbereitschaft versetzt, die der israelischen Armee drei Wochen vorher gutgetan hätte: Sie mußten in ihren Kasernen und auf ihren Schiffen bleiben.
Einige schnelle Interventionseinheiten, wie die in den USA selbst stationierte 82. Luftlandedivision, wurden transportbereit gemacht. Ihr Aufsitzen auf die Fahrzeuge und das Auftanken ihrer Großraumtransportflugzeuge wurde berichtet und gefilmt, über Satelliten in alle Himmelsrichtungen ausgestrahlt, urbi et orbi kund und zu wissen getan. Nukleare Angriffsverbände des Strategischen Luftwaffenkommandos wurden als sofort einsatzbereit präsentiert, obwohl niemand außerhalb der Kommandohierarchie und der Verbände selbst nachprüfen konnte, ob dies so war. In Dakota oder Wyoming richtet man allwöchentlich Raketen in Silos abschußbereit auf, um die Einsatzfähigkeit von Personal, Material, Kontrollen und Organisation zu prüfen. Nur wird es nicht jedesmal für das Fernsehen gefilmt. Bomberstaffeln mit laufenden Triebwerken und H-Bomben im Rumpf stehen jeden Tag auf den Flugplätzen des SAC in den USA, andere fliegen ihre Luftbereitschaftsroute über Alaska zum Nordpolarmeer, über den Atlantik nach Spanien, ohne daß dies der staunenden Menschheit verkündet wird. Nuklear angetriebene Raketen-Unterseeboote fahren nach dem permanenten Einsatzplan auf Seestation ihre »Schicht«, und die Angriffsflugzeugträger der Flotte sind auf hoher See immer kriegsbereit.
Wichtig war in diesem Fall der durchgehende allgemeine Bereitschaftsbefehl samt den technischen Vorbereitungen, die in allen alarmierten Einheiten getroffen wurden: Die Sowjets mußten annehmen, daß die Bereitschaft real war. Sie würden die Vereinigten Staaten nicht über-

raschen können, und eine amerikanische Intervention im Nahen Osten würde ohne Verzug beginnen, sicher schneller als der verzögerte israelische Gegenschlag. Was immer man in Moskau beabsichtigte: Das in Gang gesetzte technische Repertoire des Alarms schuf eine militärisch und in der Krise politisch relevante Aktionsbereitschaft. Das genügte.

Die Sowjets hatten sich im Juni 1967 einer ähnlichen Situation gegenübergesehen, nachdem Kossygin Präsident Johnson in einer Botschaft gedroht hatte, wenn Israel nicht sofort seinen Angriff auf Ägypten einstelle, werde die Sowjetunion eingreifen. Johnson hatte die Drohung schroff zurückgewiesen und der 6. US-Flotte im Mittelmeer Eingreifbereitschaft und die Annäherung der US-Kriegsschiffe bis auf 50 Seemeilen an die syrische Küste befohlen, Verstärkungen bereitgestellt und dann nach dem Abbruch der Kommunikation mit Moskau gespannt gewartet. Die Sowjets bewegten keinen Mann, kein Kriegsschiff, kein Kampfflugzeug. Als 1956 die britische und die französische Regierung Ägypten ultimativ aufforderten, den Suezkanal bis auf weiteres von Truppen zu räumen und in die Obhut der britisch-französischen Streitkräfte zu geben, und damit ihren Angriff ankündigten, weilte der damalige syrische Staatspräsident Kuwaitly gerade zu Besuch in Moskau. Als die Nachricht in den Kreml gelangte, wo er mit Chruschtschow und Bulganin konferierte, rief Kuwaitly seinen Gesprächspartnern zu: »Schreiten Sie ein!« Marschall Schukow, damals Verteidigungsminister, brachte eine Landkarte des Orients. Er entfaltete sie auf dem Tisch und antwortete dem Syrer: »Zeigen Sie mir, wo und wie.« Mohammed Heykal hat diese Szene 1972 berichtet. Ihre Bedeutung war weder Nasser noch seinen Nachfolgern entgangen. Die sowjetische Militärmacht war 1973 zwar unvergleichlich stärker als 1956, und ihre Mittel für eine Intervention waren vielfältiger und kraftvoller. Aber noch immer galt Schukows Frage von damals.

Die Abschreckungsparade der amerikanischen Militärmacht gab nur den Hintergrund für einen Bühnenauftritt des US-Außenministers ab, der sich als Historiker einmal beklagt hatte, eine Diplomatie, die Konflikte nur durch Verhandlung ohne Druck und Drohung beilegen wolle, mache sich ihre eigene Kunst zu schwer: Druck und Drohung mit militärischer Macht würden eine Verhandlung im Konflikt oft erst zum Erfolg führen. Denn wenn der Widerpart für seine Weigerung, auf die Vorschläge oder Forderungen einzugehen, keine Sanktionen zu gewärtigen habe, warum solle er dann tun, was tun zu sollen und tun zu müssen er nicht einsehe?

Henry Kissinger trat vor die Welt und sprach mit ernster Miene einen etwas langen und gedrechselten Satz, der darauf hinauslief, den Sowjets zu sagen, daß die Vereinigten Staaten die einseitige Entsendung von Militärpersonal einer Großmacht, noch dazu einer Nuklearmacht, in den Nahen Osten in der gegebenen Lage als eine sehr ernste Gefährdung der Sicherheit ansähen. Mehr sagte er nicht. Kein Ultimatum, kein Wort der Drohung, keine Tatankündigung, keine Absichtserklärung. Aber ein Hauch vom Ernst der Stunde wehte in den Worten mit. Man mußte ihn nicht spüren, man brauchte ihn nicht für echt zu halten. Aber die Sowjets waren gewarnt und auf die vitale amerikanische Interessen signalisierende Linie verwiesen, die die US-Regierung um den Kriegsschauplatz zog.

Breschnjew erklärte kurze Zeit später, die Unterstellung, die Sowjetunion hätte einen militärischen Eingriff oder auch nur eine Einmischung erwogen, sei absurd. Er bot nur noch »Repräsentanten« an, ohne zu sagen, welcher Art. Sie sollten die Einhaltung der Waffenruhe zusammen mit denen anderer Länder für die Vereinten Nationen kontrollieren. Solche »Vertreter« in Gestalt von zivilen Beobachtern hatte Kissinger auch angeboten.

Inzwischen war längst eine Lösung nach dem Grundsatz beiderseitiger Enthaltsamkeit gefunden. Die neutrale Staatengruppe im Sicherheitsrat hatte sie auf amerikanisches Anraten hin rechtzeitig präsentiert: An der »Friedenstruppe« der UN würden keine Kontingente ständiger Mitglieder des Sicherheitsrates (USA, UdSSR, Volksrepublik China, Frankreich, Großbritannien) beteiligt werden. So wurde es mit den Stimmen der beiden Weltmächte am 25. Oktober beschlossen, und die Affäre war erledigt. Ein dritter Weltkrieg hatte in der Tat niemals gedroht. Aber ein Moment der Unsicherheit in der Kommunikation der beiden Weltmächte, die sich in strategischer Rüstungskontrolle und globaler Sicherheitspolitik als Partner gegenüberstehen, war doch auf dem Höhepunkt der Krise eingetreten und hatte das beiderseitige Eskalationspotential gesteigert.

Es blieb die Frage, wozu der Kompromiß über die Beendigung der bewaffneten Feindseligkeiten hinaus dienen sollte. US-Außenminister Henry Kissinger hat den Frieden im Nahen Osten als eine der Bedingungen für die globale Sicherheit zwischen den Nationen zum Gegenstand internationaler Verantwortung erhoben. Er machte den sowjetischen Partnern deutlich, daß für die Vereinigten Staaten ein unsicherer Zustand zwischen Krieg und Frieden im Nahen Osten nicht mit einer »neuen Struktur des internationalen Friedens«, also mit der Stabilität der Beziehungen zwischen den Großmächten, vereinbar ist.

Für die USA wie für die westlichen Nationen ohne Zugriff auf den Kriegsherd Nahost im Schnittpunkt Europas, Asiens und Afrikas war dieser Krieg eine Lektion in globaler Sicherheitspolitik. Die Ausweitung des Konflikts auf bisher unbeteiligte Staaten war schon seit Jahren eine Realität, allerdings von noch verhältnismäßig geringer Auswirkung auf die internationale Politik und auf das Leben der Nationen.

Die Ausbreitung und Häufung arabischer Terroranschläge auf internationale Einrichtungen wie den Luftverkehr und die Entsendung von

Terroristen in fremde Länder mit dem Auftrag, dort Gewaltanschläge zu verüben und Furcht zu verbreiten, hatten 1970 begonnen, diese neue quasiuniversale Dimension des arabisch-israelischen Konflikts mit explosiver Substanz aufzufüllen. Die Verbindung des Konflikts mit der Förderung und dem Verkauf arabischen Rohöls an fremde Staaten, die an diesem Konflikt nicht beteiligt sind und zumindest nicht unmittelbar auf ihn einwirken können, hat eine weitere Realität der modernen Welt hervortreten lassen: daß die Sicherheit unteilbar ist und daß Neutralität gegenüber Kriegsgegnern nicht ausreicht, um passiv die eigenen Interessen zu wahren. Für die Sowjetunion bedeutet dies, daß sie ihre Politik in diesem Konflikt ihrer europäischen und ihrer globalen Politik im Verhältnis zu den Vereinigten Staaten zuordnen muß.

Diesen Zusammenhang suchte Henry Kissinger in Moskau wie in den Hauptstädten des Nahen Ostens aufzuzeigen, einen Zusammenhang, der in der Ölboykottdrohung gegen einzelne westeuropäische Länder und in dem Prinzip des von den arabischen Staaten hergestellten Junktims zwischen Ölversorgung und Politik gegenüber den Kriegführenden mit Eklat zum Ausdruck gekommen ist.

Zwar wurde die »Waffe Erdöl« von den Produzenten in Wirklichkeit sehr viel vorsichtiger eingesetzt, als sie es behaupteten, aber allein ihre Anwendung und die Androhung einschneidender Drosselungen legte die mögliche Gefährdung der internationalen Sicherheit und der Stabilität der Wirtschaftsbeziehungen bloß.

In dieser Hinsicht war der Krieg im Oktober ein Brennpunkt: Er ließ Gedanken, Absicht und Erwartungen der Araber gegenüber den reichen Ländern des »weißen« Nordens auflodern, die bis dahin nur in Worten Ausdruck gefunden hatten und im übrigen von politischer Mäßigung und geschäftlichen Interessen beherrscht worden waren. Der Yom-Kippur-Krieg brachte den Kern des universalen Koexistenzproblems zwischen den Ländern mit unersetzlichen Rohstofflagern und den Industrieländern zum Vorschein, und er beleuchtete das ganze Ausmaß der Abhängigkeit der hochentwickelten, verfeinerten und hochempfindlichen Industriezivilisation von der Kontrolle über diese Ressourcen.

Die amerikanische Politik der letzten Jahre hatte die Sicherheitsfrage der sowjetischen Gegenmacht, dem revolutionären China und dem kommerziell-sozial gesinnten Westeuropa in diesem absoluten Sinne als universelles Zivilisationsproblem gestellt. Selten wurde eine Doktrin von unvorhergesehenen Ereignissen in ihrem Wahrheitsgehalt so vollkommen bestätigt. Die seit längerem erkannte Herausforderung der globalen Stabilität des internationalen Systems durch unbewältigte Steuerungsprobleme wie die Energieversorgung, der Rohstoffverteilung, der Ernährung, der Überwindung archaischer Gegensätze, etwa zwischen Rassen, Religionen und Nationen, und jenen der Krisen-

beherrschung trat in diesem Konflikt deutlicher denn je seit dem Zweiten Weltkrieg in Erscheinung.
Die Bedeutung des Friedens kam zum Vorschein. Henry Kissinger formulierte sie in einer Grundsatzrede zur Eröffnung der Genfer Friedenskonferenz mit dem Satz: »Präsident Nixon sandte mich hierher, denn fünf Jahre lang hat er versucht, eine neue Struktur des internationalen Friedens aufzubauen [...], in der neue, konstruktive Beziehungen Mißtrauen und Konfrontation ersetzen sollen.«
Dieser Wilsonsche Universalkonstruktivismus der amerikanischen Weltpolitik entspringt nicht nur einer idealistischen Eingebung, sondern realpolitischer Einsicht: Kissinger hat seit 1969 den sowjetischen Staatsmännern immer wieder die Nichtigkeit marginaler Vorteile nationaler Machtpolitik vor Augen zu führen versucht und auf die unlöslichen gegenseitigen Abhängigkeiten hingewiesen.
»Der Weltfriede bleibt zerbrechlich und unvollkommen, solange der Mittlere Osten in einer fortwährenden Krise befangen ist«, sagte Kissinger in Genf. »Seine Wirren und Ausbrüche sind eine Drohung für unser aller Hoffnung.« Ebendies war in Krieg und Krise unbestreitbar geworden.
»Ein breit angelegter Friede« müsse geschlossen werden, der die Bedürfnisse der bisherigen Feinde »umfassen« könne: »Wiederbeginn der Souveränität und Wiedergutmachung der Leiden eines heimatlos gewordenen Volkes« auf der arabischen Seite und »Sicherheit und Anerkennung der Legitimität als Nation« auf der israelischen. Solche philosophischen Postulate weisen auf die Größe der Unternehmung und die Tragweite des Versuchs. Sie lassen auch die verheerenden Konsequenzen erkennen, die ein Scheitern mit sich brächte.
Es war Kissingers erklärte Absicht, alle Kriegsparteien, die Sowjetunion als Schutzmacht der arabischen Koalition eingeschlossen, in der Genfer Verhandlung zu stellen und zu fordern. Für die Sowjets war der Hinweis deutlich und im übrigen nur eine Wiederholung: Friede, Sicherheit und Entspannung, Partnerschaft und Zusammenarbeit sind unteilbar. Die US-Diplomatie wies wieder auf »das Geflecht der Bindungen« hin (Kissinger über die Moskauer Abkommen zwischen USA und UdSSR von 1972), in dem der Bruch eines Abkommens alle zerstören könne.
Diese Politik der Verflechtung der internationalen Beziehungen und der politischen Strategien von Staaten, die zugleich Gegner und Partner sind, ist auf der Ebene der Weltmächte wegen der größeren Distanz und der breiteren Sicherheitsmargen noch verhältnismäßig einfach, auf einem Konfliktfeld wie dem Nahen Osten dagegen äußerst schwierig. Die Frage stellt sich am Beispiel des Suezkanals. Für die sowjetischen Interessen wäre die Öffnung dieses Wasserweges zweifellos von großem Vorteil: die sowjetische Flotte würde für ihre Bewegungen Zeit und

damit sowohl größere Reichweite als auch längere Einsatzdauer gewinnen. Die sowjetische Flottenstrategie würde beweglicher; sie könnte im Persischen Golf, an der Ostküste Afrikas, im Indischen Ozean und bis an die Küsten Chinas und Japans Flottenpräsenz rascher konzentrieren und ihre Stützpunkte besser nutzen. Sie würde als flexibles Instrument einer ausgreifenden Politik der Einflußgewinnung aufgewertet werden.

Es ist offensichtlich, daß die Sowjetunion Flottenpräsenz und Nachschubkapazität zur See braucht, um in einer Konfliktlage mit militärischen Mitteln im Persischen Golf einsatzbereit zu sein, Irak zu stützen, der aufstrebenden iranischen Militärmacht Kräfte entgegenzusetzen, wo Iran handeln kann und Interessen zu verteidigen hat, ohne es auf dem Lande, an der Grenze, unter militärischen Druck zu setzen und damit sofort eine Krise zu provozieren. Ferner liegt auf der Hand, daß die sowjetische Seemacht in Indien die Flagge zeigen und ihre Einsatzbereitschaft demonstrieren muß, um Indien als Partner gegenüber China, aber auch gegenüber den USA im asiatischen Kräftespiel zu stützen.

Wie immer andere die Möglichkeiten und den politisch-strategischen Wert von Flotten beurteilen mögen — die sowjetische Führung scheint sie hoch einzuschätzen. Entsprechend groß ist ihr Interesse an der Öffnung des Suezkanals und daran, daß die Kontrolle über ihn in Krisenlagen bei einem der Sowjetunion zumindest freundlich gesinnten Ägypten liegt.

Kissinger wurde während seiner Reisen durch den Mittleren Osten 1973 gefragt, ob die Öffnung des Suezkanals nicht ausschließlich oder vorwiegend den sowjetischen Machtinteressen zugute kommen und die Zahl der sowjetischen Kriegsschiffe im Indischen Ozean vermehren würde. Die Antwort war eine Nutzanwendung der allgemeinen Grundsätze der amerikanischen Außenpolitik seit 1969: Weder die Zahl der sowjetischen Kriegsschiffe im Indischen Ozean noch die der Durchfahrten solcher Schiffe durch den Kanal sei wesentlich, sondern die Ablösung des Konfliktzustandes mit permanenter Explosionsgefahr und dem Risiko einer Konfrontation zwischen den Mächten. Deshalb sei die Frage, wem die freie Durchfahrt durch den Suezkanal schließlich mehr nutzen würde, unwesentlich. Hier handle es sich nur um »marginale« Vorteile und Nachteile in begrenzten Situationen.

Man kann die Frage nach dem Suezkanal auch anders stellen: Soll er geschlossen bleiben, nur weil die Sowjetunion aus seiner Öffnung mehr Vorteile ziehen könnte als die Vereinigten Staaten oder die zur See fahrenden Nationen des westlichen Bündnisses? Wenn die Antwort lautete, daß die Erhaltung des seit 1967 gegebenen Zustandes für die Westmächte größere Vorteile habe als die Rückkehr in den internationalen Normalzustand, so würde sich in der Konsequenz die politische Frage nach dem Interesse der Weltmächte an der Fortdauer des

Konflikts stellen. Sie könnten ein solches Interesse im wohlverstandenen Sinne eigener Vorteile doch nur unter drei Voraussetzungen haben:
1., daß dieser Konflikt von ihnen kontrolliert werden kann, das heißt, daß sie von seinen Explosionen nicht Schaden leiden;
2., daß Israel über die Macht verfügt und auf unbegrenzte Zeit verfügen wird, den gewünschten Zustand aufrechtzuerhalten, ohne daß andere Mächte eingreifen müssen und ohne daß ihnen erhebliche Nachteile daraus entstehen, die sie nicht als annehmbar einkalkuliert hätten;
3., daß der eingefrorene oder auf einem erträglichen Niveau der Konfliktintensität gehaltene Zustand im Nahen Osten nicht auf die weitere Umwelt ausstrahlt und die internationalen Beziehungen nicht stört, das heißt, daß die arabische Konfliktpartei sich mit ihm und ihrer Unfähigkeit, die Machtverhältnisse zu ändern, abfindet.

Keine dieser drei Voraussetzungen war seit 1967 gegeben, obwohl es zunächst nach dem Schocksieg Israels so scheinen mochte. Der Kriegszustand im Nahen Osten war ein explosives Element der Anarchie im internationalen System geworden. Die Folgen des Krieges von 1973 machten der ganzen Welt von Amerika bis nach Japan und Europa deutlich, daß dieser Konflikt nicht auf die Dauer isoliert werden kann. Außer dem Friedensschluß war damit ein umfassender und über die Kriegsgegner hinausreichender Interessenausgleich dringend geworden, ein »Arrangement«, wie man es zu Zeiten des »Konzerts der Mächte« im 19. Jahrhundert nannte. In einem solchen Arrangement wird ein Ensemble von Kompensationen ausgehandelt, in dem jeder beteiligte Staat einen hinreichend großen und dauerhaften Vorteil finden muß, damit er den Frieden hält. Dies hatte Kissinger mit seiner Genfer Formel vom »breit angelegten« Frieden im Sinn, der gegensätzliche Interessen »umfaßt«, weil er sie in ein international vereinbartes Ensemble einbettet.

Für ein Interessenarrangement ist aber die Wiedereröffnung des Suezkanals unerläßlich. Denn welches Interesse sollte Ägypten an einem Friedensschluß mit Israel oder auch nur an einem »automatischen« De-facto-Frieden in einem formlosen Zustand der Gewaltlosigkeit an den Grenzen auf der Sinaihalbinsel haben, wenn es nicht einmal auf die Einkünfte aus der Kanalpassage zählen könnte? Warum sollte Ägypten einem Frieden mit Israel, wie auch immer er formal geschlossen würde, zustimmen, wenn es nicht das Erdöl der Sinaihalbinsel, mit dem Israel etwa vier Fünftel seines Bedarfs deckt, wiedergewinnen soll?

Der Nutzen des Suezkanals für die Schiffahrt, von Flottenbewegungen abgesehen, wird unterschiedlich beurteilt. Seit 1967 hat der Großtankerbau gewaltige Fortschritte gemacht. Aber die Vertiefung und Ausweitung der Fahrrinne des Kanals für eine Aufnahme von Schiffen größerer Tonnage ist vorgesehen und kann mit annehmbarem Aufwand in kurzer Zeit ausgeführt werden. Für den Seetransport geben nicht allein die Großtanker den Ausschlag. Die Ersparnis des Umwegs zwischen dem Persischen Golf und Europa um die Südspitze Afrikas macht etwa 7500 km aus. Eine Normalisierung der Schiffahrt würde allen seefahrenden Nationen zugute kommen und Ägypten ein ausmünzbares materielles Interesse an der Erhaltung des Friedens geben. Die Freiheit der Schiffahrt durch den Kanal, durch das Rote Meer, das den Zugang zum Kanal von Süden umschließt, und durch die Meerenge von Tiran in den Golf von Akaba zum israelischen Hafen Eilat würde Teil eines solchen Arrangements sein (wobei die Benutzung des Kanals für israelische Schiffe nicht einmal ein wirtschaftlich wesentlicher Vorgang ist).

Die verstärkte und logistisch leichter stützbare Präsenz sowjetischer Kriegsschiffe im Indischen Ozean und im Pazifik dank der Freigabe des Suezkanals wäre für die Westmächte kein unaufwiegbarer Nachteil, solange sie selbst willens wären, die nötigen Anstrengungen auf sich zu nehmen, um der sowjetischen Flottenstrategie die Kräfte und Schiffsbewegungen entgegenzusetzen, die ihnen zur Erhaltung einer wie auch immer ausgewogenen seestrategischen Balance als angemessen erscheinen. Sie werden dies im Atlantik und im Mittelmeer ohnehin tun müssen. Sie können nicht zu Lasten anderer Interessen und des internationalen Systems eine äußerst prekäre und fragwürdige Sicherheit für ihre Flottenpräsenz als Prämie aus der Sperre eines internationalen Wasserwegs gewinnen. Im Ernst hat dies auch noch keine westliche Macht behauptet.

Die Frage nach den relativen strategischen Vorteilen und Nachteilen einer Wiedereröffnung des Suezkanals stellt sich für die Sicherheit in der Perspektive eines fortwährenden Konflikts. Die Möglichkeit eines solchen Konflikts, der in immer neuen regionalen Krisen vom Mittelmeer über den Nahen Osten und den Persischen Golf bis nach Indien und Südafrika neue Konfrontationen zwischen den Westmächten feindlichen Staaten und westlichen Interessen mit sowjetischer Einwirkung zum Nachteil der westlichen Länder bewirken würde, läßt sich nicht ausschließen. Aber die Politik der westlichen Staaten auf dieser Hypothese einer sicheren Konflikterwartung konzipieren hieße den Konflikt unausweichlich machen.

In einer solchen Perspektive müßte Israel in der Tat als ein westlicher Vorposten oder sogar, wie 1956 von Großbritannien und Frankreich, als »Festlandsdegen« der westlichen Mächtekoalition im Orient betrachtet werden. Entsprechendes müßte dann für Iran, für Äthiopien und natürlich für die Republik Südafrika gelten. Abgesehen davon, daß es alles andere als sicher ist, ob Israel selbst oder etwa Iran sich in dieser Stellung mit dieser Aufgabe sehen und irgendwelchen westlichen Sicherheitsinteressen dienen wollte, würde eine solche Politik des Westens

den Konflikt mit Afrika und der arabischen Welt zur Folge haben müssen. Diese Konsequenz liegt weder im Interesse Europas und der USA noch im Interesse Israels.
Die Hypothese, daß die Sowjetunion zwar relative Entspannung und Stabilität in Europa wie im Verhältnis zu den Vereinigten Staaten sucht, gleichzeitig aber auch Bewegungsfreiheit außerhalb Europas für eine raumgreifende, expansive Politik, mit der sie die Westmächte und Westeuropa umfassen, von überseeischen Positionen verdrängen und ihnen als dominierende Macht entgegentreten könnte, ist eine logische Überlegung. Niemand kann das Gegenteil beweisen. Die sowjetischen Ambitionen sind eine unbekannte Größe, und sie sind wahrscheinlich veränderlich wie alle Ambitionen.
Vieles deutet darauf hin, daß die Sowjetunion strategische Parität mit den Vereinigten Staaten nicht eng und restriktiv definiert, sondern als ein Kräfteverhältnis, das ihr genügend Mittel läßt, um militärische Prädominanz auf dem eurasischen Kontinent nach Westen, Osten und Süden zu bewahren und dazu an der Peripherie Eurasiens zur Geltung zu bringen. Überlegenheit zu gewinnen und zu vergrößern, ist immer eine Versuchung der Macht. Aber ein Konflikt würde den Einsatz überlegener sowjetischer Macht im Indischen Ozean oder am Persischen Golf in das Koordinatensystem eines weit über diese Räume hinausreichenden Konflikts einfügen: Die Verbindung zu Europa und zur Konfrontationsebene, auf der die amerikanischen Interessen verteidigt werden, kann nicht blockiert werden. Auch dies hat der Yom-Kippur-Krieg gezeigt.
Für die Sowjetunion würde eine solche Politik ebenso riskant und in ihren Konsequenzen ungewiß wie für die westlichen Länder oder die nahöstlichen. Die USA ihrerseits mußten nach der Erfahrung mit diesem Krieg versuchen, den sowjetischen Gegenspieler für eine Befriedung dieses Raumes zu gewinnen, wenn sie in absehbarer Zukunft wieder unabhängig von plötzlichen, in ihrem Verlauf nicht überschaubaren, geschweige denn beherrschbaren Krisen der orientalischen Staatenwelt werden sollten. Aber dasselbe galt und gilt für die Sowjetunion. Die ersten Reaktionen auf Kissingers Streben, in dieser »question d'Orient« als »ehrlicher Makler« zu vermitteln und die amerikanische Macht dabei vorsichtig, aber für alle sichtbar auf die Waage zu legen, waren auf der arabischen Seite positiv und auf der israelischen zumindest neutral.
Eine andere Macht als die Vereinigten Staaten hätte ohnehin keine Hebelwirkung auf Israel und somit keinen Ansatz für eine wirkungsvolle Diplomatie zur Schlichtung und zur Friedensstiftung. »Zum Krieg brauchen wir die Russen, aber zum Frieden die Amerikaner«, hatte in Kairo kurz nach Nassers Tod im Oktober 1970 einer der Vertrauten Präsident Sadats mehreren westlichen Botschaftern bekannt.

Sadat hatte alsbald versucht, für gute Beziehungen zu den USA erste Fäden zu knüpfen, und dies war ihm auch gelungen, obwohl der politische Konflikt wegen der unvermeidlichen amerikanischen Unterstützung Israels sich nicht in Wohlgefallen auflösen konnte. So war die rasche Verständigung mit Kissinger im Oktober, kaum daß die Kanonen vor Suez schwiegen, weniger überraschend, als es schien.
Zwar waren die USA eben noch als Feind und als Helfer Israels verurteilt worden. Aber die Absicht, endlich die Einseitigkeit der ägyptischen Außenpolitik als Konsequenz des Kriegszustandes mit Israel auszugleichen und wieder in einen gesicherten politischen Kontakt auf der Basis stabiler Beziehungen zu Washington zu kommen, war seit gut drei Jahren deutlich. In dieser Frage war Sadats Politik konsequent.
Allein diese Tatsache bot Kissinger die Chance, der amerikanischen Politik im Nahen Osten nach fast zwanzig Jahren Mißerfolg und Lähmung wieder eine Basis für die eigene Balance zwischen Ägypten und Israel zu verschaffen. Die Aussicht für den Frieden war dabei nicht zu ermessen. Letztlich hängt der Friede von der Haltung der Kriegsgegner ab, nicht vom Willen der fremden Mächte. Weder die Vereinigten Staaten noch die Sowjetunion können im Nahen Osten als Ordnungsmacht wirken, und auch ein politisches Sicherheitskondominium erscheint ausgeschlossen. Beide Mächte können sich nur aus dem Konflikt zurückziehen und ihn so weit abschwächen, daß sie ihre Interessen mit einer gewissen Stabilitätserwartung fördern können. Die Genfer Verhandlung stand von Anfang an unter den Auspizien der amerikanisch-sowjetischen Partnerschaft an der Seite ihrer Klienten: Sekundanten des Friedensschlusses statt des Duells. Würde diese Partnerschaft zerbrechen, dann müßte der Verhandlungsversuch scheitern. Dies war die Situation der beiden Mächte nach diesem Krieg. Sie zeigte, daß der Krieg für keine von beiden eine vorteilhafte Operation der internationalen Politik sein konnte.
Nicht ohnmächtig, aber in ihrer globalen Alternative »Konfrontation oder Partnerschaft« gefangen, waren USA und UdSSR in ihrer Handlungsfreiheit durch die möglichen Folgen ihres Handelns eingeschränkt. Es blieb ihnen der Versuch, gemeinsam ihre Prinzipien der Erklärungen von Moskau und Washington zum Leitfaden der Politik der kleinen Mächte zu machen: Mäßigung und Selbstzügelung. Man fand sich vor einer klassischen Aufgabe der Diplomatie wieder.

Drittes Kapitel

Arabische Rivalitäten

Der Krieg im Oktober 1973 war im wesentlichen eine Initiative Präsident Anwar-es-Sadats. Für den ägyptischen Staatschef war das Erbe Nassers im eigenen Land und in der arabischen Welt eine schwere Bürde. Er hatte von dem Tage an, an dem er die Nachfolge auf sich nahm, erkannt, daß er sie nicht lange würde tragen können, wenn er nicht entweder den oft versprochenen Endsieg über Israel erringen oder aber einen einigermaßen vorteilhaften Frieden schließen könnte. Beides schien nahezu unmöglich. Aber die Zeit drängte.

Ägypten konnte es sich nicht leisten, einfach mit der unbewältigten historischen Vergangenheit der »israelischen Aggression« zu leben und den Widerspruch zwischen Anspruch und Mitteln für eine arabische Politik bestehen zu lassen. Nasser war darüber gestorben, und er wäre zuvor fast darüber gestürzt: 1967, nach der großen Niederlage, und 1969, als die Studenten in Alexandria ihm entgegenschrien: »Mach Krieg oder Frieden!« Die Politik des Landes und mit ihr die revolutionäre Regierung drohten unglaubwürdig zu werden, nach innen wie nach außen.

Der Bürgerkrieg in Jordanien hatte 1970 die Gefahr der blutigen Wirren und des Umsturzes in den arabischen Ländern selbst als ein Menetekel nicht nur auf die Wand des Thronsaales in König Husseins Palais geschrieben, sondern auch an die des Kairoer Konferenzsaals, in dem die arabischen Führer tagten. Die Gefahr war für Libanon seither so groß geworden wie vorher für Jordanien. Das Verhältnis der arabischen Staaten zueinander und zur Außenwelt wurde von Monat zu Monat mehr von den Terroranschlägen palästinensischer oder anderer arabischer Extremisten belastet.

Früher oder später konnten auch arabische Staatsmänner ihnen zum Opfer fallen wie der jordanische Premier Wahsfi Tell, den die Attentäter vom »Schwarzen September« mitten in Kairo vor dem Sheraton-Hotel niedergeschossen hatten, als er zu einer Konferenz arabischer Regierungschefs gehen wollte. Tell war für die Palästinenser ein politischer Feind. König Hussein hatte ihn bestellt, damit er gegen die palästinensischen Gruppen mit fester Hand durchgreife.

Aber der »Verräter« Tell, dessen Blut seine Mörder tranken, hatte nicht immer »Verrat« an der arabischen Sache geübt. Er hatte eine staatliche Autorität in einem arabischen Land vertreten. Was ihm geschehen war, konnte jedem anderen geschehen, den eine Terrorgruppe wie der »Schwarze September« oder die »Adler der palästinensischen Revolution« als Verräter ansehen würde. Sadat war in seiner eigenen Hauptstadt als Gastgeber von diesem Mord herausgefordert worden und blieb doch machtlos gegenüber den Mördern: Ein ägyptisches Gericht sprach ein politisches Urteil zu ihren Gunsten und ließ sie frei. Einer von ihnen beteiligte sich später an dem Überfall in München, der den Abscheu der Welt hervorrief.

Die Geiselnahme des saudiarabischen Botschafters in Khartum, der von Libyen unterstützte Staatsstreich gegen Sudans Präsidenten Numeyri, die irakische Einmischung in die sudanesische Innenpolitik, die der Absturz eines Flugzeuges, das sich auf einem geheimnisvollen Flug von Bagdad nach Khartum befand und in dem ein ehemaliger irakischer Vizepräsident und Minister saß, zutage brachte, und die libysche Unterstützung der Verschwörer gegen das Leben König Hassans von Marokko waren Zeichen für einen rapiden Verfall der arabischen Politik, für Anarchie, Terror und Staatsstreichintrigen zwischen den arabischen Regierungen. Die alte politische Uneinigkeit drohte in offene Feindseligkeit umzuschlagen.

Die palästinensische Sache, die gemeinsame Ambition, Palästina zu befreien und wieder zu einem arabischen Land zu machen, hatte fast ein Vierteljahrhundert die Poesie und Rhetorik der arabischen Welt inspiriert. Der Krieg gegen Israel war seit dem Ende der fremden Vorherrschaft die einzige Klammer zwischen den arabischen Staaten gewesen. Die »arabische Nation«, von der Nasser geträumt und gesprochen hatte, existierte nur in der Vorstellung vom arabischen Kampf um Palästina. Nun war ein Zustand der politischen Rivalität erreicht, in dem einzelne Regierungen und Politiker versuchten, die erbitterte Ungeduld der palästinensischen Irredenta zu nutzen, um ihre Gegner im arabischen Lager zu bedrohen.

Palästina war noch immer ein Ideal. Es gleißte in arabischen Augen wie das ferne Jerusalem in den Augen der Kreuzritter oder wie das mythische Zion in der Phantasievorstellung der Juden. Aber der Kampf um Palästina war zu einem Streit zwischen den Arabern geworden — wie so viele nationale Ideale in der Geschichte. Er hatte begonnen, die Araber in Patrioten und in Renegaten zu scheiden, und war die Ursache einer allgemeinen Frustration geworden; ein Palästina-Syndrom plagte die arabische Politik, und rationales Handeln erschien in diesem Seelenzustand als Opportunismus oder Verrat.

Der Zynismus der arabischen Regierungen hatte seinen Todfeind gezeugt: den gewalttätigen Idealismus, der sich nicht mehr abspeisen und

mit Worten beschwichtigen ließ. Die Araber hatten keinen unheilvollen Eroberungskrieg geführt und waren nicht von einer Koalition besiegt worden. Sie waren der Fremdherrschaft ledig, nicht einer fremden Besatzung unterworfen. Sie waren gegenüber den Juden Israels in der Mehrzahl und empfanden den jüdischen Staat in Palästina als ein fremdes Einsprengsel, als die letzte Drachensaat des verhaßten europäischen — genauer gesagt: des britischen — Kolonialimperiums. Die Araber waren für eine Anerkennung historischer Realitäten und politischer Faits accomplis nicht bereit. Die einzelnen arabischen Regierungen, wie die Sadats in Kairo, mochten einen politischen Zwang zur Anerkennung Israels spüren und einen Vorteil in der Befreiung von der Last eines Kampfes ohne Siegesaussicht sehen. Sie mußten die Reaktionen der erregten Avantgarden des arabischen Nationalgefühls und der unzufriedenen Bildungseliten fürchten. Sie konnten ihrer Offiziere, der neuen Arrivistenklasse im Staat, nicht sicher sein.
Ägypten hatte den Anspruch, das Kernland einer arabischen Nation zu sein und um sich einen allarabischen Nationalstaat zu bilden, in dem Staatstitel »Vereinigte Arabische Republik« aufrechterhalten, obwohl es nach dem gewalttätigen Abfall Syriens im Jahre 1961 das einzige Element dieser Vereinigung geblieben war. Nach Nassers Tod, am 28. September 1970, hatte der Nachfolger Sadat das Vermächtnis der staatlichen Einigung, zusammen mit der Befreiung Palästinas, als Erbe übernommen. Das eine war so mehrdeutig und unsicher wie das andere. Nasser hatte im Prinzip einer staatlichen Vereinigung Ägyptens, Libyens und Sudans als neuer Kräftekonzentration zugestimmt und Syrien den Beitritt offengelassen. Das erste Abkommen für den Aufbau der neuen Union war unterzeichnet worden, und Nasser sollte natürlich der Präsident sein. Es galt, eine Bundesverfassung zunächst für einen Staatenbund zu vereinbaren, um später einen festgefügten Bundesstaat zu errichten. Der Bürgerkrieg in Jordanien hatte die Pläne für die Union der drei Staaten zugleich gestört, verzögert und gerechtfertigt. Er hatte auch nach der mißglückten syrischen Intervention einen Regierungssturz in Damaskus nach sich gezogen und dort mit dem General Assad einen Mann an die Macht gebracht, der Syrien an die Seite Ägyptens zurückzuführen suchte.
Assad hatte erkannt, daß Syriens selbstgewählte Abseitsstellung weder den Palästinensern noch Syrien selbst Nutzen brachte. Er fürchtete, daß eine Fortdauer der politischen Isolierung seines Landes Ägypten und Jordanien einen Frieden mit Israel auf Kosten Syriens und einen Verzicht auf Palästina leichter machen würden. Er fürchtete für diesen Fall auch die Intrigen der irakischen Baath-Partei gegen seine Führung. Assad suchte Syrien in das arabische Kräftespiel zurückzuführen und Einfluß auf die ägyptische Politik zu gewinnen. Der Tod Nassers gab ihm eine unerwartete Gelegenheit, diese Rückkehr zu aktiver Bündnis-

politik unter Bedingungen zu versuchen, die Syriens Interessen unvergleichlich günstiger waren als zuvor. Ohne Nasser war Ägypten geschwächt und weniger glanzvoll.

Mit Ägypten war die gesamte politisch noch immer nicht Wirklichkeit gewordene arabische Nation führerlos geworden. Nasser hatte in seinen letzten Jahren gezögert, Syrien ein neues Unionsangebot zu machen. Der Rückschlag von 1961 war eine persönliche Niederlage gewesen und ein Verlust an Glaubwürdigkeit.

Syrien hatte Nasser nur Unglück gebracht. 1967 hatte er seine Armee auf der Sinaihalbinsel aufmarschieren lassen, weil er nach den sowjetischen Mitteilungen Syrien unmittelbar von einem israelischen Angriff bedroht geglaubt hatte. Als Israel gegen die ägyptische Armee und die Flugplätze Ägyptens losschlug, waren die Syrer in ihren Stellungen geblieben, ohne sich zu rühren. Nasser hatte den Verteidigungspakt von 1966 eingehalten. Es hatte ihn eine Feldarmee, sein Ansehen, drei Jahre Zeit und viele Millionen Pfund für die Neuausrüstung, dazu den Suezkanal, die Sinaihalbinsel mit ihren Ölvorkommen und ein gut Teil der Handlungsfreiheit gekostet. Syrien würde zudem auch in einer künftigen Konföderation oder Union von Ägypten getrennt und also vollkommen selbständig bleiben, vor allem in seiner Politik gegenüber Israel, Libanon und Jordanien. Der Konflikt mit Irak — viel eher ein Streit zwischen den beiden Flügeln der Baath-Partei als zwischen den beiden Ländern — würde bestehenbleiben und sich jeder Aktion von Kairo aus entziehen.

Sadat hate den Plan einer Konföderation mit Libyen und Sudan aufgenommen. Ägyptens Führerstellung durfte nach dem Tode Nassers nicht verlorengehen. Dem Angebot Syriens, der Union wieder beizutreten, konnte Sadat sich nicht verschließen. Aber er fürchtete um Ägyptens eigene Unabhängigkeit. Die Lage im Land war alles andere als befriedigend. Die ägyptische Wirtschaft war in einer ebenso schlechten Verfassung wie die Verwaltung und die Armee des Landes. Die Einheitspartei »Arabische Sozialistische Union« gab dem Volk weder Führung noch Halt. Die Schuldenlast des Waffenkaufs für die Neuausrüstung der Armee und für die Luftverteidigung wog schwer. Der Unterhalt der Armee und der Front am Suezkanal mit wenigstens 60 000 Mann in Stellung war teuer für den Staat. Der Militärdienst kostete wertvolle Arbeitskräfte und Ausbildungszeit. Schon der »Rais« Gamal abd-el Nasser war mit dem Krieg ohne Entscheidung am Ende seines Weges angelangt, auch wenn er nicht so plötzlich gestorben wäre. Ägypten mußte sich aus seiner Zwangslage zwischen Krieg und Frieden selbst befreien. Nassers Zermürbungskrieg hatte weniger Israel zermürbt als die Energie Ägyptens abgenutzt und die ägyptischen Mittel erschöpft.

Sadat wußte, als er sein Amt antrat, daß sein Land den Frieden dringend brauchte. Er wußte auch, daß die Amerikaner, die Sowjets und die Israelis dies erkannt hatten. Sadat war die einstimmige Wahl des führerlosen Führungskollektivs gewesen, weil seine Person niemandem im Wege zu stehen schien. Er war der Kompromißkandidat des Augenblicks gewesen, weil die Rivalen in der Führung einander nicht ausstechen konnten. Seine Stellung war schwach. Er verdankte sie einem Patt zwischen Nassers ehemaligem Vertrauten und Vizepräsidenten Ali Sabri und dem anderen früheren Vizepräsidenten und Innenminister Zacharia Mohieddin, einem Mann, den Nassers Konfident Mohammed Heykal damals favorisierte, weil er ihm als der einzige erschien, der Ali Sabri den Zugriff zur Macht versperren könnte. Heykal war so weit gegangen, eine Sitzung des »historischen« Offiziers-Revolutionskomitees von 1952 vorzuschlagen, das unter Nassers Führung den Staatsstreich gegen König Faruk geführt hatte, um Zacharia Mohieddin als Nachfolger Nassers vorzuschlagen. Mohieddin galt damals in Kairo als der Mann, der am besten mit den Amerikanern verhandeln könne, weil sie ihm vertrauten. Der Grund war, daß er als Innenminister die Untergrundpartei der Kommunisten zerschlagen und die Linksextremisten konsequent verfolgt hatte. Auf dem Höhepunk der Nahostkrise vom Mai 1967 hatte Nasser Mohieddin ausgewählt, nach Washington zu reisen, um Präsident Johnson zu sehen. Der Vizepräsident sollte am 7. Juni nach Amerika fliegen. Der Krieg kam dazwischen. Nach seiner Rücktrittserklärung im Augenblick der Niederlage hatte Nasser Mohieddin als seinen Nachfolger ausgerufen. Diese beiden Aufträge machten ihn zum Repräsentanten einer neuen Öffnung der ägyptischen Politik.

Eine Wiederannäherung an die USA war im Herbst 1970 das große Thema der politischen Diskussion in Kairo gewesen. Schließlich mußten Heykal und seine Verbündeten die Kandidatur Mohieddins fallenlassen, weil der Widerstand der Armeeführung und der Parteiführung gegen eine brüske Wendung der ägyptischen Außenpolitik unüberwindbar schien. Anwar-es-Sadat war der Vizepräsident und mit dem Tode des Präsidenten das amtierende Staatsoberhaupt. Er hatte dem Volk die Nachricht vom Tode des »Rais« im Rundfunk mitgeteilt und die Nationaltrauer verkündet. Seine Wahl zum Präsidenten war die einfachste Lösung: Sie erlaubte es, den Kampf der Diadochen auf die Zeit nach der Staatstrauer zu vertagen.

Der sowjetische Ministerpräsident Kossygin war zusammen mit Verteidigungsminister Marschall Gretschko und Außenminister Gromyko nach Kairo gekommen, um an der Regelung der Nachfolge mitzuwirken. Die Sowjets plädierten für Ali Sabri, der seit fast zwanzig Jahren ihr Vertrauensmann gewesen war — vielleicht nur deshalb, weil Nasser ihn nach 1955 beauftragt hatte, sich um die sowjetischen Waffenlieferungen zu kümmern, und weil er als Regierungskommissar für Luftfahrt für die Luftrüstung und die Luftwaffe verantwortlich war.

Doch bevor die sowjetische Regierungsdelegation Ägyptens Boden betreten hatte, war die Nachfolgeentscheidung verkündet worden: Sadat war der offizielle Kandidat der Einheitspartei für die Wahl zum Präsidenten der Republik. Die Regierung blieb im Amt, und die Auswahl der künftigen Vizepräsidenten wurde aufgeschoben. Sechzig Tage Nationaltrauer gaben Zeit, ein neues innenpolitisches Gleichgewicht in der Spitze der Pyramide auszubalancieren. Sie konnten aber auch zu neuen heimlichen Koalitionen genutzt werden.

Kossygins Sorge während seiner Verhandlungen in Kairo — er blieb mit Gretschko länger als die übrigen fremden Trauergäste — war es, die innere Stabilität Ägyptens zu erhalten, den sowjetischen Einfluß auf die ägyptische Staatsführung zu bewahren und sich dessen zu versichern, daß die Außenpolitik des Landes nach Moskau ausgerichtet blieb.

Die sowjetische Militärhilfe sollte beträchtlich erweitert werden — offiziell, um Ägypten gegen Israel militärisch stärker zu machen, in Wirklichkeit aber auch, um die Abhängigkeit von der Sowjetunion zu vertiefen und die sowjetischen Mittel zur Kontrolle der ägyptischen Streitkräfte zu vermehren. Der wirksamste Bereich dafür war die Luftverteidigung, und dafür blieb zunächst der Luftwaffengeneral Ali Sabri in der Regierung verantwortlich. Die Sowjets setzten daneben auf den General Fausi, den Kriegsminister und Oberkommandierenden, den Kossygin bei seiner Ankunft auf dem Flugplatz in Kairo vor aller Augen an die Hand genommen hatte, als wolle er ihm zeigen, daß er Ägypten beistehen und helfen würde, den rechten Weg zu gehen.

Dieser Weg sollte nach den öffentlichen Kundgebungen Nassers Weg sein. Aber wer wußte im Oktober 1970 in Kairo, wo Nasser nach seinem Entschluß zu einer vorläufigen Waffenruhe hatte hingehen wollen? Daß er nicht mehr in den Krieg zurück wollte, war seiner Umgebung deutlich geworden. Aber andererseits hatte er auch 1967 und 1956 keinen Krieg gewollt; zumindest hatte er beidesmal nicht die Initiative zum Krieg ergriffen, sondern Israels Angriff abgewartet. Trotzdem hatte er keinen Frieden mit dem Feind gesucht, sondern den Konflikt aufrechterhalten und auf einen künftigen Waffengang gerüstet. Nassers Politik war stets mehrdeutig geblieben. Er hatte sich das Feld der Möglichkeiten nach allen Seiten hin offengehalten — und damit auch die Frage des Krieges.

In seinen Reden und Regierungserklärungen hatte Nasser stets Palästinas »Befreiung« und »Heimkehr in die arabische Nation« bewegende Worte gewidmet. Die palästinensischen Führer hatten in ihm die Verkörperung ihrer Hoffnung auf Wiedergewinnung ihres Landes gesehen. Aber im Sommer 1970 hatte sich diese gläubige Verehrung Nassers auf ihrer Seite zu wandeln begonnen: Nassers Zustimmung zu einer Waffenruhe, deren erklärter Zweck eine friedliche Regelung des Konflikts mit Israel sein sollte, gebot ihnen Wachsamkeit und Vorsicht selbst gegenüber der Politik des »Rais«. Sie hatten zunächst damit begonnen, diese Waffenruhe abzulehnen und jede Verhandlung mit Israel als Verrat und Kapitulation zu verurteilen.

Da Nasser noch nicht verhandelte und offiziell von einer Verhandlung mit dem Feind auch nichts wissen wollte, brauchten sie ihn nicht anzugreifen. Dies wäre ihnen auch schwergefallen, und der Führer der »El Fatah«, Yassir Arafat, bemühte sich, den Eindruck zu verbreiten, daß Nassers Haltung der Befreiungsbewegung gegenüber unverändert wäre und daß die Palästinenser wie eh und je auf Nassers Hilfe zählen könnten.

Wenn Arafat Zweifel hatte, so verbarg er sie geschickt, denn er brauchte die Autorität Nassers mehr, als dieser auf die jubelnde Zustimmung der palästinensischen Flüchtlinge angewiesen war. Arafat konzentrierte seine Sperraktion gegen Friedensverhandlungen auf Hussein von Jordanien, der für einen Kompromiß mit Israel der Inhaber der Rechtstitel war, über die verhandelt werden müßte: Ägypten und Israel konnten sich wie 1956 unter dem Druck der Großmächte und mit Hilfe der Vereinten Nationen immer über die Rückgabe der Sinaihalbinsel an Ägypten und über die Öffnung der Schiffahrtswege einigen.

Ägypten war am Gazastreifen nicht mehr interessiert. Die Entschließung 242 des UN-Sicherheitsrats vom 22. November 1967 bot Israel und Ägypten eine Brücke für die Rückkehr zum Frieden ohne direkte Verhandlungen. Der israelische Anspruch auf eine Sicherheitskontrolle über die strategische Position von Scharm-el-Scheich an der Südspitze der Halbinsel konnte auf verschiedene Weise befriedigt werden, ohne daß Ägypten Territorium würde abtreten müssen.

Ägypten konnte also als einziges Land mit Grenzen zu Israel leicht und ohne Schaden aus dem Krieg ausscheiden. Die Versuchung dazu war im Winter 1970/1971 in Kairo mit Händen zu greifen. Alle Politiker der »Arabischen Sozialistischen Union«, die für mehr Freiheit im Innern, für weniger Abhängigkeit von der Sowjetunion, für eine ausgeglichene Außenpolitik des Landes, für eine Besinnung auf die westliche Orientierung und auf die wirtschaftlichen Interessen Ägyptens, für eine Nutzung der afrikanischen Chancen, für eine Besserung des Lebens der Bevölkerung, für eine konsequente Modernisierung des Landes und der Verwaltung, kurz: für eine Politik der Reformen eintraten, sahen in einer Beendigung des Krieges die Vorbedingung für die Erfüllung ihrer Visionen.

Nassers Informationsminister Heykal machte sich in der Zeitung ›*Al Ahram*‹ zum Sprecher dieser Hoffnungen, die ihm opportun erschienen, um sich nicht als Advokat einer Kapitulation zu exponieren. Weder Heykal noch Mohieddin oder Sadat dachten auch an eine Politik der Konzessionen gegenüber Israel, abgesehen von der einen und kapitalen: der Anerkennung von Israels Recht zur Existenz in den Grenzen von

1967, also des territorialen Status quo ante bellum. Sie erwarteten als Gegenleistung ein israelisches Zugeständnis zur Befriedigung der palästinensischen Heimatrechtsansprüche. Aber sie waren sich im klaren darüber, daß eine Rückkehr aller oder auch nur der Mehrzahl der palästinensischen Flüchtlinge und Vertriebenen ausgeschlossen und die Umwandlung des jüdischen Staates in einen jüdisch-arabischen undenkbar war.

Wie die palästinensische Frage also im arabischen Sinne gelöst werden sollte, wie die Araber Palästinas und die Juden Palästinas in zwei benachbarten Staaten friedlich nebeneinander leben sollten, blieb so ungewiß wie am Tage des Teilungsbeschlusses der Vereinten Nationen über Palästina. Die heimliche Präferenz der ägyptischen Politiker schien sich auf eine Teilung des Königreichs Jordanien in einen palästinensischen und in einen transjordanischen Staat zu richten, und für diese Lösung nahm König Hussein in Amman eine widersprüchliche Schlüsselstellung zur Auflösung des Problems ein: Er mußte der Auflösung seines Königreichs präsidieren und die Verantwortung für den Verzicht auf den schon 1949 verlorengegangenen Hauptteil Palästinas übernehmen. Und er mußte den 1967 von Israel besetzten Teil auf dem Westufer des Jordans — Judäa und Samaria — an die palästinensische Bevölkerung übergeben.

Im Prinzip war Hussein auch seit 1969 dazu bereit, und gerade dies wurde ihm von den Palästinensern als Verrat vorgeworfen. Hussein ist in einer Tragik von biblischer Tiefe befangen: Er wird zur Regelung der Palästinafrage gebraucht wie Judas Ischariot zu Christi Martyrium auf Golgatha und damit zur Vollendung der Erlösung des Menschengeschlechts. Ohne seinen Verrat ist das Heil nicht erreichbar, es sei denn, er würde vorher ermordet — und dann müßte sich ein anderer finden, der mit der Verantwortung auch die symbolische Schuld des Verzichts auf sich nähme.

Die unausweichliche Entscheidung über den Weg zum Frieden und über Form und Inhalt eines Friedensschlusses wurde in den arabischen Hauptstädten — und so in Kairo nach Nassers Tod — begreiflicherweise immer wieder vertagt. Inzwischen geschah aber auch nichts, um die arabischen Volksmassen mit dem Gedanken an einen Frieden, also einen territorialen Kompromiß mit Israel, vertraut zu machen. So hatte Sadat einen langen und gefährlichen Weg zu gehen, auf dem ihm nur wenige helfen konnten und noch weniger helfen würden.

Sadat zeigte sehr bald, daß er einen diplomatischen Versuch machen wollte, eine Friedenslösung zuwege zu bringen, ohne direkt mit Israel zu verhandeln und sich bei einem solchen Versuch vorzeitig zu exponieren. Er wies Ali Sabris Anspruch, Vizepräsident und Premierminister oder Vizepräsident und Generalsekretär der Einheitspartei zu werden, mit Hilfe aller Gegner Sabris ab, die befürchteten, daß Sabris Regierungsmacht sie ihre Stellung oder gar ihre Freiheit kosten würde. Mit der Berufung des siebzigjährigen Mahmud Fausi, eines Karrierediplomaten, den Nasser 1952 zum Außenminister ernannt und später als seinen persönlichen diplomatischen Ratgeber konsultiert hatte, überraschte er Kairo und setzte ein Verhandlungssignal in Richtung Washington. Das Kabinett Fausi konnte nicht mehr sein als eine Übergangsregierung. Aber der Präsident konnte sich seines nach außen orientierten Premierministers bedienen, um seine eigene politische Position gegenüber der Regierung zu festigen.

Wie nötig dies war, zeigte im Frühjahr 1971 die Verabredung zwischen Ali Sabri, dem früheren Innenminister und neuernannten Parteigeneralsekretär Guuma, dem Staatsminister Scharaaf, einem der engsten Mitarbeiter Nassers, und dem Kriegsminister General Fausi (mit dem Premier nicht verwandt), Sadat zu einer Kursänderung zu zwingen oder abzusetzen. Über den wirklichen Hergang und den Ursprung der Affäre ist ebenso wenig bekanntgeworden wie über die eigentlichen Pläne der Verschwörer und über ihr Einvernehmen mit der Sowjetregierung.

Sicher ist nur, daß Ali Sabri gegen Jahresende 1970 eine bemerkenswerte Rede in Moskau gehalten hatte, in der er davor warnte, den Krieg gegen Israel »in einen kalten Krieg einzufrieren«. Da Israel die eroberten arabischen Gebiete in Besitz halte und nutze, am Suezkanal stehe und keinen Grund habe, seine beherrschende strategische Position ohne Zwang aufzugeben, sei ein neuer Krieg oder massiver Druck der Mächte auf Israel nötig. Ohne Krieg würde eine solche Situation nur den USA zugute kommen. Ali Sabris Analyse war korrekt.

Aber die Sowjets waren in einer Zwangslage, aus der sie offensichtlich keinen Ausweg sahen: Einerseits mußten sie ihren Einfluß in Kairo behaupten; diese Notwendigkeit gebot, daß die Sowjetunion die Forderungen der arabischen Staaten gegenüber Israel unterstützte und in den Augen der palästinensischen Irredenta wie der allarabischen Nationalisten glaubwürdig blieb. Andererseits hatte die Sowjetunion nicht das geringste Interesse an einer Wiederholung des Krieges von 1967. Sie mußte deshalb Ägypten davon abhalten, eine aggressive Politik zu betreiben und eine Revanche sichtbar vorzubereiten. Die Ratschläge aus Moskau waren deshalb sehr viel maßvoller und vorsichtiger als die öffentlichen Erklärungen und die Propaganda.

Die sowjetische Führung hatte keine andere Wahl, als die ägyptische Armee mit der Lieferung moderner sowjetischer Waffen zu beschwichtigen und ihr dabei zu helfen, Operationspläne zur Vorbereitung des proklamierten »Befreiungskrieges« aufzustellen, die Truppen dafür auszubilden und auf dem Terrain die Voraussetzungen dafür zu schaffen.

Sabri mochte erkannt haben, daß die Aufrüstung seines Landes nicht einer erhöhten Kriegsbereitschaft dienen sollte, sondern der tieferen Verschuldung bei der sowjetischen Staatsbank (gut 2 Milliarden Dollar

hatte die neue Bewaffnung gekostet) und der größeren Abhängigkeit von der sowjetischen Regierung durch die Belastung der ägyptischen Staatsfinanzen und die militärische Kontrolle über die ägyptischen Streitkräfte.
Andererseits war offensichtlich, daß die Anwesenheit sowjetischer Kriegsschiffe in ägyptischen Häfen, sowjetischer Luftwaffengeschwader und Luftabwehreinheiten auf ägyptischen Flugplätzen, sowjetischen Militärpersonals in den ägyptischen Feuerstellungen am Suezkanal auch Israel mit der sowjetischen Militärmacht konfrontierte. Solange diese Positionen von sowjetischen Truppen und Einheiten gehalten wurden, würde ein Angriff auf sie zumindest die Frage aufwerfen, ob die Sowjetunion militärisch reagieren würde oder nicht.
Die sowjetische Militärpräsenz in Ägypten wirkte deshalb nicht nur als technische Unterstützung der ägyptischen Streitkräfte und als militärische Kontrolle der ägyptischen Angriffskapazität gegenüber Israel, sondern auch als Mittel der Abschreckung und als Pfand für sowjetischen Beistand. Wie die US-Truppen in Westeuropa waren die sowjetischen in Ägypten Geiseln, die zugleich dem potentiellen Angreifer — in diesem Falle Israel — signalisierten, daß die Schutzmacht sich für die Sicherheit des von ihr politisch unterstützten und strategisch abgeschirmten Staates engagierte.
Die Verteilung der sowjetischen Einheiten in Ägypten und die Allgegenwart des sowjetischen Militärpersonals in den ägyptischen Streitkräften zeigte auch an, daß für die Sowjetunion Ägypten eine unverzichtbare Position war, die von sowjetischer Macht gegen jeden Angriff verteidigt werden würde. Ob dies wirklich im Ernstfall so sein würde, blieb ungewiß — aber Israel mußte damit rechnen, solange die Russen in Ägypten präsent blieben.
Das sowjetisch-ägyptische Verhältnis war deshalb vielschichtig, in sich widersprüchlich und undurchsichtig. Auch ein Freund der Sowjets konnte an ihrer Politik zweifeln. So mochten Sabris Warnungen an Moskau oder an Sadat in Kairo gerichtet gewesen sein. Sadat selbst hatte seit der Verlängerung der Waffenruhe am 7. November 1970 wieder öffentlich von Krieg gesprochen. Er hatte mit der Wiederaufnahme der Kämpfe für den Fall gedroht, daß Israel nach 90 Tagen, also zu Beginn des Monats Februar 1971, bei den Vereinten Nationen noch immer nicht seine Bereitschaft zum Rückzug aus den besetzten Gebieten erklärt haben sollte. Mit solch kriegerischen Reden wollte Sadat aber zunächst einmal Zeit gewinnen, um seine innenpolitischen Gegner und die Opposition in der Armee gegen seine Politik zum Schweigen zu bringen oder wenigstens zu verunsichern.
Im Mai 1971 führte Sadat mit Hilfe des Generals Mohammed Sadek einen Präventivschlag, um die gefährlichsten Rivalen zu entmachten und die sich sammelnde Fronde im Offizierskorps zu zerstreuen. Ali

Sabri, Kriegsminister General Fausi und zwölf weitere Generale wurden entlassen, festgenommen und unter Anklage gestellt, außerdem der frühere Innenminister und Geheimpolizeichef Guuma, den Sadat im Herbst 1971 zum Generalsekretär der Einheitspartei »Arabische Sozialistische Union« gemacht und aus der Regierung entfernt hatte. Sadat behauptete, er habe eine Verschwörung gegen seine Person aufgedeckt; später, im August 1972, nach dem offenen Bruch mit Moskau, fügte er öffentlich hinzu, die Sowjets hätten Vizepräsident Ali Sabri gegen ihn mit der Behauptung aufgehetzt, er versuche Ägypten »an die Amerikaner zu verkaufen«.

Die Säuberung von Ägyptens Staats-, Armee- und Parteiführung im Mai 1971 war nur das innenpolitische Vorspiel zu der Ausweisung der sowjetischen Militärberater in den ägyptischen Streitkräften im Juli 1972. Sadat selbst hat diesen Zusammenhang mit seinem Vorwurf, die sowjetischen Führer hätten mit Ali Sabri gegen ihn intrigiert, ans Licht gebracht. Seine Gründe für den Konflikt mit der sowjetischen Schutzmacht waren so komplex wie das ganze ägyptisch-sowjetische Verhältnis. Die Sowjets hatten zu jener Zeit die Verfügung über den Kriegshafen Alexandria, die Kontrolle über die ägyptische Küsten- und Luftverteidigung und die technische Kontrolle über die Raketen und Artilleriebatterien am Suezkanal. Sie leiteten die Raketenluftabwehr, die Luftaufklärung, die Funk- und Radaraufklärung, die gesamte militärische und zivile Flugsicherung und das Lufttransportwesen.

In allen ägyptischen Einheiten vom Bataillon an aufwärts wirkten sowjetische Offiziere als Berater der Befehlshaber, und in allen Stäben nahmen sowjetische Offiziere an den Planungen und Übungen teil. Die Luft-Boden-Abwehr wurde zum Teil von sowjetischen Mannschaften gestellt, die Instandsetzung der Raketen und Flugzeuge von sowjetischen Technikern überwacht, und die Ersatzteil-Zufuhr sowie die gesamte Logistik der ägyptischen Streitkräfte lagen in sowjetischer Verwaltung.

Die sowjetischen Streitkräfte hatten einige eigene Basen in Ägypten: Hafenanlagen, Flugplätze, Nachschub- und Instandsetzungslager, Radar- und Funkanlagen. Sie bewachten diese Anlagen selbst und versperrten sogar hohen ägyptischen Offizieren den Zutritt ohne besondere Erlaubnis des Chefs der sowjetischen Militärmission in Kairo, der zeitweilig über 15 000 bis 20 000 Mann Personal gebot.

Diese Situation schuf eine psychologisch gespannte Koexistenz zwischen sowjetischem und ägyptischem Militär. Das Auftreten mißtrauischer Sowjets gegenüber den Ägyptern erregte den Zorn der Kränkung. Generalstabschef Sadek und andere Generale wie Schasli begannen, den sowjetischen Militärs entgegenzuwirken. Sie forderten den Abzug, zumindest aber eine Verminderung des sowjetischen Militärpersonals und eine strikte Beschränkung seiner Aufgaben auf technische Assistenz.

Sadat selbst war von jeher eher nach Westen orientiert — wie die meisten ägyptischen Offiziere seiner Generation. Er war in jungen Jahren ein glühender Nationalist und Feind der Briten gewesen, die ihn während des Krieges als unzuverlässiges Element aus dem Dienst entfernt und zeitweilig interniert hatten. Maßvoll konservativ, sorgte er sich hauptsächlich um die innere Ordnung Ägyptens, die er nicht durch unvorsichtige sozialistische Experimente im Stil des ersten Sozialisierungselans gefährden wollte. Als Politiker suchte er im Innern wie nach außen eine mittlere Position auf möglichst breitem Fundament. Er wollte eine möglichst ausgewogene Politik zur Sicherung Ägyptens und zur Wiedergewinnung des 1967 verlorenen Gebietes zwischen Moskau und Washington wie zwischen Syrien und Libyen, Sudan und Saudi-Arabien. Seine Gleichgewichtspolitik aber konnte nur dann Wirklichkeit werden, wenn Sadat den Abstand der Handlungsfreiheit gegenüber der Sowjetunion gewinnen und im eigenen Lande nicht von den Sowjets in seiner Stellung behindert oder gar bedroht würde.

Eine solche Behinderung war in allen Bereichen der Landesverteidigung, der Rüstung und der Verfügung über die ägyptischen Streitkräfte spürbar geworden. Zwar hatten die Sowjets noch kein Militärprotektorat in und über Ägypten etabliert, aber sie waren doch schon viel zu mächtig geworden.

»Sie können sich nicht vorstellen, was für ein Leben ich führen mußte, seit ich Präsident geworden war«, bekannte er Anfang August 1972, nach der Ausweisung des sowjetischen Militärpersonals am 7. Juli, dem Amerikaner Arnaud de Borchgrave in Kairo. Kaum ein Tag sei vergangen, an dem er nicht »irgendeinen Streit mit den Russen« gehabt hätte. »Sie [die Sowjets] sagten, ich sei proamerikanisch, und überzeugten Ali Sabri davon, daß ich Ägypten an die Amerikaner verkaufen wolle.« Dies war der stärkste Hinweis auf ein Interesse der sowjetischen Führung an einem Regierungswechsel in Ägypten und auf einen möglichen Kausalzusammenhang mit dem angeblichen Versuch Ali Sabris, den Präsidenten zu stürzen und sich an seiner Statt zum Staatschef zu machen oder einen ihm genehmen Präsidenten einzusetzen. Dabei ist allerdings zu bedenken, daß die Staatsstreich-Affäre Sabri/Fausi/Guuma/Scharaaf bis auf den Tag nicht aufgeklärt worden ist. Bewiesen ist in dieser Sache nichts.

In Wirklichkeit ging es zwischen Sowjets und Ägyptern ganz gewiß um einen politischen Konflikt großen Ausmaßes: um die strategische Kontrolle des ägyptischen Kriegspotentials, der ägyptischen Streitkräfte, der strategischen Basen der Sowjetunion in Ägypten und der ägyptischen Außenpolitik durch die Sowjetunion. Gleichgültig, ob die sowjetischen Führer über ihren Vertrauensmann Ali Sabri und den Kriegsminister Fausi versucht hatten, in die ägyptische Innenpolitik einzugreifen und Sadat zu stürzen, oder nicht: Sie hatten Sorge um ihre

Investition in Ägypten, um ihre strategische Position im Nahen Osten, für die Ägypten noch immer die einzige halbwegs solide Basis und dazu eine Schlüsselstellung war.
Andererseits aber stand im Mittelpunkt dieses Konflikts auch die Einsatzbereitschaft der Sowjetunion für Ägypten, das sowjetische Engagement für einen Krieg gegen Israel. Beides, die strategische Kontrolle über Ägypten und das Engagement für Ägypten gegen Israel, war im Laufe der Zeit in Verbindung zu der amerikanisch-sowjetischen Weltmachtbeziehung gekommen. Präsident Nixon schrieb in seinem Jahresbericht zur Außenpolitik 1973, bis zum Herbst 1971 sei nicht erkennbar gewesen, ob die Sowjetunion wirklich an einer konstruktiven Zusammenarbeit mit den Vereinigten Staaten zur Sicherung des Friedens und der Entspannung, zu einer stabilen Neuordnung des internationalen Systems ohne Konfrontation bereit war. Die Verhandlungen darüber aber waren seit 1969 im Gange, und seit 1970 hatte die Sowjetunion, wie aus dem Abschluß der Verträge mit Bonn hervorgeht, auch ein besonderes Interesse an der Konsolidierung dieser Politik.
Die sowjetische Führung war wahrscheinlich auf die Bewahrung ihrer äußeren Positionen gegen eine Reaktivierung der amerikanischen Nahostpolitik in einer Situation bedacht, in der das strategische Gleichgewicht zwischen beiden Mächten und dazu die Sicherheit in Europa die Hauptthemen der sowjetischen Diplomatie geworden waren. Die Sowjetunion konnte in den schwierigen Verhandlungen über die Begrenzung der strategischen Waffen (SALT) und die Besiegelung des territorialen Status quo in Europa einen Krieg im Nahen Osten oder auch nur eine akute militärische Spannung nicht gebrauchen. Sie mußte dagegen auf eine feste Bindung Ägyptens bedacht sein, um nicht Gefahr zu laufen, daß ihr die ägyptische Position wegen der notwendigen Passivität verlorenginge.
Die beiden Streitobjekte zwischen Kairo und Moskau in jenen achtzehn Monaten zwischen dem Jahresbeginn 1971 und der Jahresmitte 1972 machen diesen Einsatz des politischen Konflikts deutlich: die ägyptische Forderung nach den damals modernsten sowjetischen taktischen Kampfflugzeugen, den Mig-23, die die Sowjetunion nicht erfüllte, und der sowjetisch-ägyptische Vertrag vom 27. Mai 1971, den die Sowjetregierung Präsident Sadat nach dessen eigenen Worten im fertigen Entwurf aufzwang. Sadat: »Podgorny kam im Mai letzten Jahres [1971] und zog einen Vertrag hervor, den ich unterschreiben sollte. Dies war die erste Ankündigung, die ich von einem neuen Vertrag hatte. Ich sagte ihm, es sei nicht nötig, einen Vertrag zu schließen. Aber er war sehr beharrlich und sagte, er könne nicht ohne diesen Vertrag nach Moskau zurückkehren.«
Was die Sowjets bewegt hatte, Sadat diese Behandlung und einen solchen Vertrag ohne eine diplomatische Vorbereitung zuzumuten, ist ihr

Geheimnis geblieben. Möglicherweise wollten sie Sadat gegenüber anderen Mitgliedern der ägyptischen Regierung förmlich verpflichten und sich eine politische Handhabe für eine Einmischung in die inneren Angelegenheiten Ägyptens schaffen. Aber dies ist wenig wahrscheinlich, ein Jahr nach der Liquidierung der ihnen politisch verbundenen Opposition und angesichts der ihnen bekannten Feindseligkeit der ägyptischen Armeeführung, insbesondere des neuen Kriegsministers General Sadek und des Generalstabschefs General Schasli. Der Vertrag bietet auch keinen festen Ansatz für eine Intervention. Er sieht mehr nach einem Versuch aus, ein Monopol für Rüstung, Beratung, Ausbildung und Versorgung der ägyptischen Streitkräfte mit Kriegsmaterial zu sichern und eine Steuerung der ägyptischen Außenpolitik durch regelmäßige Konsultationen, eine gegenseitige Verpflichtung, keinen Bündnissen oder »Staatengruppierungen« und Aktionen beizutreten, »die sich gegen die andere Vertragspartei richten« (Art. 9), sowie eine Verpflichtung zu gemeinsamem Handeln in internationalen Krisen (Art. 7) zu organisieren.

Sadat fand sich zur Unterschrift unter den sowjetischen Vertragsentwurf gegen Podgornys Versprechen bereit, daß die Sowjetunion Ägypten die geforderten Mig-23 liefern würde. In seinem Gespräch mit de Borchgrave berichtete Sadat dann des längeren über den weiteren Verlauf seiner gestörten Beziehungen zu den Sowjets, die ihm die von Podgorny versprochenen Waffen nicht gaben, sondern immer neue Ausflüchte machten. Er behauptete, sie hätten ihn damit daran gehindert, 1971 Krieg zu führen. Weil sie ihn ohne die notwendige Ausrüstung gelassen hätten, habe er in seinem »Jahr der Entscheidung« stillhalten müssen. Diese Version sollte Sadat ein Alibi für seine Passivität geben, denn 1973 schlug er auch ohne Mig-23 und größere Land-Angriffsraketen als verlängerte Artillerie zu. Im April 1973 erklärte er sich über die sowjetischen Waffenlieferungen ohne Vorbehalt befriedigt. Aber am 7. Juli 1972 erteilte er dem Sowjetbotschafter Winogradow mit seinem Befehl zur Übernahme aller sowjetischen Militäreinrichtungen in Ägypten (der später eingeschränkt und abgemildert wurde) eine Antwort auf ein Memorandum aus Moskau, in dem eine Verschlechterung der guten Beziehungen bedauert und sein Konfident Heykal dafür verantwortlich gemacht wurde, das aber keine Antwort auf Sadats Wunsch nach den Mig-23 enthielt.

Die Ausweisung der Sowjets war zwar nicht das Ende der De-facto-Allianz mit der Sowjetunion, aber sie kostete Sadat Zeit. Es stellte sich nun die Frage, wie er weiter operieren würde. Er hatte seine Präsidentschaft gefestigt, aber keineswegs alle Spannungen mit der Armee beseitigt. Ende des Jahres 1972 wurde diese Frage in Ägypten mit Ungeduld, Mißtrauen und auch Geringschätzung für die Person des Präsidenten gestellt.

Sadats Konzeption vom Frieden

Nicht nur gegenüber Israel, sondern auch gegenüber dem verbündeten Libyen hatte der ägyptische Staatschef Zeit zu gewinnen versucht. Er zögerte, den bundesstaatlichen Zusammenschluß mit dem reichen Libyen ins Werk zu setzen, wie er zögerte, den Krieg gegen Israel oder Verhandlungen mit Israel aufzunehmen. Die offene Feindschaft zwischen den Präsidenten Libyens und Sudans seit Khadaafis Versuch, eine Revolution in Sudan mit libyschen Kommandos zu unterstützen, hatte die Union zwischen Ägypten und den beiden Nachbarstaaten in Afrika auf absehbare Zukunft undenkbar gemacht. Sadat konnte deshalb Khadaafis Drängen abwehren, mußte aber doch neue Verpflichtungen Libyen gegenüber eingehen, denn er brauchte das libysche Geld.
Khadaafi setzte Sadat unter Druck. Die ausländischen Botschaften in Kairo sahen nach Tripolis und auf die ihnen verschlossene ägyptische Armee. Der libysche Oberst, der eine Revolution nach Nassers Vorbild gemacht hatte, schien sich als der von Gott gesandte Nachfolger des »Rais« und als Vollender der arabischen Einheit zu sehen. Würde er Gehör bei den Volksmassen, bei den Intellektuellen in Kairo, an den Hochschulen und in der ägyptischen Armee finden? Waren die jungen Offiziere und Unteroffiziere, die 50 000 Abiturienten unter den Soldaten anfällig für Khadaafis Pathos, für seine Parolen?
Nasser hatte den jungen Khadaafi nicht recht ernst genommen, aber er hatte ihn geschätzt. Khadaafi bot ihm unentwegt die staatliche Einheit mit Libyen an, also die Vereinigung von 30 Millionen Ägyptern mit 3 Millionen Libyern, die über die Erdölreichtümer verfügten, nach denen Ägypten vergeblich gesucht hatte. Für Ägypten war und bleibt die Union mit Libyen eine Zukunftshoffnung, ein Versprechen der Lösung aller nationalen Existenzprobleme. Nur hatte Nasser nach der bitteren Erfahrung mit Syrien gezögert, einen zweiten Versuch zu wagen. Auch war er kein Machtpolitiker, der ohne Skrupel versucht hätte, seine überlegenen Mittel einzusetzen, um die Chance der Realpolitik zu nutzen und Libyen Ägypten einzuverleiben. Nasser hatte stets auf Zustimmung und auf Überzeugung gesetzt. Seine Moral hatte seine Autorität begründet und seine Popularität gerechtfertigt.

Als Khadaafi im September 1970 auf der letzten arabischen Tagung in Kairo, der Nasser als Gastgeber vorsaß, über Hussein von Jordanien sagte, der König sei verrückt, hatte Nasser den libyschen Staatschef schroff zur Ordnung gerufen. Und als Khadaafi in Kairo nach einem Krieg gegen Israel mit allen Mittel rief und forderte, eine arabische Koalitionsarmee solle an der Suezkanalfront angreifen, um die besetzten arabischen Gebiete wiederzuerobern, hob Nasser die Arme hoch und fragte nur: »Womit, mein Junge, womit?«

Khadaafi hatte nach Nassers Tod und nachdem er sich drei Tage eingeschlossen hatte, um zu weinen, nicht mehr an politischer Weisheit anzubieten als zuvor. Doch er war ein mächtiger Mann, weil seine Verantwortung im Gegensatz zu der Sadats gering, seine Einkünfte aber groß waren. Er hatte in Libyen knapp 3 Millionen Menschen zu ernähren, und sein Land war der größte Erdöllieferant Westeuropas. Er war in einer idealen Lage: Er brauchte weder auf die Bedürfnisse einer Massenbevölkerung und einer noch schwachen Volkswirtschaft Rücksicht nehmen, noch hatte er gegen Israel eine Front aufrechtzuerhalten und dabei auf den besten Teil der staatlichen Einkünfte zu verzichten. Er hatte keine große Armee zu unterhalten, und er mußte keine großen Mengen moderner Waffen bezahlen, um Krieg zu führen. Der libysche Glaubenseiferer war frei von den Servituten der wirklichen Politik. Er konnte Rhetorik mit Aktion gleichsetzen und einzelne Akte mit politischem Handeln. Sein Idealismus und sein exzessives Temperament machten ihn unter diesen Umständen zu einem gefährlichen, schwierigen und nicht lenkbaren Partner. Mit einem solchen Partner konnte man paktieren, aber vereinigen konnte man sich mit ihm nicht ohne Gefahr für die eigene Handlungsfreiheit.

Khadaafi zahlte Kontributionen in die arabische Kriegskasse. Aber er forderte einen wirklichen und einen unbegrenzten Krieg, also genau das, was Sadat nicht wollte und was Ägypten sich am wenigsten leisten konnte. Jordanien hatte der libysche Staatschef 1970 alle Subsidien gestrichen. Diese Entscheidung war sogar gerechtfertigt, denn Hussein brauchte das Geld nicht zur Vorbereitung eines Krieges gegen Israel, sondern zur Festigung seiner Herrschaft gegen die Palästinenser.

Aber diese Politik war eine Warnung auch für Ägypten. Sadat stand vor der Frage, ob er versuchen sollte, Israel durch einen Angriff auf seine Stellung am Suezkanal unter dem Druck der Weltmächte zu einer Verhandlung und zum Rückzug zu zwingen, oder ob er sich auf die Wirkung eines Öldrucks auf die westlichen Länder, auf die USA vor allen anderen, verlassen sollte.

Für einen Einsatz der »Waffe Erdöl« sprach, daß die arabischen wie die übrigen Erdölländer ohnehin eine neue Austauschbeziehung zu den Industrieländern suchten, um größere Vorteile aus dem Erdölabsatz zu ziehen. Auch würde ihr Gebrauch einen neuen Krieg überflüssig

machen, in dem Israel kraft seiner militärischen Überlegenheit wieder wie 1967 am Ende die stärkere Position haben könnte. Schließlich erlaubte die Drohung mit einem Erdölembargo und mit einer Drosselung der Förderung an den Quellen eine lange währende politische Pression, gegen die Israel nicht viel unternehmen könnte.
Der Nachteil für Ägypten war, daß es nicht über eigenes Erdöl verfügte und daß drei der fünf großen arabischen Erdölländer ohnehin gegen jede Verhandlung mit Israel und also auch gegen jedes denkbare Resultat eines Verhandlungsversuchs waren: Algerien, Libyen und Irak. Das von Palästinensern durchdrungene Kuweit war ein unzuverlässiger Partner für eine langfristige Politik. So blieb nur Saudi-Arabien. König Feisal zum Schiedsrichter zu machen und sich auf seine Bereitschaft zum Druck auf die Vereinigten Staaten zu verlassen, war für Ägypten gefährlich:
Erstens würde Feisal seine eigenen Interessen über die Ägyptens stellen, das heißt, er würde bestimmte Forderungen, zum Beispiel auf die Freigabe des arabischen Stadtteils von Jerusalem, erheben und von ihrer Erfüllung die Öffnung des Ölflusses aus seinen Quellen abhängig machen, dabei aber auch langfristige wirtschaftliche Konditionen aushandeln und eine Strategie des Ölpreises auf den Weltmärkten betreiben. Die Verbindung zwischen den politischen Interessen des Königs in der Palästinafrage und zwischen den wirtschaftlichen Interessen seines Landes würde der ägyptischen Einwirkung entzogen sein. Wie könnte Ägypten verhindern, daß schließlich die Wirtschafts- und Rüstungsinteressen Saudi-Arabiens über die allgemeinen politischen Interessen der arabischen Länder obsiegen würden? Ein Arrangement mit den USA und den Staaten Westeuropas würde für Saudi-Arabien immer genug Vorteile bieten.
Zweitens würden die Kontrolle über die arabische Politik gegenüber den Vereinigten Staaten und die Leitung der Diplomatie in einer Verhandlung mit Israel auf Feisal übergehen. Ägypten würde dabei von der Geduld oder Ungeduld der Saudiaraber abhängig sein, und die eigene Stellung würde desto schwächer werden, je länger eine Verhandlung dauerte, denn Ägyptens einziges Druckmittel war die Drohung mit seiner Armee und dem sowjetischen Beistand, also mit Krieg. Warum dann diese Drohung nicht an den Anfang stellen und die »Waffe Erdöl« ergänzend und für die Verhandlung nach dem bewaffneten Konflikt einsetzen, wenn Ägypten ein Faustpfand gewonnen hätte?
Mit einer langfristig angelegten saudiarabisch-ägyptischen Konfliktstrategie für politischen Erdöldruck auf Israels Schutzmacht USA war auch ein unmittelbares politisches Risiko für die ägyptische Staatsführung verbunden: die Wirkung der radikalen Kriegsparolen Khadaafis und der übrigen arabischen Revolutionäre auf Ägypten selbst. Nicht nur Libyen, sondern auch Syrien und die Palästinensische Befreiungs-

front würden eine politische Allianz zwischen Ägypten und Saudi-Arabien, auf arabisches Öl und König Feisals Autorität in Washington gegründet, als eine Unterwerfung der ägyptischen Politik unter die saudiarabische, mit anderen Worten: als Bindung eines »progressiven« Landes an ein »reaktionäres« ansehen.

In Kairo selbst war eine Mißstimmung über die im Frühjahr 1973 eingeleitete »Koordinierung« der ägyptischen mit der saudiarabischen Außenpolitik spürbar. Die Regierung und die Umgebung Sadats waren über diese Frage uneins. Während die ägyptische Diplomatie sich nach Riad hin zu orientieren begann, regte sich in Ägypten selbst Opposition unter Intellektuellen und Publizisten, Studenten und Offizieren. Damit wuchs Khadaafis Chance, sich Ägyptens Armee und Intelligenzija als der authentische Nachfolger Nassers für die Fortsetzung des Kampfes um die nationale Einheit, die soziale Revolution und die Befreiung Palästinas zu präsentieren. Für Sadat mußte daraus früher oder später eine ernste Gefahr entstehen.

All diese Gründe sprachen für einen Krieg mit großem Aufwand, aber von geringer Dauer, mit dem eine politische Lösung in einer Position relativer Stärke und nach einer Selbstrehabilitierung der ägyptischen Armee auf dem Schlachtfeld erzwungen werden sollte. Die Auseinandersetzung im arabischen Kriegslager über die Wiedereröffnung der bewaffneten Feindseligkeiten gegen Israel hatten im Frühjahr 1973 wieder einmal einen Höhepunkt erreicht. Während die gemäßigten Regierungen und Politiker eine politische Konfliktstrategie mit dem Ziel, Verhandlungen zuwege zu bringen, befürworteten, konnten die Wortführer des Krieges sich nicht über die militärische Strategie einigen.

Die algerische Regierung des Obersten Boumedienne hatte seit 1967 ihren eigenen Erfolg im Unabhängigkeitskrieg gegen Frankreich (1954 bis 1962) als Vorbild und Beweis für die Unwiderstehlichkeit des revolutionären Volkskrieges bis zum politischen Sieg auch über einen militärisch überlegenen Feind angeboten. Der Krieg in Vietnam und in Kambodscha erschien ihr und denen, die so dachten wie die aus dem Partisanenkampf an die Macht gelangte algerische Staatsführung, als ein neuer Beweis dafür.

Voraussetzung für einen solchen Krieg ist die hartnäckige und unbedingte Verweigerung des Friedens. Aus diesem Grunde hatten die palästinensischen Nationalisten und alle arabischen Revolutionäre, Nasser an ihrer Spitze, beharrlich einen Friedensschluß mit Israel oder auch nur die von den Beschlüssen der Vereinten Nationen vorgezeichnete und als Gebot vorgeschriebene Anerkennung Israels in den Grenzen der Waffenstillstandslinien von 1949 abgelehnt. Boumedienne und mit ihm Khadaafi, die Führer der Palästinenser sowie die Regierungen in Damaskus und in Bagdad weigerten sich, von dieser absoluten Position abzugehen. Alle Überredungsversuche Sadats hatten nicht mehr vermocht, als dem syrischen Staatschef Assad eine widerwillige Zustimmung zu einem Verhandlungsversuch nach einem Waffengang abzuringen — und dies nur im geheimen, mit Vorbehalten und ohne feste Zusage.

Der Volkskrieg sollte nach den Vorstellungen seiner Befürworter im arabischen Lager zunächst in fortgesetzter politischer Feindseligkeit, in einer weltweiten Aufklärungskampagne zur Isolierung Israels und in der psychologischen Mobilmachung der arabischen Nation bestehen. Zu diesem Zweck waren Israel und alle Länder, die mit Israel freundschaftliche Beziehungen unterhielten, Handel trieben, ihm Hilfe in irgendeiner Weise leisteten, durch Agitation und Terror zu beunruhigen.

Die Beunruhigung des Feindes, der angegriffen werden soll, ist die erste Phase des totalen und revolutionären Volkskrieges: Die Terroristen sind die Vorläufer und Wegbereiter der Partisanen, in denen schließlich das bewaffnete Volk aus dem Untergrund aufsteht und im Sturm die Macht an sich reißt.

Für den Kampf gegen Israel bedeutete dieses Konzept, daß in den von der israelischen Armee besetzten arabischen Gebieten, aber auch in Israel selbst Terroranschläge verübt würden. Sie müßten zugleich Schrecken verbreiten, Schaden anrichten und Israel zu schweren Repressionen, zu Gegenterror und harten Sanktionen gegen die arabische Bevölkerung zwingen.

Zwar versuchte die PLO, die »Organisation für die Befreiung Palästinas«, in der die palästinensischen Aktionsgruppen zusammengeschlossen sind, diesen Prozeß in Gang zu setzen. Aber was in Nordafrika, in Kenia, in Indochina, auf Zypern und für kurze Zeit sogar schon in der Türkei gelungen war, hatte in den sechs Jahren seit dem Beginn der israelischen Besetzung ebensowenig Erfolg gezeitigt wie vorher in Israel selbst seit der Staatsgründung, obwohl etwa eine Million Araber in den israelischen Grenzen leben.

Nicht einmal im Gazastreifen, dem Gewächshaus der Untergrundgruppen und des Terrors in früheren Jahren, war es gelungen, den aktiven Widerstand aufrechtzuerhalten. Auch in der arabischen Altstadt von Jerusalem herrschte trotz gelegentlicher Zusammenstöße und vereinzelter Anschläge Ruhe unter der israelischen Militärpolizeiaufsicht.

Die mit den vertriebenen oder geflohenen Palästinensern verwandte arabische Bevölkerung in Judäa und in Samaria hatte weder Anstalten zur Volkserhebung gegen die fremde Besatzung gemacht noch viel getan, um die Israelis zu beunruhigen. Die Irredenta selbst hatte keine wirksame Guerilla an den Grenzlinien des besetzten Gebietes unterhalten können; am Suezkanal war ihr dies von der Wasserfront und den israelischen Uferbefestigungen verwehrt. Die ägyptische Armee ließ auch keine irregulären Kampfhandlungen zu, um nicht israelische

Gegenschläge oder Präventivaktionen zu provozieren.
Am Jordan trennte die Armee König Husseins die Partisanen der »Palästinensischen Befreiungsarmee« von der Grenze. In Jordanien waren nur kleinere Aktionen möglich, vor allem im Nordwesten, nahe der Grenze Jordaniens zu Syrien, wo die Palästinenser bis 1971 von Syrien her ein eigenes Herrschaftsgebiet um die Städte Irbid, Ajlun und Ramtha bis nach Jarash im Süden und Mafrak im Südosten gehalten hatten, bis die Armee ihre Stützpunkte besetzte und ihren Widerstand brach. Im September 1970 hatte Syrien eine Panzerdivision in Jordanien eingreifen lassen, um die palästinensischen Partisanengruppen in ihrem Krieg gegen die Armee König Husseins zu unterstützen.
Syrien hatte eine palästinensische Organisation unter Kontrolle, die »Saiqa«, deren reguläre Einheiten in der syrischen Armee als Freikorps standen. Die Intervention mißlang: Husseins Panzertruppen brachten die Syrer auf der Bergstraße von Norden nach Amman zum Stehen, und die kleine jordanische Luftwaffe zerschlug den syrischen Rückzug. Die syrischen Truppen büßten mehr als 100 Panzer ein und gingen über die Grenze zurück. Sie hatten nicht die geringste Unterstützung der eigenen Luftwaffe gehabt, und es hieß, die syrischen Kampfflugzeuge seien von Kriegsminister Assad zurückgehalten worden, weil er gegen die Intervention gewesen sei und ein Eingreifen der israelischen Luftwaffe und der israelische Truppen von den Golanhöhen her befürchtet habe.
General Assad unternahm kurz danach, im November 1970, mit Erfolg einen Staatsstreich gegen Präsident, Regierung und Parteiführung. Er bildete zunächst eine Militärregierung und ließ sich später vom Volk zum Präsidenten wählen. Sein Regime säuberte die Einheitspartei, die »Sozialistische Partei der Arabischen Wiedergeburt«, kurz Baath-Partei genannt, und schlug deren linken Flügel mit dem ehemaligen General Jadid ab. Jadid war der Führer der marxistischen Fraktion in der Partei, der Organisator des Parteiapparates und der palästinensischen »Saiqa« sowie der Exponent der prosowjetischen Gruppe in der Parteiführung. Mit Jadids Entmachtung verloren die Palästinenser in Syrien ihren Rückhalt in Damaskus. Seither waren sie weiter nichts mehr als eine bewaffnete Emigrantengruppe, die im Exil mehr geduldet als gefördert, dafür aber für die Zwecke der syrischen Politik nach innen und nach außen weidlich ausgenutzt wurde.
Ein auf lange Zeit angelegter »Volkskrieg« der Araber gegen Israel würde die israelische Besatzungsherrschaft erschüttern und die israelischen Siedlungen unsicher machen müssen, wenn er eine Aussicht auf Erfolg nach nordafrikanischem oder indochinesischem Beispiel haben sollte. Dies wiederum würde eine Aktivierung der Guerilla an den Grenzen Israels und des Terrors aus dem Untergrund in Israel vor-

aussetzen. Die einzigen Kräfte, die für diesen Zweck mobilgemacht werden könnten, sind die der palästinensischen Nationalbewegung in Syrien, in Libanon und in Jordanien (soweit sie dort noch existieren). Die Syrer, die Ägypter und die Beduinen Transjordaniens haben sich für Palästina seit 1949 nicht mit besonderem Ehrgeiz geschlagen. Die Vorstellung von einem unteilbaren arabischen Vaterland und einer geeinten arabischen Nation ist eine politische Idee geblieben; volkstümlich wurde sie nur in Reden und Kundgebungen, nicht aber im Handeln.

Der Volkskrieg der Araber würde also in Wirklichkeit vor allem ein Kampf der Palästinenser für Palästina gegen Israel und deshalb ein totaler Krieg mit dem Ziel der Zerstörung Israels und der Errichtung eines arabischen Staates Palästina sein. Sollte Ägypten wirklich einen solchen Krieg in Gang bringen, aus dem es sich dann später nicht ohne Schaden für sein Ansehen und ohne schwere Verluste würde zurückziehen können, wenn es ihn entweder nicht gewinnen könnte oder nicht lange genug weiterführen wollte? Die Kriegserfahrung in Jemen mußte Sadat schrecken.

Ein solcher Krieg von langer Dauer und mit zahlreichen Zwischenfällen, aber von geringer militärischer Intensität würde nicht von Kairo aus geführt werden können. Er würde auch unter dem militärischen Niveau der ägyptischen Armee stattfinden und sich schon deshalb der operativen Kontrolle der ägyptischen Militärmacht entziehen. Der politische Einfluß Ägyptens auf die Palästinenser war schon zu Lebzeiten Nassers geringer gewesen als die Loyalität Nassers gegenüber Arafat und dessen unsicheren Verbündeten wie Habasch oder Hawatmeh. In keinem Fall würde Ägypten seine Streitmacht, die so viel Geld und Mühen kostete, in einem solchen Krieg zur Geltung bringen können. Andererseits mußten alle arabischen Nachbarstaaten, insbesondere Libanon, aber auch Syrien, israelische Gegenschläge und Präventivaktionen fürchten.

Seit dem Anschlag von München im September 1972 hatte Israel einen Krieg ohne Grenzen gegen die arabischen Terroristen erklärt, die ihrerseits den Krieg über den Nahen Osten und alle Grenzen hinaus in die Welt gesprengt hatten. Verteidigungsminister Dayan und General Elazar hatten begonnen, von einem »Feldzug gegen den Terror« zu sprechen, und israelische Kommandos hatten in Libanon, mitten in der Stadt Beirut, zugeschlagen, um die palästinensischen Führer zu töten.

Ägypten war diesen israelischen Aktionen gegenüber militärisch machtlos, solange es nicht fähig oder willens war, ein Risiko einzugehen und an der einzigen Front anzugreifen, an der es Israel unmittelbar gegenüberstand. Der langwierige, zähe Volkskrieg mit den Mitteln des Terrors und der Guerilla an den Grenzen war also ebensowenig im Interesse Ägyptens wie König Feisals Ölkrieg. Initiative und Kontrolle würden bei Insurgentenführern wie Arafat und bestenfalls in Damaskus, in den Händen Assads, liegen. Khadaafi würde versuchen, sich der Palästinenser zu bemächtigen. Die arabischen Staaten aber würden sich allesamt mit Subsidien, guten Ratschlägen und Propaganda aus der Affäre ziehen. Nur Ägypten hätte nach wie vor weder Krieg noch Frieden, weder den Suezkanal noch die Sinaihalbinsel, weder sichere sowjetische Unterstützung noch amerikanische Hilfe.

Libyen, Algerien, Irak und Saudi-Arabien könnten einen hundertjährigen Krieg ohne Fronten gegen Israel und ohne Armeen im Felde führen. Syrien könnte auf die kargen Golanhöhen mit der zerstörten Stadt Kuneitra bis auf den Tag des Jüngsten Gerichts verzichten, ohne damit auch nur ein Jota an Wirtschaftskraft oder Sicherheit zu verlieren.

Jordanien existierte nicht mehr, und Husseins Chance, jemals seine verlorenen reichen Provinzen auf dem Westufer des Jordans, Jerusalem und die Palästinenser wieder unter seiner Krone zu vereinen, war so gering, daß weder er noch irgendein anderer arabischer Staatsmann einen Plan darauf gründen könnte. Warum sollte ausgerechnet Ägypten, das sich mit Israel jederzeit über eine Grenze einigen könnte, einen Krieg auf unbegrenzte Zeit führen und alle seine nationalen Ziele diesem Kampf unterordnen?

Sadat konnte weder einen indirekten Krieg mit Erdöl noch einen indirekten Krieg mit Terror und Guerilla führen oder unterstützen, ohne Ägyptens beste Kräfte zu vergeuden und an Einfluß zu verlieren. In seiner Lage blieb nur der politische Krieg für eine Verhandlung. Dazu war seine Armee ausgerüstet und ausgebildet. Sie war die größte Armee des Nahen Ostens nach der türkischen und bei weitem besser bewaffnet als diese. Die ägyptischen Militärs waren sich dieser relativen Stärke bewußt. Schon am 17. November 1970, zehn Tage nach der Verlängerung der 90-Tage-Waffenruhe, hatte der damalige Kriegsminister General Fausi in Kairo angekündigt, daß »die nächste Schlacht total sein und von beiden Seiten mit allen verfügbaren Mitteln geführt werden« würde.

Diese Vorhersage erwies sich als richtig, weil Ägypten als Alternative zu einem Verzichtfrieden nichts anderes übrigblieb als der Krieg. Es konnte sich nur um einen klassischen Krieg als Mittel der Politik zur Öffnung des Verhandlungsweges für die Diplomatie, also um einen Angriffskrieg mit begrenzten Zielen von begrenzter Dauer, handeln, nachdem Nassers »Zermürbungskrieg« in festen Fronten ohne Angriff über den Suezkanal gescheitert war. Sadat hatte das Jahr 1971 als das der »Entscheidung« ausgerufen und danach 1972 »die unausweichliche Schlacht« angekündigt. Im Frühjahr 1973 hatte er eine »Ära der totalen Konfrontation mit Israel« verkündet. Im April 1973 sprach er offen und öffentlich von einem »Alptraum, der alle Alpträume beenden wird« und davon, daß »die Zeit zu Ende geht«.

Sadat sah zwei neue Faktoren in der internationalen Politik, die seiner Geduld ein Ende setzen würden: eine nahezu vollkommene Harmonie zwischen den USA und Israel und die Annäherung zwischen den beiden Weltmächten seit ihrem Moskauer Abkommen vom Mai 1972. Er hatte Präsident Nixon zu einer amerikanischen Anstrengung für einen Frieden mit Israel bei Räumung der 1967 besetzten arabischen Gebiete aufgefordert. Er hatte US-Außenminister Rogers seine Bereitschaft zu einem Friedensschluß versichert, allerdings wieder nicht mit einer verbindlichen Zusage, daß Ägypten Israel gegenüber friedensvertragliche Verpflichtungen eingehen und einen Vertrag unterschreiben würde.

Am 9. April 1973 veröffentlichte die amerikanische Zeitschrift *›Newsweek‹* ein Interview mit Sadat und widmete dem ägyptischen Präsidenten ihre Titelseite mit der Überschrift »Ägypten — auf dem Weg in den Krieg?«. Sadat behauptete in diesem Interview wieder einmal, daß er Krieg führen werde, um eine Lösung des Problems zu erzwingen. Er gab sich überzeugt von der absoluten Notwendigkeit eines neuen Krieges gegen Israel, versicherte aber, Ägypten beabsichtige nicht, »eine Konfrontation zwischen den Supermächten zu provozieren«. Sadat sagte: »Nun ist die Zeit für eine Entscheidung gekommen [. . .]. Die Lage hat sich geklärt. Die Zeit für einen Schock ist reif. Die Diplomatie wird vor, während und nach der Schlacht fortgesetzt werden. [. . .] Alles in diesem Land wird nun für die Wiederaufnahme der Schlacht vorbereitet, die unvermeidlich geworden ist.« Sadat sagte aber auch, daß er bereit sei, die Freiheit der israelischen Schiffahrt in der Meerenge von Tiran zu gewährleisten und »für Scharm-el-Scheich allem zuzustimmen«, nur nicht einer israelischen Besatzung oder dem Recht Israels, Truppen dorthin zu entsenden. Dagegen würde Ägypten den strategischen Punkt an der Südspitze der Sinaihalbinsel »der internationalen Gemeinschaft übergeben nach jeder Formel, die gewünscht wird«.

Da weder aus Washington noch aus Jerusalem eine Antwort auf das unverhüllte Verhandlungsangebot kam, nahm das »Unvermeidliche« seinen vorbereiteten Lauf. Ägypten mußte der Welt, dem Feind und sich selbst beweisen, daß es fähig war, die Konsequenz aus der Erkenntnist seiner Zwangslage und dem Scheitern seiner Hoffnungen auf einen kampflosen Erfolg zu ziehen. Der Preis, den General Dayan einmal für einen ägyptischen Angriff über den Suezkanal mit der Drohung genannt hatte, er würde die ägyptische Armee »in einen Haufen Schrott« verwandeln, mußte in Kauf genommen werden.

Sadats Krieg war konventionell, kalkuliert und ein Akt der Resignation. Am 22. Oktober 1973 resümierte Sadat dessen Sinn und Erfolg mit dem Urteil, die Aktion der arabischen Armeen habe »die Nahostkrise aus der Sackgasse getrieben und die politische Landkarte des

Nahen Ostens verändert«. Ihr Kampf habe damit »der Arroganz und der absurden Gewaltpolitik, die der israelische Feind während fünfundzwanzig Jahren angewendet hat, ein für allemal ein Ende gesetzt«.

Was weiter geschehen sollte, um die Krise aus der Welt zu schaffen, lag nun bei allen Beteiligten gemeinsam. Zwei Monate später zählte Sadats persönlicher Berater und neuer Außenminister Ismail Fahmi zur Eröffnung der Genfer Friedenskonferenz die fünf »wesentlichen Friedensbedingungen« Ägyptens (»peace essentials«) auf. Er nannte fünf negative Merkmale, auf denen der künftige Friede nicht beruhen könne:

1. Expansion eines Landes gegen ein anderes mit Gewalt;
2. gewaltsame Aneignung fremder Gebiete;
3. Drohung gegen international anerkannte Grenzen unter irgendeinem Vorwand;
4. Beeinträchtigung der Souveränität von Staaten und Verletzung deren territorialer Unversehrtheit;
5. Verweigerung der unveräußerlichen Rechte der Palästinenser auf Selbstbestimmung und Leben in Frieden.

Jedes einzelne dieser Merkmale eines »gerechten und dauerhaften Friedens« konnte zu Lasten Israels verstanden werden, denn Israels Grenzen waren ja am 21. Dezember 1973, als der ägyptische Minister seine Erklärung am Verhandlungstisch verlas, noch immer von keinem arabischen Staat anerkannt, weder als »internationale«, also völkerrechtlich gefestigte, noch als einfache De-facto-Grenzlinie eines fremden Staatsgebietes. Noch immer hielt auch Ägypten die Rechtsposition der vergangenen fünfundzwanzig Jahre aufrecht, daß Israel auf fremdem, nämlich arabischem Gebiet bestehe.

Es galt deshalb in dieser Verhandlung Einverständnis über diese Grenzen zu finden, und zwar auf der Grundlage der Entschließung 242 des UN-Sicherheitsrats vom 22. November 1967, in der Sadat wie vor ihm Nasser das Instrument für einen »automatischen Frieden«, also für eine Rückkehr in einen international von den Vereinten Nationen festzustellenden, gewissermaßen zu erklärenden Friedenszustand gesehen hatte. Eine Ausführung dieser Entschließung durch einen Rückzug Israels aus den 1967 eroberten Gebieten einschließlich Jerusalems würde den Frieden von selbst durch Heilung des Bruchs wiederherstellen, indem »die Spuren der israelischen Aggression beseitigt« würden.

Diese Konzeption vom Frieden sah eine direkte Verhandlung mit Israel nicht vor, sondern nur Vereinbarungen über Beginn und Ablauf des israelischen Rückzugs. Israel dagegen bestand auf einem ausgehandelten Frieden mit gegenseitigen Verpflichtungen und internationalen Garantien. War Ägypten, war Syrien, war Jordanien zu einem Verhandlungsfrieden bereit? Würden die übrigen arabischen Länder dem zustimmen und ihrerseits ihren Frieden mit Israel machen oder wenig-

stens den Krieg ruhen lassen?
Sadat hatte vor der Eröffnung der Friedensverhandlung zu Genf am 21. Dezember 1973 versucht, die Zustimmung der arabischen Staaten in der Konferenz von Algier zu erlangen. Die Tage zwischen dem 22. Oktober und dem 21. Dezember 1973 hatten die Gegensätze im arabischen Lager wieder aufbrechen lassen und Sadat gezeigt, was er ohnehin schon wußte: daß er wenig wirkliche Unterstützung für eine diplomatische Initiative zum Frieden und wahrscheinlich noch weniger Zustimmung zu einem Verhandlungsresultat finden würde, das ohne Zweifel ein Kompromiß mit Israel unter der Vermittlung der beiden Weltmächte sein müßte.
Libyen hielt sich abseits vom Weg zum Frieden. Khadaafi hatte die erste Waffenruhe vom 22. Oktober und mehr noch die zweite vom 25. Oktober als die Folge eines »Großmachtdiktats« und als eine »Kapitulation« der arabischen Kriegführenden bezeichnet. Er hatte noch in der Nacht zum 22. Oktober in Tripolis dem Franzosen Eric Rouleau voll Zorn bekannt: »Dieser Krieg ist nicht mein Krieg. Sadat und Assad haben ihre Entschlüsse, ihre Pläne ohne meine Zustimmung gefaßt, ja ohne mich zu konsultieren oder auch nur zu informieren, obwohl unsere drei Länder doch in einer Konföderation vereint sind, in der Krieg und Frieden nur kraft einstimmigen Beschlusses der drei Präsidenten bestimmt werden dürfen. Ich billige auch ihre Kriegführung nicht. Selbst wenn sie Israel besiegen sollten, so würde ich doch einem Operettenkrieg meine Billigung versagen.«
Was Khadaafi mit »Operettenkrieg« meinte, war Sadats militärpolitische Operation des begrenzten Krieges zur Gewinnung einer Verhandlungsposition auf dem Ostufer des Suezkanals, um genau zu bewirken, was in Jerusalem Golda Meir ausschloß: Israel unter Druck zu setzen und den Status quo der Okkupation mit Waffengewalt zu zerstören.
Die Ende November in Algier versammelten arabischen Staatsoberhäupter und Regierungschefs aus sechzehn Ländern — Libyen und Irak blieben diesem »Gipfel der Kapitulation«, wie Khadaafi das Treffen nannte, fern — gaben Sadat den Weg zu Verhandlungen frei, von denen sie ihn ohnehin nicht zurückhalten konnten. Ägypten hatte dafür die Unterstützung der beiden Weltmächte. Aber weder die algerische noch die syrische Regierung billigten im Grunde Sadats Politik. Der algerische Außenminister Bouteflika sagte wenig später in Kopenhagen öffentlich, die Genfer Konferenz werde »unter der Hegemonie« der beiden Großmächte stattfinden, und diese hätten dem Sicherheitsrat der Vereinten Nationen für seine Waffenruhe-Entschließungen »ihren Willen diktiert«. Die »Entmündigung« der Vereinten Nationen sei auch Europas Schuld, weil weder Frankreich noch Großbritannien sich dem Machtspruch der Amerikaner und der Sowjets zu widersetzen gewagt hätten.

König Hussein war selbst nicht nach Algier gekommen, weil die fünfzehn übrigen Teilnehmerstaaten die Palästinensische Befreiungsfront als gleichberechtigten Partner und Repräsentanten der Bevölkerung des besetzten westlichen Jordanufers zugelassen hatten. Jordanien drohte nun, nicht an den Verhandlungen teilzunehmen und so der Konferenz die völkerrechtliche Legitimation vorzuenthalten. In der Tat sind die 1967 von Israel besetzten Teile Jordaniens einschließlich des arabischen Stadtteils von Jerusalem nicht nur nach der Haager Landkriegsordnung von 1907 und nach den allgemeinen Grundsätzen des Völkerrechts jordanisches Hoheitsgebiet geblieben, sondern als solches auch von den Resolutionen der Vereinten Nationen dadurch ausgewiesen, daß die Gebietserwerbung durch Gewalt und Besetzung ausdrücklich für im Sinne der Satzung unrechtmäßig erklärt wurde.

Die Eingliederung des arabischen Stadtteils von Jerusalem in das israelische Staatsgebiet durch Gesetz war von einer besonderen Resolution der Vereinten Nationen als rechtswidrig und für »null und nichtig« erklärt worden. Also mußten diese Gebiete noch immer zu Jordanien gehören, denn herrenlos konnten sie nach dem Völkerrecht nicht geworden sein. Israel hatte dies, abgesehen von Jerusalem und einigen umliegenden Gemeinden, auch niemals bestritten und die Rückgabe von einem Friedensvertrag mit Jordanien abhängig gemacht, in dem allerdings eine neue Grenze — genauer gesagt: erstmals eine völkerrechtlich verbindliche Grenze — zwischen beiden Ländern zu ziehen wäre.

Hussein hatte nach dem Bürgerkrieg vom September 1970 der palästinensischen Bevölkerung von Judäa und Samaria auf dem israelisch besetzten westlichen Jordanufer die freie Ausübung des nationalen Selbstbestimmungsrechts zugesagt. Zu gegebener Zeit — nach ihrer »Befreiung«, also nach einer Rückkehr in sein Königreich — sollten sie über die staatliche Zukunft ihres Landes abstimmen: Verbleib im jordanischen Staat oder staatliche Selbständigkeit im Bunde mit Jordanien.

Mit dieser Absichtserklärung hatte der König den Vorwurf zurückweisen wollen, er unterdrücke und entmündige die Palästinenser. Er hatte den Vorschlag eines Bundesstaates unter seiner Oberhoheit und mit einer demokratischen Verfassung gemacht, um seine erschütterte Autorität wieder zu festigen, seine Legitimität als Souverän zu erneuern und die Grundlage für einen Kompromiß mit den nationalen und demokratischen Aspirationen der palästinensischen Bevölkerung zu schaffen. In diesem Sinne hatte er sich nach dem Vertrag mit Arafat und der Palästinensischen Befreiungsfront, der den Bürgerkrieg in Jordanien beenden sollte, als Schirmherr der Partisanen in seinem Lande vorgestellt, bevor er sie 1971 über die Grenzen nach Syrien vertrieb.

Der offene Legitimationskonflikt zwischen Hussein von Jordanien und der palästinensischen Nationalbewegung darüber, wer Palästina und die Palästinenser repräsentiere, dauert seither an. Yassir Arafat, der

Führer des größten palästinensischen Kampfbundes, der »El Fatah«, sagte nach dem für die Partisanen unglücklichen Krieg gegen Husseins Armee: »Wir müssen die Siege sammeln wie die Armen die Ähren auf dem Feld.« Er spielte damit auf die Schwäche der Untergrundkampfgruppen im Verhältnis zu Israel und zum jordanischen Staat an, den die »Kommandos« 1970 allerdings schon nahezu gelähmt und von innen her besetzt hatten. Arafat und die übrigen »Kommandoführer«, insbesondere die der linken Flügelgruppen, Habasch und Hawatmeh, lehnten jede politische Verantwortung für ein Staatsgebiet vor der »Befreiung Palästinas« ab und versicherten, sie wollten Jordaniens Souveränität nicht usurpieren.

Obwohl von seinen Anhängern und Rivalen in der palästinensischen Irredenta zu einer kompromißlosen Politik verpflichtet, von Mißtrauen und Eifersucht umlauert und zu rituellen Wiederholungen der Kampfschwüre gezwungen, um politisch, ja schlechthin zu überleben, verstand es Arafat, sich künftige Möglichkeiten für eine Verhandlung offenzuhalten. Er mißtraute den arabischen Regierungen in Kairo und in Damaskus, in Bagdad und in Tripolis ebenso wie den Königen Hussein und Feisal. Aber er hatte längst erkannt, daß der Traum vom arabischen Palästina wenn überhaupt, dann nur in einem Teil des verlorenen Heimatlandes würde in Erfüllung gehen können. Er hatte gelernt, daß die sowjetische Politik im Nahen Osten gegen die amerikanische manövrierte, nicht aber für ein unabhängiges und geeintes Palästina wirken würde. Die Sowjetunion würde ihre Macht weder für eine Einigung aller arabischen Länder in einem großen Staat noch für die Zerstörung Israels leihen.

Eher ein Konservativer als ein Sozialist, suchte Arafat der drohenden Radikalisierung der Nationalbewegung vorzubauen und die ideologischen Streitfragen aus der palästinensischen Politik herauszuhalten. Zwar sprach er vom totalen Krieg bis zum Endsieg und von der vollkommenen Befreiung Palästinas von der »zionistischen Fremdherrschaft«. Aber solche Worte waren Bekenntnisse eines unsicheren und bedrängten Herzens. Mehr ein als Partisan verkleideter Politiker, der sein sowjetisches Kaloschnikow-Sturmgewehr als Symbolwaffe bei sich führt wie Hussein sein Offiziersstöckchen nach britischer Manier, suchte Arafat stets nach dem Kompromiß, nicht nach revolutionärer Gewalt.

Die arabische Konferenz von Algier erkannte ihm im November 1973, vor Beginn der Genfer Verhandlung, eine Art Alleinvertretungsrecht hinsichtlich der nationalen Interessen der Palästinenser zu. Doch Jordanien nahm zunächst an der Genfer Konferenz als Kriegsgegner Israels und Inhaber der Souveränität über die besetzten jordanischen Gebiete teil. Ein weiterer Widerspruch gesellte sich zu den vielen Widersprüchlichkeiten der arabischen Politik. Aber die Ambivalenz diente dazu, einen Konflikt zu vertagen statt ihn in einem Augenblick auszutragen, in dem er eine internationale Verhandlung gleich zu deren Beginn schwer hätte belasten müssen.

Auch in dieser Frage zeigten sich das neu auf dem Schlachtfeld erworbene Gesicht Ägyptens und der Einfluß der beiden Weltmächte. Dafür stellte die Konferenz von Algier eine Friedensbedingung in aller Form, die zwar nicht neu, aber bis dahin noch nicht festgeschrieben war: die Herausgabe des arabischen Stadtteils von Jerusalem, also die Revision seiner Eingliederung in den Staat Israel. Jerusalem »vor allem« müsse Israel räumen und zurückgeben, steht im Kommuniqué zu lesen.

Der ägyptische Außenminister Fahmi präsentierte die arabischen Forderungen in Genf mit wohlabgewogenen Worten, die Raum für Auslegung und Suche nach gemeinsamem Boden zwischen den Kriegsgegnern ließen: »[. . .] auf die eine oder andere Weise zu bewirken, daß die Länder der arabischen Staaten befreit werden und daß die Palästinenser ihr legitimes Recht, in Frieden und Würde zu leben, genießen können. [. . .]« Er ließ ungesagt, wo dies geschehen solle und in welchen Grenzen. »[. . .] Wir hoffen, daß die Regierung Israels nun erkannt hat, daß Israels Sicherheit nicht mit der Zurückhaltung geographischer Trophäen oder im Erwerb militärischer Suprematie gefunden werden kann, sondern daß sie am besten gewährleistet ist, wenn es dazu bereit ist, mit seinen Nachbarn in Frieden zu leben. Wir hoffen weiter, daß Israel jetzt auch versteht, daß weder Ägypten und alle übrigen arabischen Staaten mit Gewalt erobert werden können und es zulassen können, daß ihre Gebiete besetzt bleiben, noch daß die arabische Welt hinnehmen kann, daß die Palästinenser weiter unmenschlich behandelt werden und daß Jerusalem, die Stadt des Friedens, unter dem Banner des Eroberers bleibt. [. . .]«

Dem historischen Anspruch der Juden auf Palästina setzte Fahmi den historischen Anspruch der Araber auf ihre Gebiete entgegen, aber nicht mehr auf den Teil Palästinas, auf dem Israel besteht. Er sagte in Genf: »Völker handeln und schachern nicht um ihr Land, und die arabische Nation ist keine Ausnahme. Zu erwarten, daß die Araber einen Teil ihres Landes aufgeben, hieße ihre Entschlossenheit, dies nicht zu tun, auf tragische Weise mißzuverstehen.« Nach dieser Präambel las der Minister die positiven Forderungen seiner Regierung vor:

1. totaler Rückzug der israelischen Streitkräfte aus den seit 5. Juni 1967 besetzten arabischen Gebieten;
2. Rückgabe des arabischen Stadtteils von Jerusalem und Nichtanerkennung jeder Situation, die die vollkommene arabische Souveränität über die Heilige Stadt beeinträchtigen könnte;
3. Ausübung des Selbstbestimmungsrechts durch die Palästinenser und des Rechtes, in Frieden und Würde zu leben;
4. Recht jedes Staates in der Region, territoriale Unverletzlichkeit und politische Unabhängigkeit zu genießen;

5. internationale Garantien seitens der Großmächte oder der Vereinten Nationen oder beider zusammen als zusätzliche Sicherung von Frieden und Sicherheit in der Region.

Unter diesen Bedingungen würde Ägypten »alle anderen Verpflichtungen, die sich aus der Entschließung 242 des Sicherheitsrats der Vereinten Nationen ergeben, in Geist und Buchstaben erfüllen«. Von einem förmlichen Friedensschluß mit Israel durch einen Friedensvertrag sprach Ismail Fahmi noch immer nicht. Sadat hatte schon vorsorglich eine »direkte Verhandlung mit Israel« wieder abgelehnt, aber schließlich war ja eine Konferenz zwischen Kriegsgegnern im Beisein anderer Staaten auch eine Verhandlung, wenn auch ihrer Form nach keine zweiseitige.

Die Gebote der Entschließung 242 des UN-Sicherheitsrates vom 22. November 1967 an die Kriegsgegner sind ebenfalls fünf an der Zahl:

1. Rückzug der israelischen Streitkräfte aus Gebieten, die in dem jüngsten Konflikt besetzt wurden;
2. Beendigung aller Ansprüche auf einen Kriegszustand, Achtung und Anerkennung der Souveränität, der territorialen Unversehrtheit und der politischen Unabhängigkeit aller Staaten in der Region und ihrer Rechte, in Frieden in sicheren und anerkannten Grenzen frei von Drohung mit Gewalt und von Gewalttaten zu leben;
3. Notwendigkeit, die Freiheit der Schiffahrt durch die internationalen Wasserstraßen zu gewährleisten;
4. Suche nach einer gerechten Lösung des Flüchtlingsproblems;
5. Maßnahmen zur Gewährleistung der territorialen Unversehrtheit und der politischen Unabhängigkeit jedes Staates in der Region, die demilitarisierte Zonen einschließen.

Die arabische Verhandlungsposition hatte also zur Eröffnung der Partie in Genf eine diplomatische »Vorwärtsstrategie« zur Grundlage: Sie war auf der äußersten Linie der möglichen Forderungen gegenüber jener der israelischen Seite aufgebaut, die ihrerseits wesentliche Grenzverschiebungen gegenüber 1967 zugunsten Israels mit dem Argument forderte, Israel seien von den Vereinten Nationen »sichere Grenzen« zugesagt worden; solche Grenzen aber müßten militärisch »verteidigt« werden können.

Da Israel nicht nur Jerusalem seinem Staatsverband einverleibt und in der arabischen Umgebung arrondiert hatte, sondern eine ganze Reihe staatlicher territorialer Faustpfänder besaß — eben die »geographischen Trophäen« seiner Eroberung seit 1967 —, konnte die Friedensverhandlung nur vorankommen, nachdem Israel seine Bereitschaft zur Rückgabe wenigstens des größeren Teils der besetzten arabischen Gebiete in Aussicht gestellt und einen ersten Rückzug eingeleitet hätte. Diese Bereitschaft mußte sich nach drei Kriterien richten:

1. nach dem kollektiven Sicherheitsgefühl in Israel nach dem Oktoberkrieg;

2. nach den internationalen Garantien der Mächte für Israels Sicherheit;
3. nach dem Grad an politischer Verpflichtung zumindest Ägyptens und Jordaniens zum Frieden gegenüber Israel.

Die arabischen Verhandlungspartner waren dabei nur bedingt satisfaktionsfähig. Präsident Sadat stand unter massivem Druck im Innern wie in der arabischen Staatengemeinschaft, Israel keine Zugeständnisse zu machen. Ägypten konnte ohnehin nicht auf fremden arabischen Boden verzichten oder ohne dessen rechtmäßige Eigentümer verhandeln. Die syrische Verhandlungsbereitschaft blieb angesichts von Syriens Weigerung zur Teilnahme an der ersten Konferenzphase eine unbekannte Größe und die palästinensische Frage vollkommen ungeklärt.

Unter diesen Bedingungen waren die Aussichten für einen Verhandlungserfolg schwer zu beurteilen. Der französische Staatspräsident Pompidou meinte an der Jahreswende 1974 skeptisch, der Friede würde sich dem Zugriff der internationalen Diplomatie entziehen. Es sei ausgeschlossen, daß alle arabischen Länder dem Ergebnis der Verhandlung, wie immer es ausfallen möge, zustimmen würden. Eine wirkliche Befriedung, ja auch nur eine dauerhafte Entspannung im Nahen Osten sei daher nicht zu erwarten. Die beste Hoffnung liege noch in einem international überwachten Waffenstillstand als Ersatz für einen Frieden.

Dieses Urteil stimmte im großen und ganzen mit den heimlichen Erwartungen der Kriegsgegner überein. An einen wirklichen Frieden hatte seit vielen Jahren niemand im Ernst gedacht, obwohl beide Seiten das Wort Frieden beständig im Munde führten. Ein Abkommen mit gegenseitigen Verpflichtungen zur Kriegverhütung war die erste Stufe, die nach einem Vierteljahrhundert Kriegszustand und vier Kriegszügen erreichbar schien. Dies meinten in Wahrheit auch mit ihren verschiedenen Auslegungen und Vorbehalten die Gegner, wenn sie von den Chancen für einen Frieden sprachen.

Viertes Kapitel

Israel nach dem Sturm

Am Anfang der Geschichte Israels steht das Losungswort »Haus Jakobs, komm, laß uns geh'n!«. Diese Losung hatte ein halbes Tausend junger Juden in Rußland im Jahre 1881 der Bewegung der »Liebe zu Zion« mit auf den Weg aus der Verfolgung gegeben. Dieser Weg konnte nirgendwo anders hinführen als zurück auf den Spuren der Geschichte und der Legende ins Gelobte Land.

Der erste Satz des Zionistischen Manifestes, 1882 in Konstantinopel verfaßt, lautet: »Wenn ich mir nicht selber helfe, wer wird mir dann helfen?« Israel ist die Schöpfung einer Idee. Alle Nationen der Welt sind entstanden, Israel wurde gewollt. In diesem Sinne wird Israel den arabischen Völkern immer unterlegen sein. Es erhebt sich nicht als eine Anschwemmung aus dem Flußbett der Geschichte. Anders gesagt: Israel ist ein historischer Willensakt, der Kontinuität nur in der Zukunft, nicht in der Vergangenheit finden kann.

Die Urheber der Staatsidee Israel, die Biluim, kleideten ihren Anspruch in einen Satz, der sich auf höheren Willen beruft, nicht auf Besitz: »Ein Heim in unserem Land. Es wurde uns von der Gnade Gottes gegeben. Es ist unser, wie es in den Archiven der Geschichte geschrieben steht.« Israel wurde zur Wiedereroberung wie das christliche Königreich von Jerusalem. Mit den Kreuzrittern des frühmittelalterlichen Abendlandes verbindet die modernen Pioniere des Zionismus die Idee: Rückkehr und Befreiung. Beide wollten auf heiligen Stätten eine Identität ausprägen, mit dem Unterschied allerdings, daß die Kreuzfahrer Glaubensstätten, die Zionisten die Heimat wiederzuerobern suchten. Später fügten die Zionisten diesem ihrem ersten Ziel die europäische Idee des Vaterlandes und des Nationalstaates hinzu, die dem »Heiligen Land« wesensfremd war. In diesem Sinne ist Israel ein spätes Kind des europäischen Nationalismus in der Wiege einer Kultur, die drei Religionen zur Welt gebracht hatte.

Von Anfang an war Israel eine fremde Eroberung. Die historische und ethnische Kontinuität vom Judenstaat der hebräischen Überlieferung zur Einwanderergemeinde im arabischen Palästina unter der Herrschaft des Osmanischen Reiches war Vorstellung, nicht Wirklichkeit.

Mit ihrer am 3. Februar 1919 proklamierten Forderung, die verbündeten Siegermächte sollten »den historischen Rechtstitel des jüdischen Volkes auf Palästina und das Recht der Juden, in Palästina ihr Heim zu bauen, anerkennen«, erhob die zionistische Bewegung einen Gebietsanspruch aus historischer Legitimation, den die Geschichte niemals honoriert hatte. (Das obige und die folgenden Zitate in diesem Kapitel entstammen dem Buch *»The Israel-Arab Reader«* von Walter Laqueur, einer dokumentarischen Sammlung von Texten zum Nahostkonflikt.)
Auch im Falle Israels sollte sich die Lehre des angelsächsischen Rechts bestätigen, daß der Besitz neunzig Prozent des Rechts ausmacht. Israel wurde gegen Widerstand erkämpft: gegen den Widerstand der eingesessenen Araber Palästinas nach 1919 und gegen Widerstand in Großbritannien, dessen Rechtstitel als Mandatsmacht des Völkerbundes für die Zulassung und Förderung jüdischer Einwanderung nach Palästina im britischen Parlament umstritten geblieben war. Die Balfour-Erklärung vom 2. November 1917 war in einem Schreiben des damaligen britischen Außenministers Arthur James Balfour an Lord Rothschild enthalten, in dem der Minister im Namen des Kabinetts versicherte, daß die britische Regierung »die Errichtung eines nationalen Heims für das jüdische Volk mit Wohlwollen betrachtet«. Später präzisierten britische Kabinette und Minister, daß damit nach dem Willen und im Sinne der britischen Regierung niemals die Gründung eines jüdischen Staates, geschweige denn eine jüdische Herrschaft über Palästina gemeint war.

Bis 1938 bemühte sich Großbritannien, die Einheit Palästinas auf der Grundlage der Rechte der einheimischen arabischen Bevölkerung zu erhalten und nur für die Ansiedlung jüdischer Gemeinden mit autonomen Rechten der Religionsausübung und der Selbstverwaltung Platz zu schaffen. Die jüdische Einwanderung wurde sogar amtlich begrenzt, wodurch verhindert werden sollte, daß entgegen dem Sinn des Mandatsauftrages des Völkerbunds und der ursprünglichen britischen Selbstverpflichtung ein jüdischer Staat in Palästina entstünde und die Mehrheit der eingesessenen arabischen Bevölkerung in eine Minderheit verwandelt würde.

Die Araber leisteten ab Mitte der dreißiger Jahre Widerstand gegen eine Einwanderung aus Europa, in der sie die Gefahr einer Überfremdung ihrer eigenen Heimat heranwachsen sahen. Der Zweite Weltkrieg und die Judenverfolgung in Europa mit den Massenvernichtungslagern zur Auslöschung der Juden nach Hitlers Programm schufen eine vollkommen neue Lage. Aber die britische Mandatspolitik suchte noch immer ein Siedlungsgleichgewicht zwischen Arabern und Juden in Palästina zu wahren.

Obwohl selbst führende europäische Zionisten das Recht der Juden auf Rückkehr nach Palästina nicht mit dem Recht auf einen souveränen jüdischen Staat gleichgesetzt hatten und viele orthodoxe Juden die Gründung eines säkularen Israel als Nationalstaat mit Territorialsouveränität aus religiösen Gründen ablehnten, setzten die modernen zionistischen Pioniere den jüdischen Nationalstaat Israel durch.

Balfour hatte sich niemals einer Täuschung über die politische Tragweite seiner wohlgewählten Worte vom jüdischen »nationalen Heim« hingegeben. Er war weder ein Samariter noch naiv. Er hatte eine politische Entscheidung gefällt und die Konsequenzen in Kauf genommen. »In Palästina denken wir nicht einmal daran, der Form halber die Wünsche der gegenwärtigen Einwohner des Landes in Erfahrung zu bringen und zu berücksichtigen. [...] Die vier Großmächte haben sich auf die Seite des Zionismus gestellt. Und Zionismus, im Recht oder im Unrecht, gut oder schlecht, ist in generationenalten Traditionen, in Nöten der Gegenwart und in Hoffnungen auf die Zukunft verwurzelt, die sehr viel wichtiger sind als die Wünsche und Vorurteile der 700 000 Araber, die derzeit das alte Land bewohnen«, schrieb Balfour am 11. August 1919 in einem Memorandum an die britische Regierung.

Damals machten die jüdischen Einwanderer und die schon im Lande ansässige jüdische Bevölkerung nicht mehr als zehn Prozent der Einwohner des Mandates Palästina (mit Transjordanien) aus. 1918 hatte man nur 56 000 Juden in Palästina gezählt. Die zionistische Einwanderung war zu jener Zeit schon drei Jahrzehnte im Gange. 1880 waren nur etwa 20 000 Juden in Palästina. Balfour hatte sich selbst widersprochen, denn in seiner Erklärung gegenüber Lord Rothschild hatte er den Zusatz geschrieben, das »nationale Heim« für die Juden dürfe die religiösen und zivilen Rechte der »bereits in Palästina bestehenden nichtjüdischen Gemeinden« nicht »beeinträchtigen« — was immer mit diesem Begriff politisch und rechtlich gemeint sein mochte. Im Juni 1922 räumte Balfour ein, daß »der Zionismus scheitern könnte« und daß diese politische Idee »ein Abenteuer« sei.

In einer der britischen Parlamentstradition würdigen Sentenz hatte er grandios hinzugefügt: »Aber sollen wir keine Abenteuer haben? Sollen wir niemals neue Experimente wagen?«

Die jüdischen Siedler aus Europa hatten für die Subtilitäten der Kabinettspolitik keine Zeit. Was immer die Briten vorgehabt oder gemeint haben mochten: Sie, die Neuankömmlinge, wollten nach ihrem eigenen Gesetz in einem eigenen Land leben, gleichgültig, ob man es in Europa unter Advokaten und Diplomaten »nationales Heim« oder »Staat« nannte. Die Pioniere der jüdischen Einwanderung konnten sich nicht mit prekären Situationen in einer fremden Umwelt bescheiden. Für sie war Einwanderung gleich Kolonisierung und Kolonisierung gleich Selbstbestimmung und Selbstverteidigung. Die israelische Staatsidee wuchs mit ihnen auf dem gepflügten Boden an.

Das moderne Israel hat sich diese Gesinnung bewahrt. Es fühlt sich zugleich daheim und bedroht, Nationalstaat und belagerte Siedlung, Festung und Zivilisation. In der Diaspora, in der Verfolgung, den Pogromen in Europa und in den Feueröfen der deutschen Todeslager war eine Kampfgesinnung gebrannt worden. Auch sie war nicht gegen Furcht und Kleinmut gefeit. Aber die Last ihrer Erfahrung, die sie im Gepäck der Überlebenden mit sich schleppte, wog auf der Seele immer schwerer als die jeweils gegenwärtige Gefahr.

Diese Kampfgesinnung ist Israels Stärke. Sie gleicht die Kraftreserven aus der Kontinuität des Lebens aus, die den Arabern zu Gebote stehen, und schlägt zeitweilig sogar in Überlegenheit gegenüber dem Fatalismus der islamischen Welt um. Das Aufeinanderprallen zweier Kulturen konnte von beiden ertragen und im übrigen gedämpft werden. Das Aufeinanderprallen zweier Nationalismen mußte Explosionskräfte freisetzen. Obwohl anfangs arabische und jüdische Politiker eine Koexistenz in Palästina postuliert und sogar einen gemeinsamen Unabhängigkeitskampf in Aussicht genommen hatten, war der Konflikt unvermeidlich.

Das arabische Nationalgefühl war erwacht und forderte sein Recht: einen unabhängigen arabischen Staat von Syrien über Palästina bis nach Mesopotamien. Die Renaissance der einst vom Islam geprägten arabischen Nation ohne politische Einheit und ohne Souveränität über die alten arabischen Länder traf in Palästina zu Beginn des 20. Jahrhunderts auf den neuen Patriotismus der eingewanderten Juden und später auf ihren Staat Israel. Die modernen arabischen Staaten entstanden wie Israel aus den Trümmern zweier Fremdherrschaften, der türkischen und der britischen. Israel erschien den arabischen Nationalisten als Nachlaß der britischen Kolonialpolitik.

Israel setzte sich mit westlichem Geist, mit westlicher Methode und Technik durch, die den arabischen Ländern entweder nicht zu Gebote standen oder — was zumeist der Fall war — von ihnen nicht genutzt wurden. Aber der Einwandererstaat konnte weder als Helfer und Lehrmeister noch als Gleicher unter Gleichen mit den arabischen Ländern leben, denn er war eine fremde Herausforderung der eingeborenen Schwächen und des Stolzes der arabischen Nachbarn, die auf eine große geschichtliche Vergangenheit und auf eine große kulturelle Tradition zurückblickten.

Die Araber mußten Israel als einen Teil der westlichen Zivilisation und seine Gründung als einen Akt westlicher Politik ansehen. Als was hätten sie beides sonst betrachten können? Sämtliche Israelis mochten Arabisch lernen wie Moshe Dayan und mit den Moslems über Religion diskutieren, Wasser aus der Wüste schlagen wie Moses mit dem Stab — sie mußten dennoch in den Augen der Orientalen gefährliche Fremde bleiben, von außen her unterstützte und bewaffnete dazu.

Damit war Israels Existenzproblem gestellt: Eine Assimilation an die

orientalisch-islamische Umwelt würde den Verlust der Identität bedeuten, unbeschadet der jüdischen Religion, die sich sehr wohl mit dem sie umgebenden Islam vertragen könnte. Verloren würden die kulturelle und die nationale Identität, auf die es für Israel ja gerade ankam — der unverwechselbare politische Charakter, der eine Nation ausmacht. Selbstbehauptung dagegen mußte die Fremdartigkeit hervorheben und also den Gegensatz zur Umwelt schroff ausprägen. Damit war Israel als jüdischem Nationalstaat und Kreatur westlicher Zivilisation eine Tragik im klassischen Sinne aufgezwungen — ein existentieller Widerspruch, der in der Identität der Persönlichkeit nicht aufgelöst werden kann, der also Schicksal ist. Das historische Schicksal Israels ist die dauernde Herausforderung seiner Umwelt durch seine bloße Existenz.
Manche weitsichtigen Denker unter den Zionisten des alten Europa hatten diese unausweichliche Konsequenz einer jüdischen Staatsgründung in Palästina nicht nur vorhergesagt, sondern in ihren Ursachen untersucht. Die meisten Kenner der arabischen Welt hatten diese Warnung ausgesprochen. Am ehesten wäre die Koexistenz noch im Osmanischen Reich möglich gewesen. Aber die Ereignisse führten den Beginn der jüdischen Einwanderung und das Ende der türkischen Herrschaft in einem historischen Moment zusammen. Die Warnungen der gemäßigten Zionisten vor einem Staat Zion wurden im Sturm des Krieges verweht. Täter pflegen ohnehin weniger den Denkern als den Poeten zu folgen.
Die Gründung Israels war ein Stück heroischer Poesie und ein Akt politischer Phantasie, aber keine durchdachte Handlung mit dem Blick auf die Welt, wie sie wirklich ist. An diesem Ursprung hat Israel seither getragen, obwohl das nüchterne und robuste Temperament der neuen Israelis dies in der Aktion verleugnet und die Realität sich selbst erhält. Nur ist diese Realität an Macht gebunden. Sie ist gänzlich unpoetisch, aber den gesetzmäßigen Verhältnissen der physischen und materiellen Kräfte unterworfen, in denen Glaube keine Berge versetzt, wenn es am Hebel dazu fehlt. Realität hat im Gegensatz zu Poesie Grenzen. Israel sollte bald auf die Grenzen des Möglichen stoßen.
Nach der unvollendeten Eroberung Jerusalems 1948 ließ die vollendete Eroberung 1967 mit der Wirkung der hebräischen Mythologie die Faszination der Poesie wieder Herrschaft über den politischen Verstand gewinnen. Einem Volk, das seine Identität neunzehn Jahrhunderte lang mit Hilfe einer dreitausend Jahre alten Schrift und der von Generation zu Generation vererbten Vision bewahrt hatte, muß dieser Sieg des Irrationalen über die Rationalität sicherlich vergeben werden. Aber wenn diejenigen, die im Sinnbild wohnen, dies nicht tun, wird der Besitz des Symbols umstritten bleiben müssen. Die Araber vergaben nichts. Israel konnte sie nicht aus Jerusalem vertreiben. Dies um so weniger, als die Stadt das Heiligtum dreier Religionen ist und deshalb

die Berufung auf transzendentale Legitimation in ein Gottesurteil ausarten muß. Aber auch das 20. Jahrhundert, in dem die Juden von einem großen Teil Palästinas Besitz genommen hatten, sperrte sich in seinem letzten Drittel gegen die schlichte Annexion, mit der die Israelis das Problem zu lösen suchten. Der Staat Israel selbst geriet in Widerspruch zu seiner eigenen Räson, als die Staatsgewalt nach 1967 der orthodoxen jüdischen Gemeinde, die Israels Legitimität nicht anerkennt, weil sie säkular ist, das Monopol auf die heiligen Stätten des Judentums verwehren mußte.

Das moderne Israel der Einwanderer europäischer und amerikanischer Herkunft, der Armee Dayans und der sozialdemokratischen Gewerkschaftsbewegung mit ihren Agrarkommunen und Genossenschaften begann in Jerusalem, mit dem es nur die Überlieferung der jüdischen Religion verband, eine Rechtfertigung der Eroberung zu suchen. Sicherlich ist diese Identitätsbehauptung zu rechtfertigen. Nur fragt sich, ob der religiöse Kult ein Rechtstitel auf Besitz und Souveränität über eine ganze Stadt ist, die sich seit der Zerstörung des David-Tempels in zweitausend Jahren verändert hat und auch von anderen als den Nachkommen König Davids bewohnt wird.

Zwar glauben nicht alle, die sich dort vor den Zeugnissen einer fernen Vergangenheit verneigen, an die von der hebräischen Überlieferung und ihren modernen Exegeten behauptete Legitimität des historischen Anspruchs aus einem geoffenbarten Gottesgnadentum der Herrschaft oder an eine Kontinuität zwischen dem alten und dem neuen Israel. Selbst wenn solche Kontinuität erwiesen wäre, was sie nicht ist, würde sie dann nach neunzehn Jahrhunderten einen nationalstaatlichen Anspruch begründen, eine Souveränität über die Stadt und das umliegende Land rechtfertigen? Doch das Bedürfnis nach einem Symbol, nach Tradition, Identität mit einem Land und unergründlichen Sicherheiten für die Existenz schlägt auch den rationalen Zweifel in seinen Bann.

Die Juden der hebräischen Landnahme hatten Jerusalem nicht erbaut, sondern vorgefunden wie Jericho, die Hauptstadt der Kanaaniter, denen sie ihr Land wegnahmen und die sie sich unterwarfen; sie hatten sich zweihundert Jahre mit den Philistern darüber gestritten. Davids Königreich währte etwa so lange wie Bismarcks Deutsches Reich, nicht ganz achtzig Jahre. Davids Stadt Jerusalem war nicht länger die Hauptstadt eines jüdischen Staates als Berlin die des deutschen Nationalsstaates. Im Jahre 587 v. Chr. endete die letzte jüdische Herrschaft in Palästina, die mit Territorialsouveränität vergleichbar war. Das war 2483 Jahre her, als Theodor Herzl 1896 seine doktrinäre Schrift *»Der Judenstaat«* veröffentlichte, in der er »die Wiederbegründung eines jüdischen Staates« forderte und mit einem »Plan« der modernen jüdischen Nationalbewegung das Ziel setzte, in Argentinien oder in Palästina »Souveränität über ein Stück neutralen Landes« zu errichten, um

ein »souveränes Recht auf Einwanderung« auch gegen den Willen einheimischer Bevölkerung zu erwerben.
Die Juden nahmen ein Land im Namen der Vergangenheit in Besitz und errichteten in ihm einen Staat der Heimkehr, einen ideologischen Staat par excellence. Also mußten sie nach ihrem eigenen Geschichtsverständnis und Gesetz auf die Vergangenheit zurückblicken und ihren Staatsanspruch auf die Ruinen des Tempels gründen, wo doch Herzl selbst diesen Anspruch mit der Not und dem Lebensrecht begründet hatte und obwohl doch allein die Zukunft für sie von Bedeutung sein konnte, wenn sie ihren Staat in Palästina erhalten wollten. Sie verurteilten sich selbst dazu, historische Kontinuität zu suchen, wo keine zu finden ist, nationale Tradition zu behaupten, wo nichts vorhanden ist, auf dem sie allein und mit einem besseren Recht als die Araber bauen könnten. Ihr Kontinuitätsanspruch und ihre Heimkehr-Ideologie mußten per definitionem das arabische Nationalgefühl und den arabisch-islamischen Legitimitätsanspruch herausfordern. Jerusalem sollte zum sublimierten Symbol für den Konflikt um Palästina und seine transzendentalen Inspirationen werden, ritt doch der Prophet Mohammed nach der islamischen Offenbarung von dort aus in den Himmel, wo einst Davids Burg gestanden hatte.
Israels Rechtfertigung ist seine von der Staatengemeinschaft (vertreten durch die Vereinten Nationen) begründete staatliche Existenz, die Anerkennung seiner territorialen Souveränität durch die Mehrheit der Nationen. Die moderne Realität Israels ist stärker als die unsichere, fragwürdige und umstrittene Vergangenheitsideologie. Um diese Existenz zu erhalten, braucht Israel möglicherweise sogar die arabische Altstadt von Jerusalem und einige umliegende arabische Gemeinden, obwohl dies durch nichts bewiesen ist. Immerhin bestand Israel von 1949 bis 1967 ohne den arabischen Teil Jerusalems und die Klagemauer. Die Bedeutung der Wiedervereinigung der Stadt unter israelischer Souveränität liegt in Wahrheit auch weniger in der örtlichen Sicherheit und in einem Zwang zu einer einheitlichen Verwaltung als vielmehr im Symbol der Erfüllung einer Vision und in der Wiederbegründung einer Herrschaft, in der mystischen und mythischen Verherrlichung des politischen Wunsches nach einem eigenen Staat in »historischen« oder »natürlichen« Grenzen, einem Staat, der den eigenen Idealvorstellungen entspricht.
Die Diskussion in Israel zwischen denen, die es bei der Eroberung Jerusalems von 1967 und bei einigen Grenzverbesserungen belassen wollen, und denen, die das »historische Erez-Israel« einschließlich Judäas und Samarias, also des von Arabern besiedelten Landes westlich des Jordans, restaurieren möchten, ist ein Zeichen dafür, daß historische Gebietsansprüche einen Staat in seinem Verhältnis zu seinen Nachbarn zu nichts anderem führen können als zu einer Eroberungspolitik. Deren

Rechtfertigung wird immer schwieriger, je länger die territorialen Verhältnisse andauern, die sie zu verändern sucht. Die Staatenwelt des 20. Jahrhunderts baut auf den Eroberungen des 18. und des 19. Jahrhunderts auf. Sie erkennt erhebliche Grenzveränderungen nur noch im Namen von Bevölkerungsmehrheiten an oder als Machtanspruch, der nicht mit Gewalt in Nichts aufgelöst werden kann. Die Frage für Israel stellt sich deshalb in letzter Konsequenz nur nach den Mitteln für eine solche Politik in der Zukunft. Diese Mittel aber müssen nach dem Krieg vom Oktober 1973 noch geringer erscheinen als vorher. Damit ist die Dynamik Israels in Frage gestellt.

Israels politisches Gesetz war die Aktion, Israels Ziel die Expansion bis zur Grenze des Möglichen. Die Offensive war für Israel wie für alle Pionierstaaten an fremden Grenzen die beste Verteidigung. Die Expansion war das einzige Mittel der Konsolidierung, solange die territoriale Basis schmal und prekär war. Der Zwang zum Erfolg, zur Schaffung vollendeter Tatsachen bestimmte die Staatspolitik. Er konnte in einer feindlichen Umwelt nur auf Macht beruhen. Die arabische Welt hatte sich gegen jeden Frieden mit Israel gesperrt — die Araber zählten auf ihre Zahl und die Zeit. Dies war nicht immer eine wohlbedachte Überlegung. Das Gefühl, das fremde Einsprengsel zu umschließen und auf ihrem eigenen Boden, in ihrem Element zu leben, gab den Arabern eine diffuse Widerstandskraft, die nicht zu einer Kraftanstrengung für eine plötzliche Änderung ausreichen, sich jedoch mit der Zeit als stärker erweisen mochte als die Spannkraft und die Stärke der Eindringlinge. So schufen die Araber für Israel ein feindliches Lebensmilieu und mit ihren politischen und militärischen Abwehraktionen eine gefährliche Umwelt.

Die unausweichliche Folge war, daß damit Verteidigung und militärische Macht zur Beherrschung dieser Umwelt das Lebensgesetz Israels wurden. Da sie die Zerstörung der Neugründung geschworen hatten und jede friedliche Koexistenz verweigerten, zwangen die Araber Israel eine permanente Abwehrbereitschaft, einen andauernden Notstand auf. Die Konsequenz hätte ein Zusammenbruch Israels sein können.

Aber die Reaktion des neuen Staatsvolkes auf die Herausforderung brachte die Tugenden und Kräfte hervor, die Israels Überlegenheit über eine Vielzahl von Feinden ausmachten. Andererseits war die arabische Drohung für Israel bis zum Oktober 1973 niemals wirklich gefährlich im Sinne einer unmittelbaren Existenzbedrohung gewesen, seitdem die jüdischen Pioniere in ihrem Unabhängigkeitskrieg von 1948/1949 die Gefahr, in ihren Siedlungen überrannt zu werden, gebannt hatten. Israel lebte fünfundzwanzig Jahre lang mit einem widersprüchlichen Selbstverständnis, dem ein ebenso widersprüchliches Sicherheitsgefühl entsprang: Einerseits fühlten sich die Israelis, die eingewanderten wie die schon im Lande geborenen, den Arabern in jeder

Hinsicht überlegen, auch dann, wenn sie die arabischen Nachbarn achteten und zu verstehen suchten. Andererseits machte ihnen die arabische Volksmasse um sie herum Sorgen.

Das neue Staatsvolk Israels erschien sich selbst, wie Charles de Gaulle 1967 richtig gesagt hatte, als elitär im Verhältnis zu den Völkern des Orients. Es betrachtete seinen Staat und seine Gesellschaft als denen der arabischen Länder weit voraus in der Entwicklung des Fortschritts. Israel steht in der Tat auf einer höheren Stufe der Volksbildung, der sozialen Ordnung, der materiell-technischen Zivilisation und der sozialökonomischen Organisation als alle übrigen Länder des Nahen und des Mittleren Ostens. Es ist eine Realisation der Moderne und ohne jeden Zweifel »progressiver« als alle »sozialistischen« Länder des Orients, obwohl es etwa 1,2 Millionen orientalischer Juden arabischer Kultur sowie rund 1 Million Araber einschließt.

Die israelische Armee und ihre Soldaten sind Produkte dieser Fortschrittlichkeit, des höheren Zivilisationsniveaus, der rationaleren Organisation. Sie verstehen deshalb die dieser Zivilisation eigenen Techniken und Methoden besser zu nutzen als die orientalische Gesellschaft der arabischen Welt, die sie sich mühsam aneignen muß und sich ihnen noch immer nicht wirklich geöffnet hat. So hat Israel eine überlegene Aktionsfähigkeit, die es ihm erlaubt, arabische Masse durch größere Energie, höhere Qualität und bessere Organisation auszugleichen. Israels Armee war von jeher ein eklatantes Beispiel dafür: An Zahl der Soldaten, der Waffen — Panzer, Kanonen, Kampfflugzeuge, Gewehre —, der Kampfverbände im Feld, der Heeresreserven und an materiellen Ressourcen für einen Kriegsfall der Gesamtheit der arabischen Staaten (aber selbst Ägypten allein seit 1967) unterlegen, war es ein Vierteljahrhundert lang immer stärker im Augenblick der Entscheidung und dort, wo sie fiel. Sie fiel auch stets am Ort der eigenen Wahl. Israel ist den bedeutenden Militärstaaten des Europa von einst vergleichbar: den Niederlanden, Schweden, Frankreich und Preußen, die jeweils eine Zeitlang alle ihre Nachbarn mit der Macht ihrer Waffen beherrschten, nicht weil sie die größeren Armeen oder Kraftreserven gehabt hätten, sondern weil ihre Heere und ihre Staatsverwaltungen denen der anderen Mächte überlegen waren.

Im Gefühl dieser Überlegenheit, die sich seit 1948/1949 in zwei Kriegen in großem Stil erwiesen hatte, glaubten die Führer des Staates und seiner Armee wie lange vor ihnen ein Ludwig XIV., ein Karl XII. oder ein Friedrich II., nicht nur ihr eigenes Territorium, sondern über dieses hinaus die übrigen Staaten beherrschen zu können. Diese Überlegenheit war aber weder absolut noch unveränderlich. Im Oktober 1973 erwies sie sich als das, was sie nur sein konnte: als relativ und abnutzbar. Diese Erkenntnis rief den Schock hervor, der Israels Bewußtsein veränderte. Plötzlich nahm die Überzahl der Araber die Dimension einer Existenzbedrohung an: Die Masse konnte mit Energie aufgeladen und militärisch potenziert werden; sie konnte fähig werden, zu handeln, ihren Raum, ihre Ressourcen, ihr Öl und dessen Wert für die industrielle Zivilisation zu nutzen. Israel sah sich einer arabischen Macht gegenüber, einer neuen politischen und militärischen Realität. Zwar hatten die Minister und Generale in Jerusalem über diese Möglichkeit oft geredet, aber doch nur, um zu größeren Anstrengungen aufzurufen, um von den Juden der reichen Diaspora Geld für Rüstung und Aufbau, von den USA Waffen und Unterstützung, von Europa wenigstens Verständnis für das israelische Sicherheitsbedürfnis und die Friedensziele der israelischen Politik zu erlangen.

Plötzlich regte sich die alte Furcht, die das Überlegenheitsgefühl so lange verdrängt hatte. Die Annahme, Israel würde immer einen ausreichenden Vorsprung vor den arabischen Staaten bewahren und diese besiegen können, war stets fragwürdig gewesen und auch in Israel selbst in Frage gestellt worden; nicht nur von denen, die an der eigenen Macht zweifelten oder von den Kritikern der auf diese Macht gegründeten Politik der vollendeten Tatsachen während des Wartens auf der Position der Stärke bis auf den Tag, an dem die Araber entweder Zugeständnisse machen oder das Interesse an dem Konflikt verlieren würden, sondern gelegentlich auch von den Mitgliedern der Regierung. Generale wie der Oberkommandierende Elazar hatten den fanatischen Heroismus des Widerstandes bis zum letzten Mann der jüdischen Rebellen gegen Rom in der Vereidigung der Soldaten auf den Ruinen der Bergfestung Masada, in der die letzten Verteidiger sich umgebracht hatten, um sich den Römern nicht zu ergeben, als Vorbild gewiesen. Der israelische Kampf-Patriotismus übersteigerte sich in düsteren Visionen nach diesem Symbol der Unbeugsamkeit bis in den Tod. Ein Masada-Komplex befiel die Eiferer, die jeden Ausgleich mit den Arabern um den Preis einer Rückgabe besetzter Gebiete am Jordan ablehnten und eine maßvolle Politik der Regierung für Verhandlungen in alttestamentarischem Zorn verurteilten.

Die Wahlen nach dem Krieg brachten am 31. Dezember 1973 unsichere Mehrheitsverhältnisse für die Fortsetzung der Koalitionspolitik in die Knesset zu Jerusalem, aber sie brachten auch zwei entgegengesetzte Grundströmungen im Volk zum Vorschein: die Furcht vor einem neuen Krieg, die der regierenden Arbeiterpartei ihre Position trotz Einbußen bewahrte, und die Verbitterung über den Verlust an Überlegenheit und Unangreifbarkeit, an die man nach dem Sieg vom Juni 1967 geglaubt hatte. Die zornige Verbitterung aber suchte Halt in einer Trutzburg der Unbeugsamkeit, suchte Sicherheit für das Land in der Selbsteinschließung in einer gedachten Festung Israel: Verweigerung der Herausgabe von Land und Kampfbereitschaft hinter schroffen Wällen. Eine neue Kampfgesinnung prägte sich ideologisch aus — ein

idealisiertes Makkabäertum, das Kraft aus der verklärten Erinnerung an den Aufstand der Makkabäer gegen fremde Übermacht suchte.
Die Widersprüche im Sicherheitsgefühl und in der Konzeption des nationalen Sicherheitsbedürfnisses dauerten in der ersten Verwirrung an. Doch nach dem Pulverdampf über den Schlachtfeldern und dem Nebel um die politischen Positionen begann sich auch der geistige Rauch der Illusion allmählich zu verziehen. Das Bild der Stärken und der Schwächen, der Sicherheiten und der Unsicherheiten, der Grenzen und der Möglichkeiten Israels im Orient, umgeben von der arabischen Welt, klärte sich. Die Zeit der Entscheidung war gekommen. Die israelische Politik hatte stets gleichzeitig zwei Ziele verfolgt, die von den widerstreitenden Urteilen und Gefühlen gesetzt wurden: einen Frieden als Ergebnis eines verhandelten Interessenausgleichs mit den arabischen Nachbarn und die Überlegenheit über sie, greifbar gemacht und für die Zukunft befestigt in Ausweitung der früheren Grenzen und in strategischer Kontrolle von bestimmten geographischen Positionen vor diesen Grenzen.
Dabei setzte die israelische Friedenskonzeption auf das Eigeninteresse Ägyptens an einem Weg aus dem Kriegszustand und auf eine geringere Bedeutung eines territorialen Kompromisses auf der Sinaihalbinsel für Ägypten, das sich leichter mit Gebietsabtretungen abfinden könnte. Die Synthese des Widerspruchs suchte Israels Politik von 1967 bis 1973 in der Vorstellung, daß der territoriale Besitzstand aus dem letzten Krieg teils erhalten, teils aufgegeben werden könne, wenn die Ägypter und die Syrer zu einem politischen Frieden mit Sicherheitsgarantien bereit wären. Je stärker die politische Friedensbereitschaft der Gegner, je handfester die Sicherheitsgarantien, desto mehr arabisches Gebiet könne zurückgegeben werden. Diese an sich vernünftige Konzeption wurde jedoch sogleich wieder eingeschränkt: Es gab Gebiete, die kein Faustpfand für Verhandlungen sein sollten, sondern unverzichtbar für Israel. Und das Ausmaß dieser Territorien war, obwohl nie öffentlich genau bezeichnet, in den Vorstellungen der Regierenden wie des Volkes beträchtlich. Damit mußte der Widerspruch bestehen bleiben.
Die Dualität der Ziele für einen Frieden bezeichnet einen unaufgelösten Gegensatz. Er läßt sich in einer Frage darstellen: Warum sollten die arabischen Staaten, die Israel das Existenzrecht streitig gemacht hatten und sich mit der Wegnahme eines großen Teils von Palästina nicht hatten abfinden wollen, einen Frieden um den Preis weiterer Gebietsabtretungen über die Grenzen von 1949 hinaus schließen?
Diese Frage wurde in der Diskussion in Israel nicht offen gestellt. Israel berief und beruft sich auf die Vereinten Nationen, wie es die arabischen Staaten tun. Da Israel seinen Bestand, sein Staatsgebiet, seine völkerrechtlich und politisch allgemein anerkannte Existenz als Grundlage für weitere Verhandlungen über seine Grenzen voraussetzt,

sieht es die Anerkennung dieses Zustands seitens der arabischen Staaten nichts als hinreichendes Zugeständnis an.
Israel argumentiert wie ein Anwalt vor Gericht, dessen Klagesache nach dem Gesetz schon eindeutig begründet ist. Die arabischen Staaten verhalten sich spiegelgerecht: Sie argumentieren, die Vereinten Nationen hätten am 22. November 1967 den Erwerb von fremdem Gebiet mit Gewalt für völkerrechtswidrig, satzungswidrig und nichtig erklärt. Deshalb habe Israel keinerlei Recht auf die besetzten und teilweise annektierten Gebiete.
Für die arabischen Staaten ist schon die Existenz Israels in den Grenzen vom 4. Juni 1967 rechtswidrig, ihre Anerkennung also ein Zugeständnis, das die Rechtslage zum Nachteil der arabischen Staaten und der arabischen Bevölkerung Palästinas verändert. Diese Anerkennung vollendeter Tatsachen und eines Unrechtzustandes erscheint den arabischen Regierungen als das Höchstmaß des Entgegenkommens.
Tatsächlich ist die Diskussion über die beiderseitigen Rechtsstandpunkte unnütz für einen Friedensschluß. Es ist möglich zu behaupten, beide Seiten hätten recht, so wie die Meinung vertretbar ist, beide Seiten hätten unrecht. Die Rechtsauffassungen gründen nicht auf den Beschlüssen der Vereinten Nationen oder auf allgemein anerkannten Grundsätzen des Völkerrechts (die im übrigen bei Staatsgründungen und Grenzveränderungen meist verletzt wurden), sondern auf philosophischen und politischen Prämissen, die die Identität Palästinas zu bestimmen suchen. Die Diskussion über das Recht führt deshalb zu nichts, weil keine übergeordnete und gemeinsam anerkannte Rechtsnorm als Beziehungspunkt der Rechtsfindung zur Verfügung steht.
Die Behauptung, das Recht zur Existenz in Palästina zu haben, gab den Israelis keinen Frieden, weil die Gründung des Staates Israel gegen den seit langem erklärten und mit bewaffnetem Widerstand bekräftigten Willen der Araber Palästinas erfolgte und die arabischen Staaten wie die arabische Bevölkerung Palästinas diesen Spruch einer internationalen Instanz — den Teilungsbeschluß der Vereinten Nationen — niemals als rechtens anerkannten.
Politisch verlangte Israel von den Arabern einen Resignationsfrieden oder, um einen in der europäischen Politik gebrauchten Begriff auf die Situation anzuwenden, einen Verzichtfrieden: eine Gebietsabtretung und einen Verzicht auf das Recht, dem Staat Israel auf arabischem Land seinen Souveränitätsbesitz zu bestreiten.
Die Kompetenz der Vereinten Nationen, Grenzen zwischen Staaten festzusetzen oder Staaten zu begründen, steht in der Satzung nicht geschrieben. Eine solche Kompetenzvermutung zugunsten der Vereinten Nationen widerspräche dem Wesen des Völkerrechts, das auf dem Willen der Völkerrechtssubjekte, das heißt der Staaten oder Territorialsouveränitäten, beruht. Die Vereinten Nationen wurden ohnehin nicht

als Universalordnungsinstanz mit einer Rechtssetzungsbefugnis ausgestattet, sondern als Sicherheits-Organisation ihrer Mitgliedsstaaten zur Erhaltung des Friedens. Der Teilungsbeschluß über Palästina konnte das allgemein anerkannte Selbstbestimmungsrecht der Völker für die Bevölkerung Palästinas nicht ausschließen. Er hatte Rechtskraft nur insoweit, als er die Ausübung und die Beendigung des britischen Völkerbundsmandates zur Verwaltung Palästinas betraf.

Das dürre Recht kann Israel nicht schützen. Das moralische Recht begründet Ansprüche im internationalen Rechtsverkehr nicht. Gegenüber den Arabern kann Israel kein moralisches Recht aus dem Unrecht der Judenverfolgung in Europa ableiten — die Araber hatten daran keinen Teil. Die Israelis können den Arabern in Palästina lediglich das Recht auf neu erworbene und tatsächlich besessene Heimat entgegenhalten. Sie können die Existenz ihres Staates als unabänderliche und von den Vereinten Nationen für Recht befundene Tatsache geltend machen. Die Regierung Ägyptens erkannte dies 1973 an.

Vor dem 5. Juni 1967 hatte sich Israels Regierung mit einer solchen Anerkennung ausdrücklich und wiederholt zufriedengegeben. Israel hatte keine Gebietsforderungen mehr erhoben. Aber nach dem Sechs-Tage-Krieg änderte sich für die Sieger alles. Wie so oft in der Geschichte setzte der Krieg seine eigenen Ziele für den Frieden. Nachdem Israels Armee die Golanhöhen, das Land am westlichen Jordanufer, das ganze Jerusalem, den Gazastreifen und die Sinaihalbinsel erobert hatte und jeder arabische Widerstand gebrochen war, sah Israel seine strategische und politische Situation verändert. Die Vorteile des Sieges zu nutzen war eine Selbstverständlichkeit. Wer wollte Israel auf der Höhe seiner Macht dies verwehren?

Die Veränderung der Kriegsziele nach einem Sieg ist immer gefährlich, weil der Krieg unter anderen Voraussetzungen begonnen wurde als denen, die der Sieg für einige Zeit geschaffen hat. Die größte Versuchung liegt in der Annahme, daß der Zustand des Sieges, anders gesagt: das Kräfteverhältnis und die strategische Lage zwischen den Kriegführenden im Augenblick des Sieges der einen über die anderen, konserviert werden könne.

Die Idee, die Kriegskarte im Augenblick der Beendigung der bewaffneten Feindseligkeiten für den Friedenszustand zu fixieren und auf den Linien des Waffenstillstands die Grenzen des Friedens zu ziehen, setzt die Annahme voraus, daß der geschlagene Gegner sich von seiner Niederlage nicht erholen kann oder daß er selbst dann, wenn er wieder zu Kräften gekommen ist und die internationale Situation sich zu seinem Vorteil verändert hat, die schon überlebten Ergebnisse des vergangenen Krieges als unabänderliche Tatsachen anerkennt.

Dies war 1871 die Fehlrechnung Bismarcks und der Deutschen gegenüber Frankreich, 1919 der Fehler der Sieger gegenüber Deutschland.

Israel aber suchte nach dem großen Sieg von 1967 den arabischen Nachbarn einen Verzichtfrieden als Alternative zur fortgesetzten, zeitlich unbegrenzten Besetzung und Nutzung der 1967 eroberten arabischen Gebiete anzubieten. In Israel selbst wurde eine Präferenz für den Besatzungszustand ohne Friedensschluß deutlich, weil dieses Provisorium die Zeit geben würde, immer neue vollendete Tatsachen der Ausbreitung jüdischer Siedlungen, der Erschließung und Ausbeutung des Landes durch Investition und des Besitzes zu schaffen, der Eigentum und Herrschaft begründet.

Die israelische Konzeption war für den Friedensschluß genauso unbefriedigend wie die arabische vom »automatischen Frieden« ohne Verhandlung und direkte Verpflichtung gegenüber dem Feind. Die Konzeption vom Frieden als Anerkennung der Überlegenheit Israels und seines Rechts auf vorteilhafte Grenzen setzte voraus, daß die arabischen Staaten nicht die Kraft hätten, die israelische Überlegenheit wettzumachen und ihrerseits eine Position der Stärke für Druck gegen Israel zu beziehen. Der Krieg im Oktober 1973 widerlegte diese Auffassung im Spiel der internationalen Kräfte.

Damit war das israelische Sicherheitsbedürfnis mit den strategischen und politischen Realitäten konfrontiert. Wie waren, wie sind also die Grenzen und Friedensbedingungen Israels zu bestimmen, die ihm einen »sicheren« Frieden geben können? Die Grenzen eines Staates können rein militärstrategisch-geopolitisch oder nach anderen, schwerer bestimmbaren Kriterien bewertet werden. Diese Alternative zwischen militärisch sicheren und politisch sicheren Grenzen ist eine der kritischen Entscheidungen der Staatspolitik.

Friede in sicheren Grenzen

Mit den Grenzen ist es wie mit den Fronten: Um sie zum eigenen Vorteil zu nutzen, muß ein Staat die Kraft haben, sie zu halten. Nach dem Juni-Sieg von 1967 beglückwünschten sich die Strategen und Politiker Israels zur Ausweitung des eigenen Herrschaftsbereichs über die Grenzen von 1949 hinaus auf ein strategisches Glacis, das von optimalen Sicherheitsgrenzen eingeschlossen würde.

Als Maßstab für die Bewertung der Gefahr nahm die israelische Politik Artilleriereichweiten und Flugzeugentfernungen in Minuten an, also taktisch-technische Daten. Vor dem 4. Juni 1967 stand die jordanische Armee nur 15 km von Tel-Aviv entfernt und in Jerusalem; nach dem 11. Juni 1967 war sie auf eine 90 km von Tel-Aviv und 40 km von Jerusalem entfernte Linie zurückgeworfen. Die ägyptische Armee, nach Auffassung der Militärs in Israel die gefährlichste — weil die stärkste — arabische Streitmacht, wurde durch die Eroberung der Sinaihalbinsel auf 400 km Sicherheitsdistanz von der israelischen Grenze zurückgeschoben und dazu noch über den Suezkanal hinweg, also über ein natürliches Hindernis von einiger Schwierigkeit.

Diese gewonnenen Sicherheitsmargen verkürzten auch die Grenzen, das heißt für den Kriegsfall die Fronten: zu Jordanien von 561 auf rund 300 km, zu Ägypten von 265 auf 160 km. Von El Arisch auf der Sinaihalbinsel brauchten ägyptische Kampfflugzeuge 1967 nur etwa 12 Minuten Flugzeit nach Tel-Aviv, von den ägyptischen Flugplätzen westlich des Suezkanals wenigstens 30 Minuten. Vom westlichen Jordanufer und vom Gazastreifen aus konnte schwere Feldartillerie das gesamte Staatsgebiet Israels von der Höhe bei El Arisch–Beerscheba bis nahe Haifa im Norden abdecken; die syrischen Kanonen auf den Golanhöhen bedrohten nicht nur das grenznahe Siedlungsgebiet am See Genezaret und im oberen Jordantal, sondern auch das Gebiet 10 km westlich darüber hinaus. Nur der nördlichste Teil Israels war außerhalb der Reichweite der arabischen Kanonen geblieben. Haifa und Akko waren die einzigen Städte des Landes, die nicht von Artilleriefeuer bedroht waren. Im Süden reichten ägyptische Feldraketen über das gesamte israelische Gebiet bis nahe an die Ostgrenze zu Jordanien, und der israelische Südhafen Eilat war nicht nur ägyptischem und jordanischem Artilleriebeschuß ausgesetzt, sondern konnte weiter im Süden, an der Meerenge von Tiran, abgeriegelt werden. 1956 und 1967 hatte Ägypten dies getan und 1973 wieder versucht.

Militärisch betrachtet war Israel eine unhaltbare Position, wenn die arabischen Staaten die Waffen mit der nötigen Reichweite in Stellung brächten und damit einen Großangriff gegen Israel führten. Schon die Bedrohung durch Störfeuer der Artillerie war für Israel eine erhebliche Beeinträchtigung seiner Sicherheit. Störfeuer über die Grenzen hinweg aber war nicht nur an jedem Tag möglich, sondern wurde oft genug tatsächlich auf Straßen, Siedlungen oder Arbeitsgruppen in Grenznähe gelenkt.

Israel lebte in diesen Grenzen von 1949 in einem Zustand täglicher Bedrohung durch Feindeinwirkung: Die arabischen Nachbarn begingen entgegen allen Verpflichtungen nach der Satzung der Vereinten Nationen und in Verletzung aller Waffenruhegebote des UN-Sicherheitsrates seit 1949 willkürlich militärische Aggressionen gegen Israel mit Artilleriefeuerüberfällen und im übrigen mit Sprengstoffanschlägen und Stoßtruppaktionen.

Dieser Bedrohungszustand war komplexer, als es auf den Meßtischblättern des Generalstabes in Tel-Aviv erschien: Die Artilleriekarte konnte ihn nicht erschöpfend beschreiben. Tatsächlich war Israel seit 1949 nicht in wirkliche Gefahr gekommen. Die arabischen Armeen hatten ihre vorteilhaften Stellungen in Grenznähe niemals zu der Art von Sperrfeuerkonzentrationen genutzt, die die israelischen Graphiken über Reichweiten und Richtkreise suggerierten. Die Israelis nahmen natürlich an — und nicht ohne Grund —, daß die arabischen Feinde sich vor den Gegenschlägen der israelischen Armee fürchteten und einen Krieg mit offenen Feldschlachten und großen Operationen vermeiden wollten.

Diese Erklärung der arabischen Zurückhaltung entkräftete jedoch wiederum das strategische Argument, daß Israels Existenz in unmittelbarer Gefahr sei, weil die arabischen Armeen nahe den israelischen Grenzen einen zermürbenden Stellungskrieg mit Trommelfeuer gegen die israelischen Siedlungen führen könnten. Tatsächlich wurde ein solcher massiver Angriff über die Grenzen hinweg seit 1949 nicht mehr geführt. (Die Kanonade während Nassers Abnutzungskrieg von 1969/1970 fand auf ägyptischem Boden statt.) Ein syrischer Luftangriff auf Israels Städte ist nicht verzeichnet worden.

Israel beherrschte also trotz der latenten Drohung und des gelegentlich aufflackernden Störfeuers seine Grenzen zu den arabischen Nachbarn und flößte diesen mit seiner überlegenen Armee den für seine Sicherheit nötigen Respekt ein. Die Grenzen waren also nicht wesentlich für den Bestand des Staates. Sie waren nur von Nachteil für die Sicherheit der

Siedlungen; im Kriegsfall konnten die Israelis sie nicht als Hauptkampflinien gegen eine Offensive benutzen, ohne das Grenzland zum Kampfgebiet zu machen. Die militärisch schwächste Stelle Israels ist der schmale Küstenstreifen von Gaza im Süden bis Chedera im Norden mit der nach Osten vorspringenden »Nase« von Jerusalem, das in gerader Ost–West-Richtung nur 60 km Luftlinie vom Meer entfernt ist. Das Staatsgebiet von der Küste bis zur Grenze vor dem Sechs-Tage-Krieg vom Juni 1967 hat in diesem Streifen nirgends mehr als 25 km, vielerorts aber weniger räumliche Tiefe zur jordanischen Grenze. Eine so exponierte Lage stellt ein militärisch mit konventioneller Verteidigung nicht lösbares Problem gegen einen entschlossenen und starken Gegner dar. Bei rein militärischer Betrachtung bleibt Israel in diesen Grenzen permanent gefährdet, solange seine arabischen Nachbarn es mit einem Angriffskrieg bedrohen und ihn auch führen können.
Der Kern des geographischen Sicherheitsproblems ist unveränderlich, selbst wenn die Ostgrenze Israels an den Jordan vorgeschoben würde, denn der Gewinn an Sicherheitsdistanz macht seit 1967 auf dem Glacis des westlichen Jordanufers maximal 50 km aus, so daß nun der gesamte Raum eine West–Ost-Tiefe von nicht mehr als etwa 70 km aufweist. Gemessen an der Reichweite moderner Artillerie, insbesondere der sowjetischen und der amerikanischen Kurzstreckenraketen mit schweren konventionellen Sprengköpfen, und an der Angriffskapazität von Panzern ist auch dieser Raumgewinn im Falle eines Großangriffs von Wucht und Dauer kein realer Sicherheitszuwachs. Man kann immer noch argumentieren, daß in Israels prekärer geostrategischer Situation jeder gewonnene Kilometer ein wertvoller Gewinn sei. Aber dies ist ein infanteristisches Argument, das im übrigen zur Beurteilung der strategischen Argumentation des israelischen Generalstabs für »sichere Grenzen, die verteidigt werden können« nicht sticht, denn im Kriegsfall muß Israel sein Heil in der Offensive suchen, um die Bedrohung durch die schweren und weit reichenden Waffen so schnell wie möglich zu beseitigen oder wenigstens zurückzuschieben. Ohne eine Offensive könnte die Sicherheit des Landes auch am Jordan nicht bewahrt werden.
Anderseits ist auch Jordanien ein schmales und zur Verteidung nicht besonders gut geeignetes Land. Wo immer die Grenze zwischen Israel und Jordanien verläuft, wesentlich für die militärische Lage ist das Kräfteverhältnis zwischen den Heeren und Luftwaffen. Die stärkere und besser operierende Armee wird den entscheidenden Vorteil gewinnen und einen militärischen Sieg erringen wie Israel 1967. Die jordanische Armee kann in die Wüste zurückweichen, aber sie kann gegen einen israelischen Großangriff ihr eigenes Nutzland mit der Hauptstadt Amman nicht sicherer halten als die israelische das ihre mit Jerusalem, Tel-Aviv und Haifa.

Die geostrategische Situation der beiden Länder beiderseits des Jordans ist also in der Struktur — wenn auch nicht auf der Landkarte, in Kilometern gemessen — symmetrisch: Beide sind durch dieselbe geographische Verteidigungsschwäche miteinander verbunden. Diese Realität zwingt zu der politischen Frage, ob Israel für seine Sicherheit und zur Sicherung des Friedens im Nahen Osten Grenzen haben muß, die besser verteidigt werden könnten, weil sie weiter vom dicht besiedelten Nutzland entfernt oder noch kürzer wären. Ministerpräsidentin Golda Meir beantwortete diese Frage am 16. Oktober 1973, also auf dem Höhepunkt des Yom-Kippur-Krieges, wieder nach dem 1967 entworfenen Konzept der Grenzverbesserungen mit der Erklärung vor dem Parlament in Jerusalem, der arabische Angriff am Bußtag würde »die Existenz Israels« bedroht haben, wenn er von den Vorkriegsgrenzen ausgegangen wäre. Die strategischen Glacis hätten sich mithin bewährt, und ihre politische Rechtfertigung im Sinne der Israel zuerkannten »sicheren Grenzen« und der (von Präsident Nixon 1970 anerkannten) Notwendigkeit, daß diese Grenzen »verteidigungsfähig« (»defensible«) sein müßten, sei unbestreitbar. Gerade dies wird aber von den Anwälten eines Friedens ohne Annexion in Israel selbst bestritten.

Golda Meir behauptete auch, daß die Araber 1973 keinen begrenzten Krieg, keinen »Kabinettskrieg« zur Eroberung einer Verhandlungsposition mit begrenzten Zielen für die Eröffnung einer Friedensverhandlung geführt, sondern einen totalen Niederwerfungskrieg vorgehabt hätten. Ohne den Widerstand der israelischen Armee würden die arabischen Angreifer bis an die Grenzen Israels vorgestoßen sein und dort nicht haltgemacht haben, weil ihr Ziel »die Eroberung, Zerstörung und Unterjochung Israels« sei.

Diese Argumentation führt zum Kern der Frage nach strategischen Grenzen und nach dem Verlauf »sicherer Grenzen, die verteidigt werden können«. Sie weist auf das Wesen des Friedens und auf seine Alternativen. Aus ihr ergibt sich die Problemstellung für die Qualität des Friedens, das heißt für die politischen und strategischen Friedensbedingungen. Die Israelis wie die Araber nehmen einen Frieden in Abrüstung nicht in Aussicht. Nach dem Krieg vom Oktober 1973 war ein solcher Friede auch auf unabsehbare Zeit nicht vorstellbar.

In einem bewaffneten Frieden hängt aber der militärische Wert von Grenzen von deren geographischer Bedeutung im Verhältnis zu den militärischen Kapazitäten (Fähigkeit zum Angriff und zur Verteidigung, Fähigkeit zu kurzer oder längerer Kriegführung) der durch sie getrennten Staaten ab. Grenzen sind militärisch nur als potentielle Frontlinien und Abgrenzungen von Positionen auf dem Terrain von Bedeutung. Strategische Relevanz haben sie nur im Verhältnis zu den Reichweiten der Waffen, zu der Tiefe der Operationsräume, die sich hinter ihnen öffnen, und zu den Werten, die sie decken. Darüber hinaus können sie eine indirekte strategische Bedeutung in dem Sinne haben, daß sie den Besitz von Gebieten bestimmen, die aus anderen als militärischen Gründen für einen Staat wesentlich sind oder deren Nutzung für diesen vorteilhaft ist.

So ist der Besitz der Sinaihalbinsel für Israel wie für Ägypten sowohl aus militärischen als auch aus wirtschaftlichen und politischen Gründen von hohem strategischem Wert (Mineralien, Erdöl, Wasserweg zusätzlich zum Glacis-Wert). Ähnlich ist das Land am westlichen Jordanufer für Jordanien wie für Israel, abgesehen von der militärischen Bedeutung des Grenzverlaufs auf dem Terrain, von hohem Wert, da es sich bei ihm um eine der wenigen landwirtschaftlichen Nutzflächen handelt, da dort der nicht entwurzelte Stamm der palästinensischen Araber seine Heimat hat und da der Besitz dieses Cisjordanien (Judäa und Samaria) für beide Staaten ein staatspolitisches Identitätsmerkmal ist: einerseits das »historische«, größere »Erez-Israel«, andererseits die Existenz des Königreichs Jordanien, das ohne die Gebiete westlich des Jordans nicht einfach ein geteiltes Land ist, sondern ein in seiner nationalen Qualität und in seiner politischen Bedeutung anderer Staat, nämlich »Transjordanien« wie vor 1948/1949.

In der innenpolitischen Diskussion in Israel über die Grenzfrage wurde der Unterschied zwischen den verschiedenen Bedeutungen der Grenzen zumeist verwischt, in der offiziellen Darstellung der Regierungspolitik nach außen einfach und summarisch mit dem nicht näher bestimmten Kriterium »sicherer, verteidigungsfähiger« Grenzen überdeckt.

In Wirklichkeit hängt die Qualität des Friedens im Nahen Osten von der genauen Bedeutung ab, die die bisherigen Kriegsgegner den Grenzen einräumen: ob sie als endgültig und unabänderlich anerkannt und zum Merkmal eines allseitigen Gewaltverzichtes mit der Verpflichtung, sie zu achten und auch auf eigenem Gebiet ihre Verletzung durch andere zu verhindern, erhoben werden; ob Israel sie vornehmlich als strategische Grenzen unter militärischen Gesichtspunkten ansieht oder unter volkswirtschaftlichen und staatspolitischen für eine Ausweitung des Siedlungsraums, des Besitzes von Rohstofflagern und Zugängen zu Küsten und Wasserwegen oder als sicherheitspolitische Grenzen, die einen dauerhaften Frieden mit den arabischen Nachbarn tragen könnten.

Seit 1948 hatte Israel Frieden gefordert und dafür nichts anderes verlangt als die Anerkennung seiner staatlichen Existenz in den Grenzlinien der Waffenstillstandsabkommen, die 1949 abgeschlossen wurden, also in seinen De-facto-Grenzen bei Ende des ersten Krieges. Nach der Besetzung der Sinaihalbinsel bis zum Suezkanalufer im Krieg von 1956 hatte Israel dieses als strategisches Glacis und als territoriales Faustpfand wesentliche Gebiet wieder geräumt. Nassers Politik der

beharrlichen Friedensverweigerung, der Kriegsdrohung und der Ausschließung Israels von der Benutzung internationaler Schiffahrtswege unter ägyptischer Kontrolle mit der Sperre des Golfes von Akaba für israelische Schiffe 1967 wurde in Israel verständlicherweise als hinreichender Grund für die Forderung angesehen, nach dem Krieg von 1967 die Sinaihalbinsel nicht einfach an Ägypten zurückzugeben.
Entsprechend nahm Israel die nach der Rückgabe wieder aufgelebte Guerillatätigkeit an der Grenze des Gazastreifens unter ägyptischer Kontrolle als einen Grund, eine Veränderung des Grenzverlaufs und Faustpfänder der eigenen Sicherheit ohne Rücksicht auf den Willen der arabischen Bevölkerung und auf arabische Souveränitätsansprüche zu verlangen. So forderte Israel auch eine Veränderung seiner Grenze zu Syrien auf den Golanhöhen, um dort Sicherheitsdistanz für seine Siedlungen im Jordantal zu finden und auf den Höhen vorgeschobene Verteidigungspositionen anzulegen.
Gegenüber Jordanien war die israelische Position unklarer und in sich widersprüchlich. Die »Befreiung« Jerusalems war für Israel eine staatspolitische Identitätsvollendung. Aber der Besitz des arabischen Stadtteils von Jerusalem wurde auch mit dem militärischen Argument der Sicherung des jüdischen Stadtteils und mit dem administrativen der notwendigen und vorteilhaften Wiedervereinigung Jerusalems unter einer einzigen staatlichen Autorität begründet. Die drei Gründe wurden miteinander vermengt und von dem alttestamentarischen Legitimitätsanspruch nach der hebräischen Überlieferung vom Gottesgnadentum jüdischen Besitzrechtes an Jerusalem verklärt. Dieser Anspruch wird von den nationalreligiösen Parteien in Israel seit 1967 auch auf Judäa und Samaria, also auf das gesamte Gelobte Land als gottgewollte Heimstätte des jüdischen Volkes, eben als »Erez-Israel«, ausgedehnt. Die Diskussion im israelischen Wahlkampf nach dem Yom-Kippur-Krieg brachte die Vehemenz dieser Legitimitätsideologie und der auf sie gegründeten staatspolitischen Doktrin für »historische Grenzen« zum Vorschein.
Was Jerusalem angeht, so besteht kein politischer Zwang, die Sicherheit der jüdischen Stadt durch ihre Vereinigung mit der arabischen unter israelischer Souveränität zu gewährleisten. Andere Möglichkeiten sind gegeben, in erster Linie eine Umwandlung des ganzen Jerusalem in eine internationale Stadt unter der Autorität der Vereinten Nationen, in zweiter Linie ein territoriales Kondominium Israels und Jordaniens über Jerusalem, in dritter Linie die Rückkehr zum Souveränitätsstatus vor dem Krieg von 1967 mit einem besonderen Verwaltungsstatut in Zusammenarbeit zwischen den beiden Staaten unter Aufsicht der Vereinten Nationen, wobei den heiligen Stätten der drei Religionen besondere, örtlich begrenzte Autonomie eingeräumt werden könnte.
Jede dieser drei Lösungen wäre äußerst schwierig und mit vielen

Schwächen behaftet; jede brächte bedeutende Nachteile für beide Seiten mit sich. Keine von ihnen war ab 1948 von den Kriegsgegnern angenommen oder auch nur in Erwägung gezogen worden. Die palästinensische Nationalbewegung lehnte sowohl israelische als auch königlich-jordanische Hoheitsgewalt über oder in Jerusalem ab und forderte alles oder nichts — wie im übrigen zur Gesamtlösung der Palästinafrage. Aber wie wenig Aussicht einer derartigen Einigung über Jerusalem auch zugebilligt werden mochte: Ein Friedensschluß oder selbst eine schlichte allseitige Anerkennung Israels und eines Friedenszustandes mit Israel setzten voraus, daß entweder Israel den 1967 eroberten Teil von Jerusalem und das umliegende, eingemeindete Land an die Araber — an welche auch immer — zurückgäbe oder aber daß die Araber auf diese Rückgabe verzichteten und die Einverleibung ganz Jerusalems in den jüdischen Staat anerkannten. Wenn weder das eine noch das andere möglich war, dann mußte ein positiver oder ein negativer Souveränitätskompromiß geschlossen werden, möglicherweise durch fortwährende Geltung eines völkerrechtlich nicht bestimmten, aber durch Gewaltverzicht und entsprechende Sicherungen eingefrorenen Provisoriums.
Das unterschiedliche Interesse der arabischen Staaten an Jerusalem und die keineswegs gleiche religiöse und historische Bewertung seiner Bedeutung als Symbol für den Islam in den arabischen Hauptstädten Kairo, Damaskus, Amman, Bagdad und Riad — von den maghrebinischen Nordafrikas ganz abgesehen — zeigen, wie unterschiedlich sich auch für Israel die politische Frage nach »sicheren und anerkannten« Grenzen stellt.
Die militärstrategische Bedeutung der vier Grenzen Israels zu Libanon, Syrien, Jordanien — die Grenze in Palästina — und Ägypten mit dem besonderen Gebiet von Gaza, dem Gazastreifen, ist ebensowenig gleichwertig wie ihre politische. Im Yom-Kippur-Krieg hatte die Ostgrenze zu Jordanien keine aktive Bedeutung für den Kriegsverlauf angenommen, weil König Hussein seine »Front« stillhalten ließ und auf die Chance für eine Rückeroberung seines Reichsteils westlich des Flusses verzichtete. Dieser Verzicht macht die Fragwürdigkeit der Behauptung Golda Meirs deutlich, die strategischen Grenzen hätten Sicherheit gegeben. Zumindest im Verhältnis zu Jordanien ist diese These nicht begründet, denn Israel hatte nicht genügend Truppen am Jordan gelassen, um diese Front an einer Grenze von 300 km zu verteidigen oder einem jordanischen Angriff den 40 km langen Weg nach Jerusalem in seiner ganzen Länge zu versperren.
Der Kriegsverlauf bis zum 21. Oktober läßt auch ernste Zweifel an der militärischen Fähigkeit Israels zu einem Dreifrontenkrieg unter den im Herbst 1973 gegebenen militärischen Bedingungen entstehen. Die Belastung einer dritten Front im Osten gegen eine entschlossen kämpfen-

de jordanische Armee mit der Möglichkeit von Guerilla auf dem westlichen Jordanufer wäre nach allem, was Israels Armee in diesem Krieg zeigte, sicherlich sehr groß gewesen und hätte zu einer kritischen operativen Lage führen können. Eine solche Lage wäre aber auf dem strategischen Glacis, an der vorgeschobenen Sicherheitsgrenze im Jordantal, entstanden und hätte von dorther zumindest den cisjordanischen Besitz und vielleicht sogar Jerusalem selbst bedroht — und zwar unabhängig von der früheren Grenze vor dem Krieg vom Juni 1967.

Diese spekulative Frage muß aber noch weiter geführt werden, und zwar in zweifacher Hinsicht: 1. nach den Gründen für Husseins Zurückhaltung und 2. nach der israelischen Politik gegenüber Jordanien. Der König von Jordanien wäre zum Krieg nur fähig und bereit gewesen, wenn die arabische Koalition einen militärisch zweckmäßigen Plan für einen Dreifrontenkrieg mit den zur Ausführung nötigen Mitteln gehabt hätte und wenn ihm dabei ein politischer Vorteil geboten worden wäre. Aber Ägypten und Syrien hatten keinen solchen Plan. Sadat und Assad konnten Hussein im Falle des gemeinsamen Sieges keine Garantie für die Wiedergewinnung seiner verlorenen Landesteile geben. Also hielt Hussein sich zurück. Die Grenzlinie am Jordan war deshalb in dieser Lage nicht wesentlich für die Sicherheit Israels, sondern die Abwesenheit von Kriegswillen in Amman aus anderen Gründen als der Überlegung, daß die Jordangrenze ein unüberwindliches Hindernis sein oder daß die jordanische Armee das Vorfeld der israelischen Landesverteidigung auf dem westlichen Jordanufer vor Jerusalem und Jericho etwa nicht durchstoßen könnte. (Das Vorfeld war unbefestigt und weithin unbewacht. Die israelische Luftwaffe war nicht frei.)

Die Lösung des Knotens der Argumente für die militärische Sicherheitsgrenze am Jordan liegt in einem politischen und strategischen Kalkül, dessen dominierende Faktoren nicht die taktischen Positionen auf dem Terrain an der Jordangrenze waren, sondern das Kräfteverhältnis zwischen den Armeen Jordaniens und Israels, die unsichere Größe der palästinensischen Bevölkerung, die Abhängigkeit Jordaniens von westlicher Hilfe und das Interesse Husseins an einem Frieden mit Israel. So resümiert sich die Gleichung: Hussein sah größere Vorteile im Frieden mit symbolischer Kriegführung in Syrien als im Krieg am Jordan. Obwohl er eine unverhoffte militärische Erfolgschance für einen begrenzten Angriff über den Jordan und auch die Kräfte dazu hatte, blieb er bei seiner Abstinenz aus übergeordneten politischen Gründen: Rücksichtnahme auf die USA, auf Israel und auf die Zerbrechlichkeit seines eigenen Throns.

Angesichts dieser Evidenz, die auch seit Jahren deutlich genug und 1970 im Bürgerkrieg in Jordanien von Israel mit der drohenden Demonstration seiner Möglichkeiten gegen eine syrische Offensive nach Jordanien vom Golan her sichtbar erkannt worden war, erscheint das

Glacis-Denken gegenüber Jordanien weniger als Grund denn als Begründung für eine Politik. Der stellvertretende israelische Ministerpräsident Yigal Allon, selbst ehemaliger General, hat das strategische Argument mit seinem Plan für ein von Israel militärisch besetztes und sogar mit einer Kette von Wehrsiedlungen im Jordantal fest an den israelischen Staat gebundenes, aber politisch Israel nicht eingegliedertes Glacis auf seinen Kern zurückgeführt: die militärische Kontrolle, die eine Benutzung des Grenzgebietes durch fremde Streitkräfte und Guerillas ausschließt.

Auch diese Variation der israelischen Arrondierungspolitik gibt auf die politische Frage nach der Zukunft Cisjordaniens keine Antwort, die eine Chance hätte, dauerhaft stabile Verhältnisse und gutnachbarliche Beziehungen zu schaffen. Allons Sicherheitsgrenze am Jordan würde 1. einen Gebietsstreifen dauernd unter israelischer Besatzung belassen, 2. den übrigen Teil des Landes von Jordanien abtrennen, 3. der arabischen Bevölkerung nur eine interne Autonomie, aber keine souveräne Staatsgewalt über das ganze Territorium und keine politische Unabhängigkeit einräumen und Jordanien keine effektive Ausübung seiner Souveränität und Regierung in diesen abgetrennten Provinzen gestatten. Diese von israelischen Autoren »Sicherheitsgürtel und strategische Grenze« genannte Konstruktion würde ähnlich wie frühere fremde Besatzungzonen und Stützpunkte keine politische Sicherheit geben können, weil sie in der betroffenen Bevölkerung und in den sich mit ihr verbunden fühlenden arabischen Ländern einen Anreiz zur Forderung nach Revision des aufgezwungenen Zustandes geben müßte. Alle einschlägigen Erfahrungen lassen darauf schließen. Außerdem würde es sich um eine künstliche Konstruktion handeln, die nicht stark belastbar, sondern eher zerbrechlich wäre und mit Gewalt aufrechterhalten werden müßte, sobald sie mit Gewalt angegriffen würde. Damit würde aber ein typisches Verhältnis Besatzungsmacht/Fremdherrschaft versus Befreiungsarmee/Irredenta entstehen, das von Terroranschlägen und Guerilla an der Grenze allmählich in ein flackerndes Feuer der Unsicherheit verwandelt werden könnte. Die Ruhe auf dem westlichen Jordanufer seit 1967 und auch während des Krieges vom Oktober 1973 verbürgt nicht, daß es ruhig bleiben würde, wenn die Bevölkerung sich mit einer von ihr nicht freiwillig angenommenen Auflage als endgültigem Zustand konfrontiert sähe. Im besten Falle wäre diese Behandlung der arabischen Gebiete — dasselbe gilt für Gaza — eine riskante Lösung.

Die israelische Siedlungs- und Eingemeindungspolitik um Jerusalem auf jordanischem Territorium und in arabischem Siedlungsraum ist auf lebhaften Widerstand der Bevölkerung gestoßen, konnte aber angesichts der Machtverhältnisse zunächst einmal durchgesetzt werden. Doch die Verurteilung dieser israelischen Politik durch die Vereinten

Nationen als Rechtsbruch und deshalb als »null und nichtig« in ihrer Rechtskraft dürfte mit der Zeit den Widerstand der arabischen Bevölkerung ermutigen, wenn die Machtverhältnisse insgesamt zwischen Israel und den arabischen Staaten sich zum Nachteil Israels verändern sollten. Schon die Erschütterung der israelischen Machtposition durch den Yom-Kippur-Krieg und seine internationalen Folgen könnte eine Veränderung bewirken.

Die Nachteile einer vorgeschobenen jüdischen Siedlung in Judäa und Samaria waren der israelischen Regierung und Armeeführung auch deutlich geworden. 1970 untersagte General Dayan als für die Besatzung zuständiger Minister die Ansiedlung einer orthodoxen jüdischen Gemeinde bei Jericho. Eine Ausbreitung israelischer Siedlungen auf dem Land am westlichen Jordanufer wie an bestimmten Stellen der Sinaihalbinsel und auf den Golanhöhen würde auch das strategische Argument der vorgeschobenen Sicherheitsgrenzen schwächen, denn diese Siedlungen würden auf dem Präsentierteller vor den arabischen Armeen liegen. Wie sollten sie geschützt werden, wenn Krieg drohte? Ihr Schutz wäre nicht größer als der der Grenzsiedlungen seit 1947. Vor ihnen wäre kein Sicherheitsglacis mehr. Ihre Sicherheit müßte international und politisch garantiert werden durch die Friedensbereitschaft der arabischen Nachbarn und durch eine wirksame Kontrolle ihrer benachbarten Grenzgebiete, so daß dort keine Terrorgruppen und Guerilla sich ausbreiten könnten.

Damit wäre aber das strategische Sicherheitsproblem wieder auf den politischen Kern des Friedens reduziert: Wenn die Araber Frieden halten müssen, um Israels Grenzen sicher zu machen, dann stellt sich die Frage, ob sie es nicht leichter tun würden, wenn ihnen weniger Land abgenommen würde als mehr. Natürlich sind solche Fragen nicht theoretisch zu beantworten. Aber sie stellen heißt auf die Fragwürdigkeit des Glacisdenkens für die Sicherheit und dessen Zielkonflikte verweisen. Die israelische Sicherheitspolitik war nach dem Krieg vom Oktober 1973 noch in diesen Zielkonflikten und inneren Widersprüchen befangen.

Am einfachsten stellt sich eine Grenzziehung zugunsten Israels auf den Golanhöhen dar, weil diese von jeher nur spärlich besiedelt sind und die etwa 60 000 syrischen Einwohner aus dem Gebiet zur Mehrzahl flohen oder nach dem Krieg von 1967 evakuiert wurden. Die israelische Forderung nach einer besseren Grenze als der bis zum Sechs-Tage-Krieg gültigen ist dort sicherlich wohlbegründet und aus dem Verhalten Syriens auch politisch gerechtfertigt. Allerdings hat Israel auch auf dem Golan einer Friedensregelung mit der Besatzungs- und Siedlungspolitik der vollendeten Tatsachen vorgegriffen.

Die politische Situation im Verhältnis Israels zu Syrien war bis 1973 von Syriens Weigerung, mit Israel Frieden zu schließen, bestimmt.

Solange Syrien den Frieden und selbst die Teilnahme an Verhandlungen verweigerte, konnte Israel die Grenzfrage im Norden im wahrsten Sinne des Wortes auf dem besetzten Terrain liegenlassen und seinen Besitz festigen. Dies geschah durch Straßenbau, Anlage von Wehrsiedlungen des landwirtschaftlichen Dienstes der Armee (die wie Garnisonen jederzeit wieder aufgehoben werden können), aber seit 1970 auch schon durch die Ansiedlung von zivilen Agrargemeinden wie orthodox-religiösen Kibbuzim. Sobald aber Syrien aus der selbstgewählten Abseitsstellung in das Bündnis mit Ägypten zurückkehrte und ein gewisses Interesse an einer politischen Regelung des offengehaltenen Konflikts andeutete, mußte die israelische Politik in der Grenzfrage problematisch werden.

Diese Problemstellung ergibt sich aus zwei Fragen: 1. Könnte ein Friede im Nahen Osten ohne Syrien auf der Basis des territorialen Status quo nach dem Krieg vom Juni 1967, also mit Israel im Besitz der Golanhöhen bis Kuneitra, geschlossen werden? 2. Wenn Syriens Zustimmung zum Frieden mit Israel für Ägypten (und Jordanien) eine unabdingbare Kondition wäre, unter welchen Bedingungen könnte Syrien sich dann zum Frieden bereit erklären — anders gesagt, welche Konzessionen wären von Syrien zu erwarten und wie weit müßte Israel dem syrischen Rechtsanspruch auf Rückgabe des besetzten Gebietes entgegenkommen?

Lange Zeit hatte die israelische Regierung angenommen, daß Syrien es vorziehen würde, auf die Rückgabe der Golanhöhen stillschweigend zu verzichten, um mit Israel keinen Frieden schließen, aber auch keinen Krieg führen zu müssen. Seit dem Regierungswechsel in Damaskus und der Einleitung einer flexibleren syrischen Diplomatie nach dem Bürgerkrieg in Jordanien im Herbst 1970 war diese Annahme fragwürdig geworden. Die Entwicklung sollte sie bis zum Krieg von 1973 offen in Frage stellen. Die Weigerung Syriens, an den Genfer Verhandlungen teilzunehmen, war bedingt und bezog sich auf zwei Vorgänge: einen Beginn israelischen Truppenrückzugs aus den besetzten Gebieten und eine Aufnahme der Verhandlungen zur Sache über die Ausführung der Entschließung 242 des UN-Sicherheitsrats. Beide Vorbedingungen ließen eine spätere Teilnahme Syriens an der Friedenskonferenz auf der erklärten Rechtsgrundlage zu. Damit mußte Israel mit einer Aktivierung der syrischen Ansprüche rechnen.

Die israelische Sicherheitsproblematik ist in Wirklichkeit politischer Natur. Die Beziehungen zu den arabischen Nachbarn bestimmen den Grad an Sicherheit und die Sicherheit an den Grenzen. Dafür ist die Grenzziehung von großer Bedeutung insofern, als sie das arabische Interesse am Frieden mitbestimmt: Ein Israel in den Grenzen seiner Eroberungen von 1967 kann für die arabischen Staaten kein Interesse am Frieden begründen. Die Politik seit 1967 hat dies auch eindeutig ergewiesen. Warum sollten sich die Araber unter für sie verbesserten allgemeinen Bedingungen der Entwicklung ihrer Staaten, Gesellschaften, Volkswirtschaften und internationalen Position, von den arabischen Streitkräften ganz zu schweigen, mit einem Zustand abfinden, der das Ergebnis einer Niederlage ist, deren Ursachen nicht mehr ungeschwächt wirksam sind? Der Krieg von 1973 und seine Konsequenzen in der internationalen Politik haben die Relevanz dieser Frage bewiesen.

Die israelische Antwort, daß die Araber schon vierzehn Staaten hätten und dazu genug Raum, um sich zu entfalten, während Israel als Staat der Juden außer in Palästina keinen Platz habe, löst den Konflikt nicht. Die Realität ist, daß die Araber ursprünglich nicht auf das ganze Palästina verzichten wollten und auch 1974 eben nur zu einer widerwilligen Anerkennung Israels im halben Palästina bereit sind, wobei der Realitätsgehalt dieser Anerkennung noch unbestimmt bliebe und sich erst in der Zukunft erweisen müßte.

Das Sicherheitsproblem Israels wird deshalb von seinem politischen Kern — den Bedingungen einer friedlichen Koexistenz Israels mit einer feindseligen arabischen Umwelt — bestimmt, weil seine strategische Dimension sich der Kontrolle durch die militärische Macht und die politische Handlungsfähigkeit Israels entzieht. Israel stieß mit seinem Sieg 1967 an die Grenzen seiner strategischen Reichweite und seiner Vormacht gegenüber den arabischen Staaten. Was konnte ein Feldzug über Jordan, Golan, Sinai hinaus in die Weite des arabischen Raums nach Kleinasien und Afrika noch an dauerhaften Vorteilen bringen?

Die Frage ist nicht auf territorialen Gewinn gerichtet. Als ein Staat mit kulturell-religiösen Identitätsmerkmalen und einer aus der Einwanderung verfremdeten ethnischen Herkunft konnte und kann Israel nicht auf Bodengewinn und Assimilierung unterworfener arabischer Bevölkerung setzen. Auch die kulturelle Grenze ist strategischer Natur. Israel könnte nicht als ein neues Babylon, Rom, Byzanz oder Osmanisches Reich im Nahen Osten bestehen. Schon eine Million Araber im israelischen Staatsverband sind ein demographisch-politisches Problem. Die Vertreibung arabischer Einwohner aus eroberten Gebieten wäre in großem Ausmaß nicht mehr möglich, selbst wenn die israelische Politik dieses Ziel verfolgte. Eine Ausweitung der Grenzen zur Gewinnung neuen Siedlungsraums über den von 1967 hinaus wäre zum Scheitern verurteilt. Sie würde das Gesetz des jüdischen Staates übertreten, dessen natürliche Ausdehnung sprengen und also in kolonialen Imperialismus ausarten.

Israel hat sich davor bewahrt, selbst wenn es in und um Jerusalem wie am Rande der Sinaihalbinsel und auf den Golanhöhen der Versuchung zur Expansion nicht widerstanden hat. Aber diese Ausgriffe sind doch in den vorgestellten und beherrschbaren Grenzen geblieben. Die Forderung der Nationalreligiösen, im Namen alttestamentarischer Überlieferung das historische »Erez-Israel« durch Annexion Judäas und Samarias wiederzubegründen, zeigt die ideologische Versuchung, die darin liegt, eine religiöse Schrift wie das Alte Testament in einen göttlichen Notariatsakt zur Verleihung von Territorialsouveränität über ein Land in perpetuum umzudeuten. Aber diese extensive Auslegung setzt zugleich auch der Rückeroberung und Wiederinbesitznahme eine vorgezeichnete ideelle Grenze.

Die Frage nach dem Sinn weiterer Feldzüge ist strategisch gestellt: Könnte Israels Armee in der Weite des arabischen Raumes oder in Syrien und in Ägypten noch politische Entscheidungen durch militärische Siege erzwingen? Würde etwa eine Besetzung von Kairo, Amman, Damaskus oder selbst Bagdad den arabischen Widerstand gegen Israels Existenz und Ausdehnung brechen können?

Israels Strategen fanden sich nach ihrem Sieg von 1967 mit einer Realität konfrontiert, die lange vor ihnen andere Militärmächte und Eroberer hatten erfahren und erleiden müssen, wenn sie sie verkannt und mißachtet hatten: Der Clausewitzsche Kulminationspunkt des Sieges weicht in der Weite des Raumes vor dem Angreifer zurück, wenn dessen Mittel und Schwung nicht ausreichen, den Gegner am strategischen Rückzug zu hindern und ihn vernichtend zu schlagen; aber auch, wenn der geschlagene Gegner seinen Widerstand auf einem niedrigen Niveau über lange Zeit aufrechterhalten kann, sei es selbst passiv und entwaffnet, bis er seine Kräfte wieder zu einem neuen Gegenangriff zu sammeln vermag.

Ausdehnung und Masse der arabischen Welt versagten Israel einen Entscheidungssieg und damit strategische Vorherrschaft. Die israelische Militärmacht war nach dem Sieg von 1967 in ihrer Nützlichkeit als Instrument der Staatspolitik für Sicherheit und Gewinn unter das Gesetz der abnehmenden Ertragszuwächse geraten.

Diese Realität setzte sich im Krieg von 1973 gegen alle Gewaltanstrengungen und Illusionen durch. Die moderne Ausrüstung der arabischen Gegner durch die Sowjetunion hatte seit 1967 den Preis für einen entscheidenden Sieg heraufgesetzt und dadurch den Krieg als Mittel der Politik für Israel teuer gemacht, teurer denn je seit 1948. Die Abhängigkeit von ausländischer Waffenzufuhr, von fremdem Geld und fremder Hilfe zur Fortführung des Krieges hatte den Krieg von fremder Macht und fremder Zustimmung abhängig gemacht. Die amerikanische Politik hatte diese Abhängigkeit genutzt und die Konditionen für eine Verhandlung gegen die Konditionen für Waffennachschub gesetzt. Israelische Führer wie Golda Meir und Moshe Dayan, die von Dissens und Differenzen zwischen Jerusalem und Washington gesprochen hatten, mußten schließlich einlenken.

Selbst die Überraschung am Yom Kippur und die mangelnde Vorbereitung auf einen Krieg, die ungenügende Gefechtsbereitschaft und die unzureichende Vorratshaltung in Frontnähe waren Folgen langer Überanstrengung im Zustand der Kampfbereitschaft zwischen Krieg und Frieden, knapper Mittel und des innenpolitischen Zielkonfliktes zwischen Landesverteidigung an den »strategischen Sicherheitsgrenzen« und anderen Bedürfnissen der israelischen Gesellschaft. Schon 1970 hatten die Wirtschafts- und Planungsbehörden der Regierung zum erstenmal auf eine Verminderung des Verteidigungshaushalts und der Stärke der präsenten Truppen gedrängt, um Geld und Arbeitskräfte für die wirtschaftliche Weiterentwicklung des Landes freizumachen. Die Regierung hatte eine Kürzung der Militärausgaben aus volkswirtschaftlichen Gründen zwar vorgesehen, jedoch vertagt, um die noch immer prekäre Sicherheit nicht zu gefährden.

Israel brauchte die relative Entspannung einer konsolidierten Waffenruhe, um die Überanstrengung im Spannungszustand dauernder Kriegsbereitschaft mit einer Teilmobilmachung und hohen Kosten für die technische Fähigkeit zur Sofortreaktion im Angriffsfall zu beenden. Der Zuwachs des Militäretats wurde im Prinzip begrenzt.

Israel hatte im Jahre 1973 mit 115 000 Mann unter Waffen im Militärdienst bei 180 000 ausgebildeten Reservisten und etwa 600 000 Männern im wehrtauglichen Alter (18 bis 45 Jahre) mit 18,3 Prozent den höchsten Anteil des Militärpersonals im aktiven Dienst am Mobilmachungspotential unter 33 Staaten vor Portugal mit 12,1 Prozent, Griechenland mit 8,9 Prozent, Bulgarien mit 8,4 Prozent. Sein Hauptgegner Ägypten hatte mit 298 000 Mann in den Streitkräften bei etwa 534 000 ausgebildeten Reservisten und rund 7 Millionen Männern im wehrtauglichen Alter nur einen Anteil von 4,3 Prozent der Streitkräfte am Potential. Zum Vergleich machten die Anteile in der Sowjetunion 6,8 Prozent, in den USA 5,8 Prozent, in der Bundesrepublik Deutschland 4 Prozent aus.

Die Anspannung der Personalverteilung zwischen Streitkräften plus Rüstung und zivile Dienste für die Landesverteidigung und ziviler Wirtschaft ist mit 25 Prozent aller Erwerbstätigen im direkten Dienst an Verteidigung und Rüstung wohl die höchste der Welt. Von 1969 bis 1972 schwankte der Anteil der Verteidigungsausgaben am Bruttosozialprodukt mit zwei Spitzen bei 19,9 (1970) und 22,3 Prozent (1971) um die 18 Prozent (1972: 18,2). Nur die Größenordnungen in Ägypten (1972: 20,2 Prozent), Jordanien (1972: 17,4 Prozent) und Südvietnam (1972: 17,4 Prozent) sind vergleichbar. Fast 1,5 Milliarden Dollar machten die Verteidigungsausgaben im ordentlichen Haushalt 1973 (gegenüber 1,262 im Jahre 1972) aus, bevor der Krieg im Oktober alle Rechnungen durchkreuzte. 1972 war das Bruttosozialprodukt des Landes auf 6,85 Milliarden Dollar veranschlagt worden. 48 neue

Kampfflugzeuge der Typen Skyhawk und Phantom (je 24) mit Ersatzteilpaketen waren für 500 Millionen Dollar bestellt worden — ein Drittel der Verteidigungsausgaben im Jahre 1973, zahlbar bis 1976. 107 Flugzeuge dieser und vergleichbarer Typen verlor Israel im Oktober, mehr als einen Wert von 1 Milliarde Dollar nach den von der Preisentwicklung in den USA längst überholten Rechnungen bei der Bestellung vom Jahresanfang 1973 für die genannten 48 Flugzeuge. Die Auslandsverschuldung Israels belief sich im August 1973 auf 6,5 Milliarden Dollar. Seit 1948 waren 13,5 Milliarden Dollar nach Israel geflossen, 62 Prozent davon als unentgeltliche Zahlungen, also reine Hilfe. 1973 machte die Inflationsrate in Israel 23 Prozent Preissteigerung aus. Die unmittelbaren Kriegskosten für die 20 Tage im Oktober werden auf 8 bis 12 Milliarden Mark geschätzt. Israels Finanzminister Sapier bezifferte nach einer Reise durch die USA und Westeuropa im November 1973 die zu erwartenden Subsidien aus ausländischen Spenden und Darlehen auf voraussichtlich 1,3 Milliarden Dollar im Jahre 1974; die Regierung beabsichtigte, etwa 300 Millionen Dollar durch Zwangsanleihen in Israel und weitere 650 Millionen Dollar durch den Verkauf von staatlichen Schuldverschreibungen für langfristige Kredite im Ausland aufzubringen.
All diese volkswirtschaftlichen, finanziellen und personellen Probleme samt ihren sozialen Folgen für die israelische Bevölkerung (Steuerlastquote 39 Prozent) lassen sich mit Hilfe von Kriegskontributionen und anderen finanziellen Subsidien jüdischer Gemeinden im Ausland, internationalen Krediten über amerikanische Banken und Verbrauchseinschränkung in Israel bei höherer Steuerlast bewältigen. Die Rüstungsausgaben im Ausland haben keine inflationäre Wirkung auf die Volkswirtschaft. Aber diese Möglichkeiten und selbst eine mögliche Steigerung der Produktivität der israelischen Wirtschaft ändern nichts an der Tatsache, daß die Sowjetunion durch Waffenlieferungen an die arabischen Staaten Israel zu immer neuen Rüstungsanstrengungen und Ausgaben für fremde Waffen zwingen könnte, wenn Israel das vorgestellte »strategische Gleichgewicht« zu Ägypten und Syrien bewahren wollte.
Diese Realitäten der strategischen Situation Israels wurden vom Yom-Kippur-Krieg bloßgelegt. Gewiß war die Armee nicht so gut auf einen Angriff der Gegner, zumal an zwei Fronten zugleich, vorbereitet. Auch war von Nachteil, daß Israel diesmal im Gegensatz zu 1956 und 1967 nicht die Initiative zur Kriegseröffnung ergriffen und also keinen vorbereiteten Überraschungsangriff seiner Wahl geführt hatte. Israel mußte aus der Defensive zurückschlagen und sah sich überlegenen feindlichen Waffen gegenüber. Die Kriegsvorräte an den Fronten reichten bei weitem nicht aus, und die gesamte Vorratshaltung war nur auf einen Krieg von höchstens zehn Tagen Dauer abgestellt. Auch mangelte

es an in den USA verfügbaren Waffensystemen und Geräten. Schließlich war die Armee nicht rechtzeitig in den Alarmzustand versetzt worden, der Zeit für die Reaktion erspart haben würde, selbst wenn es zu einem gezielten Präventivschlag nicht mehr gereicht hätte.

Doch wie auch immer dieser oder jener Mangel im einzelnen zu bewerten sein mag, wenn alle Details bekanntgeworden sind: Insgesamt kam die israelische Kriegsmaschine nach dem Schock der Überraschung und dem Verzögerungsmoment doch rasch auf volle Touren, und sie bewies wieder ihre Kraft. Der Durchbruch zum Bewegungskrieg und zu kühnen Operationen gelang schließlich im Süden doch noch und mit ihm ein beträchtlicher militärischer Erfolg.

Daß sich dieser Erfolg weder in einen Sieg umsetzen noch sichtbar und schnell zu politischem Vorteil auswerten ließ, war die Wirkung der veränderten strategischen und internationalen Situation. Der Konflikt und der Kriegsschauplatz waren nicht länger isoliert und den regionalen Machtverhältnissen überlassen. Selten wurde ein örtlich begrenzter Krieg so schnell und so vollkommen internationalisiert wie dieser.

Damit fand Israel seine Handlungsfreiheit im kritischen Moment plötzlich eng eingeschränkt; der große Verbündete USA, von dessen schneller Hilfe alles abhing, war Israels Armee in den Arm gefallen und hielt die Kriegsanstrengung von dem Augenblick an zurück, in dem Israel in Vorteil gekommen war. Aber auch ohne den amerikanischen Eingriff wäre der Friede vor Israels Armee nach Ägypten und Syrien zurückgewichen, und neue Eroberungen hätten ihn nicht einfangen können.

Für Israel war dieses Erlebnis der schwerste Schock seit der anfänglichen Bedrohung seiner noch ungeschützten und embryonalen Existenz im Unabhängigkeitskrieg von 1948. Illusionen von Macht und Überlegenheit, von Vormacht und Unangreifbarkeit zerstoben in ein paar Tagen. Die Widersprüchlichkeit des Sicherheitsgefühls und die Ambivalenzen der israelischen Sicherheitsbedürfnisse lagen vor aller Augen bloß. Tatsächlich hatte Israel sich immer Furcht vor einem arabischen Angriff gemacht und doch nicht daran geglaubt, sondern diese vorgestellte Existenzbedrohung als Stimulans für Wachsamkeit, Kampfbereitschaft, gesteigerte Anstrengungen und eine robuste Werbung für seine Sicherheitsinteressen in der westlichen Welt benutzt. Zweimal hatte Israels Armee die Initiative zum Krieg ergriffen: 1956 und 1967. Nun war die Furchtvorstellung mit einem Schlag, wenn auch nicht unmittelbar und nicht lange, Wirklichkeit geworden. Was war zu tun?

In den Augen der Israelis waren die Sicherheitsbedingungen ihres Landes verändert — das heißt schlechter geworden. In Wirklichkeit wurden sie nur von den Tarnnetzen und dem Nebel der Selbsttäuschung enthüllt.

Die zornige Niedergeschlagenheit, die Empörung über eigene Schwächen und Versäumnisse, die in Wahrheit weniger bedeutend waren als der Zwang der Situation, die selbstquälerische Psychoanalyse der israelischen Kollektivpersönlichkeit, an der Hybris und Arroganz diagnostiziert wurden, die klassische Suche nach den Schuldigen und den Ursachen für einen angeblichen Unglücksfall, die Trotzreaktion der Unbeugsamen, die in der kritischen Lage der Nation maximale Friedensziele absteckten, als hätte ihr Land einen Erdteil erobert und fände keinen Widerstand mehr vor sich, waren die Symptome der tiefen Verwirrung. Der Wahlkampf und der Wahltag zeugten mit dem Ergebnis der Parlamentswahlen vom 31. Dezember 1973 von der Ratlosigkeit, aber auch von der instinktiven Vorsicht des Volkes.

Die Führung und die öffentliche Meinung Israels sahen sich der größten und schwersten, auch der undankbarsten Aufgabe seit der Gründung des Staates, ja seit dem Beginn der politisch gelenkten Einwanderung und Landnahme in Palästina gegenüber: einen Verhandlungsfrieden mit unwilligen, von ihrem militärischen Teilerfolg ermutigten und von außen unterstützten Feinden in Überzahl zu schließen. Die erste Aufgabe mußte sein, Klarheit darüber zu gewinnen, was für Israel Faustpfand, Tauschobjekt oder unverzichtbar war. Die verwischten Unterschiede zwischen sicheren und gefährlichen Grenzen, zwischen Bedingungen für eine Befreiung und solchen für einen unsichtbaren Frieden, zwischen Minimum und Maximum mußten endlich bestimmt und verbindlich festgesetzt werden. Die Aussicht, daß Israel noch so einen Krieg führen müßte wie den im Oktober 1973, konnte keine großen Hoffnungen mehr wecken. Das Abenteuer des Existenzkampfes aus der Defensive, aber ohne ausgreifende Offensiven zur Niederwerfung oder Bestrafung von Feinden hatte begonnen. Die Vorstellungen vom Frieden, die Außenminister Eban mit der ihm eigenen Eloquenz so eindrucksvoll in Genf als großes Panorama einer Friedenslandschaft ausmalte, mußten zunächst in den eigenen Zielsetzungen zu politischen Angeboten und Konditionen konkretisiert werden. Konzessionen waren unvermeidlich: Faustpfänder waren herauszugeben, und das seit 1967 extensiv formulierte Sicherheitsbedürfnis war zu mäßigen.

Für eine Befriedung boten sich seit langem konkrete Mittel an. Statt Grenzen könnten Sicherheitszonen ohne Befestigungen und Streitkräfte, ein System ausgewogener Begrenzungen von Streitkräften und Rüstungen einschließlich Waffenzufuhren in den Nahen Osten, eine internationale Kontrolle und Garantien der Sicherheit, der Freiheit der Schiffahrt und des Verkehrs die Voraussetzungen für eine Friedensordnung schaffen. Daß eine solche Ordnung nicht von einem Jahr auf das andere geschaffen werden könnte, war seit langem klar. Der damalige französische Außenminister Couve de Murville sprach 1967 von einer »Aufgabe für Generationen«. Daß jeder Waffenstillstand unsicher, jeder Friede zerbrechlich bleiben und daß zwischen Israel und den Arabern nur ein international überwachter und bewaffneter Friede eintreten könnte, war offenbar. Die stärkste Kraft für einen Frieden war die Erfahrung, das Bild des Krieges mit den Spuren, die schrecken. Die Chance war unsicher, die Zukunft ungewiß, und dennoch sprachen die Führer Israels von der »größten Friedenschance« seit Beginn des Konflikts ein Vierteljahrhundert zuvor. Golda Meir bezeichnete in diesem Sinne das Abkommen mit Ägypten vom 17./18. Januar 1974 über den Abzug der Truppen vom Suezkanal als »Beginn eines Prozesses, der zu einem dauernden Frieden zwischen Israel und Ägypten führen wird«.

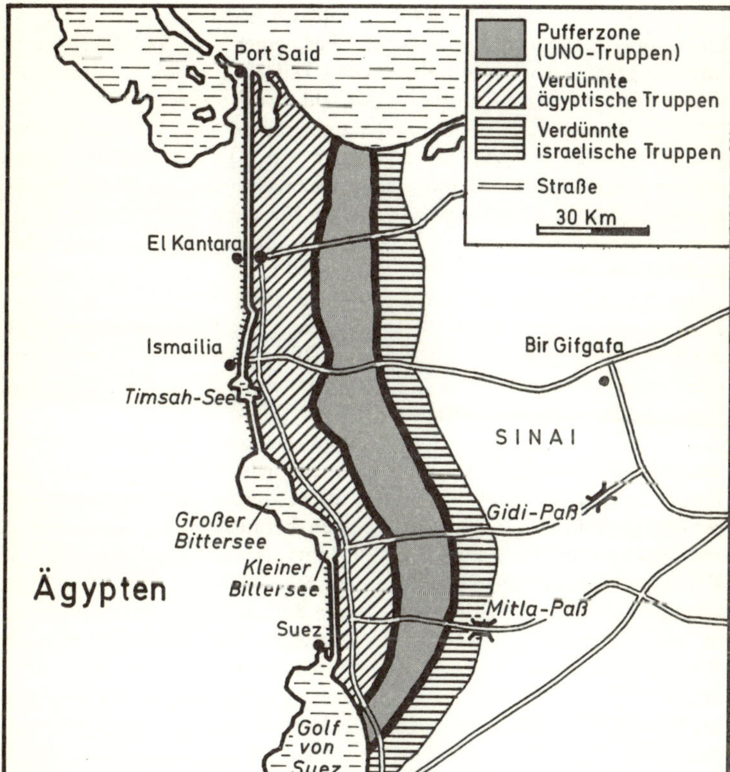

Die Truppenverteilung östlich des Suezkanals laut dem ägyptisch-israelischen Abkommen vom 17./18. Januar 1974